温州大学 学术精品文库

本书系2023年教育部高校思想政治理论课教师研究
项目"教学共同体视域下思政课教师在课程思政协同
育人中的担当研究"(23JDSZK041)的研究成果

高校课程思政与思政课程协同育人研究

孙秀丽 著

GAOXIAO KECHENG SIZHENG
YU SIZHENG KECHENG
XIETONG YUREN YANJIU

WUHAN UNIVERSITY PRESS
武汉大学出版社

图书在版编目(CIP)数据

高校课程思政与思政课程协同育人研究/孙秀丽著.—武汉：武汉大学出版社,2024.6

ISBN 978-7-307-24355-2

Ⅰ.高…　Ⅱ.孙…　Ⅲ.高等学校—思想政治教育—研究—中国　Ⅳ.G641

中国国家版本馆 CIP 数据核字(2024)第 075651 号

责任编辑:聂勇军　　　责任校对:鄢春梅　　　版式设计:马　佳

出版发行:**武汉大学出版社**　　(430072　武昌　珞珈山)

　　　　(电子邮箱:cbs22@ whu.edu.cn　网址:www.wdp.com.cn)

印刷:武汉图物印刷有限公司

开本:720×1000　　1/16　　印张:16.25　　字数:241 千字　　插页:2

版次:2024 年 6 月第 1 版　　2024 年 6 月第 1 次印刷

ISBN 978-7-307-24355-2　　　　定价:68.00 元

序　言

　　"课程思政"是近几年学界热议的话题。伴随着 2020 年教育部《高等学校课程思政建设指导纲要》的颁布及各地教育管理部门的推进，我国的课程思政建设在认识方面不断提升、在实践方面有序推进、在研究方面持续深化，取得了丰硕的成果。课程思政研究的主力军是专业课教师，受专业所限，一些教师在思想认识和方式方法上还存在一些误区，一定程度上造成"课程"与"思政"的脱节，影响"课程思政"与"思政课程"的协同推进。课程思政与思政课程协同育人是一项系统的工程，需要持续推进和不断深化。新时代"课程思政"如何汇聚"思政课程"和"专业课程"的合力？如何凝聚思政课教师与专业课教师的合力？如何整合大中小思政课协同育人合力？加强理论与现实的互动，积极开创新时代课程思政新局面，需要聚焦这些问题并作进一步的研究。

　　《高校课程思政与思政课程协同育人研究》围绕高校课程思政与思政课程协同育人展开设计与构思，依据课程思政与思政课程协同育人的理念和原则，通过实证调研，深入探析二者相互脱节的问题及原因，提出了课程思政与思政课程协同育人的可行对策和建议。

　　该书紧扣时代新人培育，从教育的四个回归入手，即"回归常识、回归本分、回归初心、回归梦想"，把人才培养的质量和效果作为重中之重，来剖析课程思政与思政课程协同育人的现实需要。同时，从思政课教师与专业课教师构建教学共同体，来分析课程思政与思政课程协同育人的可行性和必然性，阐释思政课教师在课程思政建设中的担当，即思政课教师应担当学理探究者、问题发现者、方法创新者、部分元素挖掘者和机制倡导者角色，从价值方向引领中如何担当、思政认知澄清中如何担当、实施过程调控中如何担当、总结评估把关中如何担当来论证推动课程思政与思政课程协同育人有其必然性和可行性。

从实证调研出发是本书的一个创新点。作者从教育环境、主体、客体、学生上找原因，主体即教师，客体可以从机制运行、多方协作、评估体系三方面入手。设计三种问卷，分别调查思政课教师、专业课教师和学生对于课程思政与思政课程协同育人建设的态度和效果反馈，从数据分析中，具体剖析课程思政与思政课程协同育人的成效以及需进一步完善的问题。通过问卷实证分析以及访谈，找出课程思政与思政课程协同育人中存在的问题，一定程度上提高了研究的效度和信度。

作者在实证调研基础上就高校课程思政与思政课程如何协同育人提出了相应对策，可以为一线教师提供有益借鉴。作者立于专业课教师与思政课教师构建教学共同体的基础上，分理念协同、教学内容协同、机制协同和体制协同四个方面来阐述；提出建立三项制度，即建设思政课程内容及时更新制度、思想政治教育资源共享制度、常态化师资共享制度；提出要改变思想政治教育仅仅只是思想政治理论课教师的单独责任的错误认识，各类课程教师都应在"立德树人"根本任务指引下发挥同向同行、协同育人的合力；以马克思主义学院的教育基地为依托，建立思政课教师与专业课教师常态互动机制，如思政课教师与专业课教师进行结对，定期举办思政课程分享会、思政课程沙龙等；同时，以学院领导牵头进行季度集体备课，以期达到思政课教师与专业课教师良性互动的效果。

新时代课程思政的改革建设直接关系到我国高等教育的高质量发展，关系到以教育强国建设助力中国式现代化的大局。未来的课程建设实践中，应充分突出思政课程与课程思政协同育人的重要功能，充分发挥广大教师在推动课程思政改革中的重要作用，使"课程"与"思政"同向同行，协同发力，共同为培养社会主义建设所需要的高质量人才贡献力量。

冯秀军

2024 年 3 月 19 日

目　录

第一章　高校课程思政与思政课程协同育人概述

第一节　高校课程思政与思政课程的提出和发展过程

新中国成立以来，高校思政课程建设在不同的历史时期取得各自不同的阶段性成果，在思政教育的道路上稳步向前。2014 年，课程思政教育理念被提出并在上海率先实践后，呈现迅猛的发展趋势。梳理高校思政课程和课程思政的发展历史，有助于我们更好地探究高校课程思政与思政课程协同育人的教育机制，为思政教育建设奠定基础。

一、思政课程的提出与发展过程

高校思政课程的发展始终与我国的革命和建设紧密联系，新中国成立以来，高校思想政治教育理论课程体系进一步发展和完善，取得五个阶段性的成果。

（一）高校思政课程的初步建设时期（新中国成立至 20 世纪 60 年代初期）

新中国成立之初，我国的文化教育事业呈现百废待兴的局面。全国各级各类学校将开设马列主义理论课作为建设目标，推动思想政治理论课程建设不断发展。

1949 年底，思想政治理论课程建设问题被提上议事日程。1950 年 6 月，《关于实施高等学校课程改革的决定》指出："全国高等学校应根据共同纲领第四十一条和四十七条的规定，废除政治上的反动课程，开设新民主主义的革命的政治课程，借以肃清封建的、买办的、法西斯主义的思想，发展为人民服务的思想。"①在这一决定的基础上，社会发展简史、新民主主义论等课程随后开设。但由于缺乏统一的认识，标准的教学大纲和教材未制定，导致思政课程建设比较零散。此为我国高校思想政治理论课程建设的开端。

1952 年 10 月 7 日，教育部颁布《关于全国高等学校马克思列宁主义、毛泽东思想课程的指示》，其中规定：综合性大学及财经艺术等院校应依据第一、二、三年级次序分别开设"新民主主义论""政治经济学"及"辩证唯物论与历史唯物论"，工、农、医等专门学院依照第一、二年级次序分别开设"新民主主义论"及"政治经济学"②。为避免课程内容重复，1953 年 6 月，《关于改"新民主主义论"为"中国革命史"及"中国革命史"的教学目的和重点的通知》规定：教育部决定从 1953 年起将高等学校一年级开设的"新民主主义论"一律改为"中国革命史"③。至此，高校政治理论课程从原来的三门调整为四门，即马列主义基础、中国革命史、政治经济学、辩证唯物主义与历史唯物主义。由此，新中国成立以来第一个高校思政课程体系初步建立。

1956 年，随着我国社会主义改造的基本完成，高校思政课程的设置也发生了变化。1957 年 12 月 10 日，《关于在全国高等学校开设社会主义教育课程的指示》规定："高校各年级停止一切政治理论课课程，在全国高等学校各年级普遍开设'社会主义教育'课程，全体学生和研究生必

---

①　教育部：《关于实施高等学校课程改革的决定》，《人民教育》1950 年第 5 期，第 67~68 页。

②　张耀灿、陈万柏：《思想政治教育学原理》，高等教育出版社 1997 年版，第 56~57 页。

③　冯云英、宋俊成：《新中国成立以来〈中国近现代史纲要〉课程政策变迁分析》，《赤峰学院学报》2017 年第 2 期，第 161~164 页。

须参加学习。"①该指示反映了当时阶级斗争扩大化的趋势,破坏了思想政治理论课程的正常教学。1961年4月8日,在"调整、巩固、充实、提高"方针的大背景下,《改进高等学校共同政治理论课程教学的意见》指出,高等学校共同政治理论课程包括马克思列宁主义基础理论与时事政策报告和讨论等两部分。马克思列宁主义基础理论课程开设的门数和学时,在不同年制的学校、不同专业应该有所不同。"形势和任务"课程为各专业、各年级必修课程,主要内容是讲解国内外形势,党和国家的任务、方针、政策。② 这为我国高校思政课程的发展奠定了理论基础。

(二)高校思政课程的曲折发展时期(20世纪60年代中期至80年代初期)

随着时代的发展,国际国内形势逐渐发生了变化,阶级斗争呈现扩大化趋势,对高校思政课程的开设产生极大影响。同时,大学教育也受到了中苏之间论战的严重影响。这些因素决定了这一时期高校思想政治教育理论课程背离学术化,趋向政治化,具有"反修防修"的历史特点。

由于党在思想政治方面"左"的倾向的不断发展,高校思政课程背离了最初目的。1964年10月11日,《关于改进高等学校、中等学校政治理论课的意见》规定:政治理论课的根本任务,是用马克思列宁主义、毛泽东思想武装青年,向他们进行无产阶级的阶级教育,培养坚强的革命接班人。③ 此后,"形势与任务""中共党史""哲学""政治经济学"等课程陆续开设,极力宣传毛泽东思想,反对资产阶级。

"文化大革命"期间,高校思政课程遭受巨大打击。1970年6月27日,

---

① 李国钧、王炳照:《中国教育制度通史》(第八卷),山东教育出版社1999年版,第58~59页。

② 张孝宜:《新世纪高校政治理论课教育途径与方法探索》,中山大学出版社2000年版,第28页。

③ 梁桂麟、徐海波:《当代高校公共理论课教育教学研究》,中国社会科学出版社2004年版,第99页。

《关于北京大学、清华大学招生(试点)的请示报告的批示》规定:此阶段学生的培养目标为"培养……全心全意为社会主义革命和社会主义建设服务的有文化科学理论,又有实践经验的劳动者"①,高校教育秩序更加混乱。此后政治课完全成为政治运动的附属品,肆意篡改、歪曲经典成为课堂常态,政治课作为一个正常的教学体系已被彻底破坏。

(三)高校思政课程的改革发展时期(20世纪80年代中后期至90年代初期)

党的十一届三中全会召开以后,我国社会主义建设迈入了一个全新的发展阶段。摆脱了"文革"时期的教育混乱局面,高校的政治理论课在重建恢复中逐渐走上正常的发展轨道。为了进一步推动思政教育的发展,高校思想政治理论课程进行了必要的改革,从根本上推动了思政课程的发展。

由于受"文化大革命"的负面影响,高校政治课积压了许多问题:教师难教、学生厌学、重理轻文、忽视政治。为解决这些问题,1979年5月20日,《高等学校政治理论课的基本情况和存在问题》针对思政课程建设中出现的问题进行了有效的分析,针对不同问题提出了不同的解决策略。结合一段时间的教学实践后,思政教育仍存在一系列问题。因此,1984年9月4日,《关于加强和改进高等院校马列主义理论教育的若干规定》强调增设"中国社会主义建设基本问题"课程,同时对马列主义公共理论课的教学时数做出明确的规定。至此,改革开放新阶段思政课程体系探索正式开始。

面对改革开放新时期,1985年8月1日,《中共中央关于改革学校思想品德和政治理论课程教学的通知》规定了我国现行的以马克思主义为遵循的思想品德和政治理论课的课程设置、教学内容和教学方法改革的基本方向。② 1986年3月,国家教委发文,把高等学校的马克思主义理论课确定为四门,即:中国革命史(由"中共党史"改变而来)、中国社会主义建

---

① 宋恩荣、吕达:《当代中国教育史》,武汉大学出版社2006年版,第47~48页。

② 骆郁廷:《高校思想政治理论课程论》,武汉大学出版社2006年版,第78页。

设、马克思主义原理、世界政治经济与国际关系(文科开设),即"85"方案。

(四)高校思政课程的稳定发展时期(20 世纪 90 年代中后期至 21 世纪初期)

1992 年,我国社会主义建设进入关键时期。思政课程建设也日益成熟化、系统化、科学化。

1995 年,《关于高校马克思主义理论课和思想品德课教学改革的若干意见》强调,"两课"教学及其改革的主要任务是进一步加强马克思主义、毛泽东思想教育,强调"两课"教学要以邓小平建设有中国特色社会主义理论为中心内容,提出了高校思想政治教育要以发展的马克思主义为中心内容的根本任务。①

为推动"两课"课程建设,完成"三进"工作主要任务,1998 年 6 月 10 日,《关于普通高等学校"两课"课程设置的规定及其实施工作的意见》规定,马克思主义理论课程包括马克思主义哲学原理、马克思主义政治经济学原理、毛泽东思想概论、邓小平理论概论、当代世界经济与政治;思想品德课程包括思想道德修养、法律基础、形势与政策,② 即"98"方案。"98"方案成为我国社会主义建设关键时期的重要思政教育方针,推动了我国高校思想政治理论课程建设向新时代方向发展。

(五)高校思政课程的全面整合时期(21 世纪初期至今)

党的十六大召开以来,党中央将思想理论课程建设摆在核心位置。随着时代的发展,思想政治理论教育面临新的挑战和危机,迫切需要调整思想政治理论课程来适应新形势、新任务。

---

① 教育部:《关于高校马克思主义理论课和思想品德课教学改革的若干意见》,《教学与研究》1995 年第 6 期,第 3~6 页。

② 教育部:《中宣部、教育部关于印发〈关于普通高等学校"两课"课程设置的规定及其实施工作的意见〉的通知》,《教育部政报》1998 年第 2 期,第 292~296 页。

进入新阶段，在总结历史经验的基础上，"三个代表"重要思想成为推动中国社会主义现代化建设的战略思想。2003 年 2 月 12 日，教育部下发了《关于进一步深化"三个代表"重要思想"三进"工作的通知》，将"邓小平理论概论"课调整为"邓小平理论和'三个代表'重要思想概论"课，支持、鼓励"两课"教育教学条件和基础较好的高校，进行单独开设"'三个代表'重要思想概论"课试点。① 这标志着新一轮高校思想政治理论课程设置改革即将开始。

2005 年 2 月，《中共中央宣传部　教育部关于进一步加强和改进高等学校思想政治理论课的意见》正式提出的新的思想政治理论课程包括："马克思主义基本原理""毛泽东思想、邓小平理论和'三个代表'重要思想概论""中国近现代史纲要""思想道德修养与法律基础"②，即"05"方案。"05 方案"执行两年后，"毛泽东思想和中国特色社会主义理论体系概论"替代"毛泽东思想、邓小平理论和'三个代表'重要思想概论"，并沿用至今。

二、思政课程的内涵与特征

(一)思政课程的内涵

思想政治理论课简称"思政课"，是对学生进行思想品德教育的社会实践活动。从内涵而言，高校思政课程是传授课程德育的主要渠道，是传播马列主义的有效载体，是培养时代新人的重要保障。

1. 思政课程是传授课程德育的主要渠道

高校思政课程是思想政治理论教育的系统课程，是传授课程德育的主要渠道。解决好"培养什么人"的问题，是教育的重中之重。因此，"德育"

---

① 焦新：《进一步深化"三个代表"重要思想"三进"工作》，《中国教育报》2003年 2 月 24 日，第 3 版。

② 段忠桥、周华珍：《新中国成立以来高校马克思主义理论课课程设置沿革》，《思想理论教育导刊》2001 年第 4 期，第 50~54 页。

要摆在突出位置。《关于进一步加强和改进大学生思想政治教育的意见》指出："高等学校思想政治理论课是大学生思想政治教育的主渠道。思想政治理论课是大学生的必修课，是帮助大学生树立正确的世界观、人生观、价值观的重要途径，体现了社会主义大学的本质要求。"①高校思政课程扎实推进"德育先行"，通过课程传授、实践教学等方式，以德育才、以德励才，给予学生正确的价值观熏陶，帮助学生树立正确的世界观、人生观和价值观。

2. 思政课程是传播马列主义的有效载体

高校思政课程是传播马列主义的有效载体。"新时代贯彻党的教育方针，要坚持马克思主义指导地位，贯彻新时代中国特色社会主义思想，坚持社会主义办学方向。"②当前，高校思政课程包括"中国近现代史纲要""马克思主义基本原理""毛泽东思想和中国特色社会主义理论体系概论"等4门课程。各高校配备相应的思政课教师对思政课程进行讲授、阐释、宣传，帮助学生在理解的基础上进一步深化对马克思主义世界观和方法论的理解，使学生树立辩证唯物主义和历史唯物主义的思维方式，对其今后的人生发展进行潜移默化的正确引导。

3. 思政课程是培养时代新人的重要保障

高校思政课程是落实立德树人的关键课程，是培养时代新人的重要保障。青少年处在人生的"拔节孕穗期"，思维最活跃，最需精心引导和栽培。如何帮助青少年形成正确的世界观、人生观、价值观，成为国家未来发展的首要任务。因此，高校思政课以马列主义基本原理为原点，以立德树人为立足点，以时事政治为切入点，通过创新方式方法，弘扬社会主义核心价值观，把主流意识形态内化为高校学生的政治认同。高校思政课切实落实立德树人、培养时代新人的根本任务，对于党和国家事业的长远发

---

① 马效军：《进一步加强和改进大学生思想政治教育工作》，《甘肃日报》2005年6月16日，第1版。

② 廖祥忠、秦瑜明：《全面提升课程思政教育实效》，《经济日报》2021年11月27日，第11版。

展意义重大。

（二）思政课程的特征

1. 思政课程重视立德树人

高校思政课程的宗旨是思政育人，它是一门立德树人的课程。培养什么人，是教育的首要问题。我们教育的根本任务是培养社会主义建设者和接班人。一方面，思政课传承传统美德。思政课堂通过讲述中国传统美德故事，传播美德思想，营造弘扬中华优秀道德文化的文化氛围，使学生受到传统美德潜移默化的影响，培养学生的爱国主义和家国情怀。另一方面，思政课传播马列理论。思政课程传播传统美德，同时也传播马列主义知识和精神，向学生传递中国特色社会主义核心价值观，培养学生成为未来社会主义事业的优秀接班人。

2. 思政课程体现科学精神

高校思政课程的核心是科学精神，它是一门传播科学的课程。马克思主义是信仰，更是科学。其体现在：一是教授马列主义理论。马列主义理论的核心内容是辩证唯物主义和历史唯物主义等内容，坚持与时俱进、开拓创新、解放思想、实事求是等世界观和方法论，最生动地体现科学精神，是全体共产党人集体智慧的结晶，是理论联系实际的优秀成果。对马列主义理论的传播，即对科学精神的传播。二是传播科学优秀品质。思政课程讲述优秀人物事迹，鼓励学生向其学习，培养学生吃苦耐劳、刻苦钻研、勇于探索等优秀科学品质。三是尊重科学教学规律。在"大中小思政教育一体化"的教育理念下，思政课堂遵循科学合理的教学规律，采用循序渐进、循循善诱的教育方法。依据培养方案和学生实际，在不同年级设置不同课程，同一课程教学划分为不同阶段，形成系统化、针对化、规律化的教学体系，充分体现科学精神。

3. 思政课程创新教育方式

高校思政课程是一门教育创新的课程。思政课堂紧密结合现实，与时俱进地改进、创新教育方式，提高思政授课效率。一是理论教育结合实践教育。习近平总书记指出："所有知识要转化为能力，都必须躬身实践。要坚持知行合一，注重在实践中学真知、悟真谛，加强磨炼、增长本领。"①面对复杂的社会现象，理论教学是透析世界的"透视镜"，能够引导学生透过现象认识本质。实践教学有助于实现学生"从理论到实际"的跨越，在实践中进一步发现问题，验证其所学理论，使知识得到升华。二是显性教育与隐性教育相结合。显性教育，指透明公开、组织有序的教育体系，如讲座、座谈、会议以及组织讨论等，在教学中，能明确教育目标，公开教育形式，完善教育内容，提高课堂效率，增加教育的系统性、完整性、公开性。隐性教育，指在思政课程教学中不刻意显露教学内容和目的，在潜移默化中感染学生。该方式能增加师生互动，拓宽教育载体，丰富教育内容，增强教学隐蔽性与渗透性。二者相互融合，形成新的教育模式，实现优势互补。三是灌输性教学与启发性教学相结合。灌输性教学，指正面进行思政理论的教授，向学生宣传马克思主义理论。启发性教学，指侧面进行启发引导，帮助学生树立自主思考意识，独立学习，自主思考。二者相结合，既保障了正常思政课教学的开展，又培养学生的开放性思维，帮助学生更好地学习。

4. 思政课程规范教师队伍

高校思政课程的主体是思政课教师，它是一门规范教师的课程。"办好思想政治理论课关键在教师，关键在发挥教师的积极性、主动性、创造性。"②因此，一方面，教师需有崇高的使命信仰。首先，"政治更强，情怀更深"是思政课教师的教学基础，思政课教师要有明确的政治态度、鲜明的政治方向、清楚的政治意识、坚实的政治底线。其次，"三观"正确是思政课教师的基本素养。正确的世界观、人生观、价值观是一名思政课教师的基本素养，只有具备了这样的基本素养，思政课教师才能培养国家未来的社会主义接班人。最后，家国情怀和人文关怀是思政课教师的教学核

---

① 习近平：《论党的青年工作》，中央文献出版社 2022 年版，第 123 页。
② 习近平：《思政课是落实立德树人根本任务的关键课程》，人民出版社 2020 年版，第 10 页。

心。在教书育人中，思政课教师既培养学生的家国情怀，又实现其个人价值。另一方面，教师需要较强的教学能力。首先，具有领会教材的能力。思政课教师应钻研教材，融会贯通各知识点，结合教学大纲和学生实际能力，努力提升课堂质量。其次，具有组织教学活动的能力。思政课教师应采取多种教学形式，线下与线上、理论与实际相结合，激发学生学习兴趣，激发其创造力。最后，具有较强的语言表达能力。思政课教师能清楚、流利地进行语言表达，表述富有条理，语言富有感染力，使课堂充满活力。

三、高校课程思政的提出与发展过程

2004 年，上海率先开始思政课程改革，其课程改革分为三个阶段。

第一阶段：2005 年，上海开启"两纲教育"，全面推动"学科德育"思政教育改革。《上海市学生民族精神教育指导纲要》和《上海市中小学生生命教育指导纲要》出台，标志着大中小学德育体系构建完成。"学科德育"理念作为"两纲教育"的核心，其核心内容有机贯穿至每一门课程，综合体现课程的育人效果、教师的育人能力。依据学科特点和教学规律，上海进一步整理编撰了学科德育"实施意见"，在原先课程的基础上修订了中小学学科课程标准和教材内容，"促进知识与技能、过程与方法、情感态度价值观的三维统一"①，为学科德育在中小学所有课程中的落实创造了优质的外部环境。

第二阶段：2010 年，"整体规划大中小学德育课程"项目尝试落地，大中小学德育课程一体化建设进入新的发展时期。上海作为改革试行区，率先进行"整体规划大中小学德育课程"的尝试，以"两纲教育"为基础，上海把社会主义核心价值观作为育人方向，把国家认同、文化自信和公民责任作为重点内容，结合学生特点和教学规律，推动德育课程一体化持续发展。在该阶段的探索中，高校思政课程与中学政治课程的衔接成为关键，

---

① 高德毅、宗爱东：《课程思政：有效发挥课堂育人主渠道作用的必然选择》，《思想理论教育导刊》2017 年第 3 期，第 31~34 页。

需重点解决课程知识重复、教材层次不明、教学主题不清等问题，需有效提升大中小学德育课程的有机性与整体性。

第三阶段：2014 年，德育成为教育改革的重要项目之一，思政课程到课程思政的转变逐步实现。《上海市教育综合改革方案(2014—2020 年)》提出了上海教育综合改革的基本目标，逐渐建立课程思政相关制度和工作体系，其示范辐射效应引起了全国各高校的争相学习借鉴。2017 年 9 月，《关于深化教育体制机制改革的意见》提出要"健全立德树人系统化落实机制""合理设计德育内容、途径、方法"，以及"充分发掘各门课程中的德育内涵"[1]。2017 年 12 月，教育部出台的《高校思想政治工作质量提升工程实施纲要》首次使用"课程思政"一词，把课程作为思政教育的主要渠道，系统化架构课程育人模式，在课堂内容、教材编订、教学管理、教育方案等方面系统性予以完善。[2] 2018 年，全国教育大会再次明确强调，"立德树人"是教育的根本目的，思政教育的地位愈加巩固。此后，"课程思政"开始真正获得全国性关注。

四、高校课程思政的内涵与特征

(一)高校课程思政的内涵

课程思政是把思想政治元素，包括思政理论、价值观念和家国情怀等内容，潜移默化地融入各门课程，与思政课程形成协同育人模式的综合教育理念。从教育内涵上看，课程思政是立德树人的教育本质体现，是协同育人的思政教学理念，体现隐性教育的时代发展理念。

1. 课程思政是立德树人的教育本质体现

课程思政从根本上讲是一种教育，其目标是立德树人。"思想政治教

---

① 《〈关于深化教育体制机制改革的意见〉发布》，《广东教育(综合版)》2017 年第 11 期，第 5 页。
② 《教育部发布〈高校思想政治工作质量提升工程实施纲要〉》，《高等职业教育探索》2017 年第 6 期，第 33 页。

育是做人的工作，解决的是'培养什么样的人''如何培养人'的问题，是我们党和国家的优良传统和各项工作的生命线。"①一方面，课程思政培养正确价值观。课程思政的核心要义是结合学科发展和课程内容，对学生进行价值观教育，了解中国共产党带领中国人民逐渐崛起的历史过程，使学生爱国、爱党、爱社会、爱人民、爱学校。另一方面，课程思政涵养优秀文化精神。课程思政将科技和人文的融通纳入专业课程体系，既提高学生的人文素质，塑造其独立的思考能力和人格品德，又使学生掌握科学方法，训练支撑未来发展的能力，培育人文情怀和科学精神。

2. 课程思政是协同育人的思政教学理念

课程思政在形式上是一种理念，其特点是协同育人。"从课程思政的提出来看，其目的就是为了实现各类课程与思想政治理论课的同向同行，实现协同育人。"②一是理念协同是课程思政的核心。知识传递和价值塑造是二者共同的目的和功能。在课程内容、方法选择、学生培养等方面，其都强调协同实现思想政治教育功能，针对学生特点，寓德于教，实现德智并举。二是内容协同是课程思政的基础。其他专业课程充分挖掘思政课程资源，寻找其与思政元素的结合点，为己所用。同时在教学过程中升华课程思政的教育主题，将知识教育升华至观念引领、价值塑造上。三是教师协同是课程思政的关键。课程思政要求思政课教师和其他课程教师提高认识、交流联动。思政课教师坚持守正和创新的统一，优化思政内容，促进科学性与专业性、政治性与学理性统一；专业课教师深挖专业课程中的思政元素，重新认识、强化利用专业课的思想政治教育功能，促进知识性与价值性相统一。

3. 课程思政体现隐性教育的时代发展理念

课程思政在方式上是一种发展理念，其核心是隐性教育。课程思政相比思政课程而言，属于新时代的隐性教育。它具有以往隐性教育的传统特

① 王学俭：《现代思想政治教育前沿问题研究》，人民出版社 2008 年版，第 124 页。
② 王学俭、石岩：《新时代课程思政的内涵、特点、难点及应对策略》，《新疆师范大学学报(哲学社会科学版)》2020 年第 2 期，第 50~58 页。

点，又具有新时代隐性教育的独立特点，"隐性思想政治教育将会潜移默化地不断影响着我们的成长"①。结合我国高校思政教育现状和新时代教育趋势，课程思政应运而生。一方面，隐性教育渗透德育认知。显性思政课程教育过程较枯燥生硬，学生积极性不足，教育效果大大降低。隐性课程思政教育将思政元素蕴含在专业课程中，通过生动讲述、积极互动等方式渗透日常生活，让学生潜移默化地受到影响，提高素养和品德。另一方面，隐性教育增强主动认同。显性思政课程教育存在生搬硬套、填鸭式教学等问题，学生处于被动接受状态。课程思政通过隐性、渗透式教育，生动地宣传榜样英模事迹，营造良好的学习氛围，培养学生主动认同能力，进而内化高尚的情操和价值观，提高其素质。

(二)高校课程思政的特征

1. 课程思政促进德智协同发展

德智协同发展是课程思政的核心。作为新时代的教育理念，课程思政要求专业课教师挖掘思政元素，促进学生德智协同发展。一方面，课程思政培养良好道德。习近平总书记在全国高校思想政治工作会议上明确指出，"高校立身之本在于立德树人"②，"要坚持把立德树人作为中心环节，把思想政治工作贯穿教育教学全过程，实现全程育人、全方位育人，努力开创我国高等教育事业发展新局面"③。课程思政坚持"立德树人"总原则，以培养社会主义接班人为培养目标，以目的性与规律性统一为价值属性，弘扬社会主义核心价值观，传承优秀传统文化，厚植家国情怀和人文关怀，推动良好品德养成。另一方面，课程思政重视专业知识。除了实现德育培养的核心目标，课程思政更多地会向学生教授本专业的知识。同时，专业课教师在教授专业课时，恰当结合思政元素，使得原本单一的专业课

---

① 李文忠、赵博文：《课程思政教育中隐性知识教育研究》，《知识经济》2020年第6期，第124~125页。

② 《习近平谈治国理政》第二卷，外文出版社2017年版，第377页。

③ 《习近平谈治国理政》第二卷，外文出版社2017年版，第376页。

程在内容、形式上更加丰富，更具有现实性、思考性、价值性。

2. 课程思政体现核心价值引领

核心价值引领是课程思政的目的。就内涵和本质而言，课程思政以知识与价值并重为原则，着力构建"大思政"格局，构建协同育人机制，促进学生的德智发展。一方面，知识教授贯穿价值引领。教师往往组织大量价值引领的活动，把社会主义核心价值观与专业课程内容高度融合，引导学生树立正确"三观"，达到价值引领的目的。另一方面，考评机制引导价值引领。国家建立科学公正的思政教育工作质量考评机制，通过不同方式、途径对学生进行日常行为、品德规范等方面的考核，推动学生良好道德品行的养成。

3. 课程思政要求理论与实践相结合

理论与实践相结合是课程思政的基础。一方面，课程思政重视理论指导下的实践。课程思政作为理论性与实践性兼备的理论思想，其实践性必然搭建在理论性的基础之上，"离开马克思主义理论的指导就是'无源之水'，缺少中国特色的哲学社会科学体系就是'无本之木'"①。课程思政充分引导学生正确实践、合理实践，为社会主义事业建设贡献力量。另一方面，课程思政传授结合实践的理论。课程思政作为思政教育的主要阵地和平台，在具备思想性和理论性的同时，还重视生活性和实践性。在传授思政理论的同时，课程思政回应当下社会热点现实问题，扎根"源于生活、贴近生活"的现实土壤，最大限度提高课程感召力。同时，课程思政内容结合学生实际发展需要，将与学生学习阶段、学习能力相契合的实践活动纳入课程，充分利用社会平台，引导学生参与社会调研、实践服务等活动，充分发挥"第二课堂"的功能。

4. 课程思政构建多元教育体系

多元教育体系是课程思政的外化。习近平总书记指出："要在教学过

---

① 王菲菲：《浅谈课程思政建设的主要问题及对策》，《环球市场》2018 年第 27 期，第 17~18 页。

程中进行多样化探索，通过多种方式实现教学目标。"①作为新时代的育人理念，课程思政结合教学实际，构建科学合理的多元教育体系。第一，突出公共教育课程。公共基础必修课中，以学生发展规律为依据，把思政教育贯穿各阶段、全过程，提升思政教育质量。第二，强化专业课程教育。以专业培养目标为纲，以学科特点和优势为线，科学地拓展专业课程的深度和广度，提升专业课程温度。第三，完善实践课程教育。引导学生不仅"读万卷书"，还要"行万里路"。建设一系列实践基地，支持学生开展实践性学习、创新性训练，促进社会实践活动与思想政治教育紧密结合，让学生在实践类课程中锻炼才能，提升能力。

第二节　高校课程思政与思政课程的关系

一、高校课程思政与思政课程的联系

（一）课程思政与思政课程教育方向同向

1. 思政育人目标的相同

课程思政与思政课程的育人目标明确，即在坚持马克思主义的基础上，立德树人，科学育人。"思想政治教育是做人的工作，解决的是'培养什么样的人''如何培养人'的问题，是我们党和国家的优良传统和各项工作的生命线。"②一方面，坚持立德树人是根本任务。"立德是树人的前提和基础，树人是立德的指向和目标。"③课程思政与思政课程形成科学合理

---

① 习近平：《思政课是落实立德树人根本任务的关键课程》，人民出版社 2020 年版，第 21 页。

② 王学俭：《现代思想政治教育前沿问题研究》，人民出版社 2008 年版，第 124 页。

③ 樊伟：《深入推进思政课程与课程思政同向同行》，《中国教育报》2020 年 7 月 2 日，第 5 版。

的有机整体，把"立德树人"作为教育目的，始终贯穿"三全育人"理念，培养学生正确"三观"和优良品质。另一方面，传授理论知识是主要目的。在"大思政"的理念指导下，思政课程承担理论传授的主要任务，通过生动案例、生活实际，将深奥的理论知识在课堂上深入浅出地传授，提升学生的马克思主义理论素养。课程思政作为传递载体，在专业课程中渗透思政理论教学，潜移默化、春风化雨般地提高学生思政理论素质。

2. 思政政治方向的一致

课程思政与思政课程的政治方向一致，即在培养目标、领导核心、价值认同等方面，课程思政与思政课程"同向而行"。一是政治培养目标相同。习近平总书记指出："我国社会主义教育就是要培养社会主义建设者和接班人。"①思政课程和课程思政坚持用马克思主义理论武装大学生，传递社会主义核心价值观，始终把"培养社会主义事业的接班人"作为根本目标。二是政治领导核心一致。中国共产党是领导核心。课程思政与思政课程建设都在中国共产党的领导下，依据中国教育实际，实事求是、因地制宜地开展思政教育，推动中国教育事业不断发展。三是政治价值认同统一。课程思政与思政课程把握政治大局，科学、合理地向学生传递社会主义核心价值观，增强学生对中国政治的认同感，对中华民族的认同感，对中国精神的认同感。

3. 思政文化认同的统一

课程思政与思政课程的文化认同统一，即在教育文化、核心价值观、民族文化上，二者都存在共同的文化认同和相同的文化基因。"'课程思政'与'思政课程'建设是文化认同、价值观认同的问题，而文化认同与价值观认同是解决一个民族文化自信的基石。"②一是教育文化认同。课程思政与思政课程紧紧围绕一致的教育目的，共同营造社会主义教育文化的营

---

① 习近平：《在北京大学师生座谈会上的讲话》，人民出版社 2018 年版，第 6 页。

② 邱仁富：《"课程思政"与"思政课程"同向同行的理论阐释》，《思想教育研究》2018 年第 4 期，第 109~113 页。

养土壤，按照社会主义教育目标培养社会主义人才。二是民族文化认同。课程思政与思政课程扎根民族文化的肥沃土壤，将奋斗精神、团结精神、拼搏精神、创新精神等民族精神深刻融入教育教学之中，培养学生的民族认同和家国情怀。三是核心价值观认同。课程思政与思政课程结合优秀传统文化，通过生动案例传递社会主义核心价值观，帮助学生树立正确"三观"。

4. 思政育人效果的契合

课程思政与思政课程都强调"传道""授业"的教育基本功能。一方面，对"传道"功能的重视。课程思政与思政课程具有"传道"的鲜明优势，把"立德树人"作为根本任务，传递社会主义核心价值观，帮助学生树立正确的世界观、人生观、价值观，培养良好品德，实现人生价值。另一方面，对"授业"功能的强调。思政课程在课程内容、教学设计等方面都以马克思主义理论为核心，将马克思主义理论作为根本理论总则，向学生传递马克思主义基本原理，提升学生的理论素养。课程思政在专业课程、通识课程中都加入思政元素，既教授本专业知识，又渗透思政元素，充分发挥思政教育的教化功能。

(二)课程思政与思政课程教育过程同行

1. 课程思政与思政课程步调一致

课程思政与思政课程拥有相同步调，课程思政在社会热点、教育核心问题等方面与思政课程相互呼应。课程思政在事关国家认同、政治认同、道路认同、理论认同、制度认同、文化认同等方面始终与思政课程同在一个频道上。一方面，课程思政与思政课程发展进程相似。国家结合课程思政的相关标准，对思政课程的课程内容进行修订，通过课程标准的顶层设计，坚守育人底线、完善育人规范、把握育人要求，使立德树人的根本任务在课程体系建设上得到真正体现。另一方面，课程思政与思政课程发展快慢相近。在协同育人体系构建过程中，课程思政的相关课程建设应紧密结合思政建设总体布局，在内容上相互呼应，在形式上各取所长，发展速度应保持相同节奏、同一频率，如此才能使课程思政与思政课程真正同向

17

同行，稳步发展。

2. 课程思政与思政课程相互补充

课程思政与思政课程基于二者互相补充的课程特性，能够取长补短，推动互补性课程体系的建立。"不能把思政课程建成课程思政，也不能把课程思政建成思政课程，二者之间的功能是相互补充的，构成以'思政课程'为轴心、'课程思政'为补充的高校思想政治教育课程体系。"①一方面，思政课程是教育主线。高校思政课程在掌握学生认知规律的基础上，根据不同年龄阶段学生的特点制定不同的教育目标和培养方案，把控思政课程的大方向、主旋律，是提升学生思想道德修养的"主战场"。另一方面，课程思政是教育暗线。作为思政教育主渠道的思政课程承担教育主要任务，但仍存在功能不够明确、边界不够清晰等问题。因此，承担教育暗线的课程思政结合实际，制定自身的教学大纲，明确角色定位，对相关内容进行补充。

3. 课程思政与思政课程相互促进

课程思政与思政课程可以共同进步，二者结合自身特点，发挥优势，建立有序思政教育体系。"'课程思政'要促进'思政课程'建设，同样，'思政课程'也要促进'课程思政'的发展。"②一方面，课程思政搭建"支持框架"。课程思政的学科特性，决定了其具有扎实的理论基础、广泛的学科基础、庞大的人才队伍，为思政课程提供专业支持和队伍支援。课程思政同时具备人文社科和自然学科的特点，多种学科相互融合、相互借鉴，提供多元视角、多元知识。另一方面，思政课程提供"示范标准"。结合思政课程"前沿性""引导性"等特点，其能"以身示范""以课为标"，树立严格的教育教学标准、思想引导标准、政治导向标准等。尤其在政治方向上，思政课程紧密结合中央精神，敏锐捕捉社会动态，生动反映核心价

---

① 邱仁富：《"课程思政"与"思政课程"同向同行的理论阐释》，《思想教育研究》2018 年第 4 期，第 109~113 页。

② 邱仁富：《"课程思政"与"思政课程"同向同行的理论阐释》，《思想教育研究》2018 年第 4 期，第 109~113 页。

值，引领发展方向，促进两者良性互动、共同进步。

4. 课程思政与思政课程共享发展

课程思政与思政课程实现资源共享，二者同步信息、共享资源，共同推动协同育人。一方面，思政课程提供专业理论资源。马克思主义的基本立场、观点、方法是思政课程的重要立足点，其紧跟中央精神，关注社会热点，为其他学科提供马列理论指导，进一步提供思想观念引领资源。另一方面，课程思政共享多种学科资源。课程思政结合自身课程的优势和特点，培养学生科学精神，涵育人文素养，明晰价值伦理，提供学科资源和教育方式资源。在共享资源不断优化和发展的基础上，课程思政与思政课程形成协同育人体系，共同发展。

二、高校课程思政与思政课程的区别

（一）课程地位不同

课程思政与思政课程的课程地位不同。一方面，思政课程是思政教育的主体。习近平总书记在北京主持召开的学校思想政治理论课教师座谈会上指出："在大中小学循序渐进、螺旋上升地开设思政课非常必要，是培养一代又一代社会主义建设者和接班人的重要保障。"①思政课程以创新教学为突破点、以理论与实践为结合点，把"立德树人"作为根本目的，培养学生的良好品德和家国情怀。另一方面，课程思政是思政教育的途径。区别于思政课程的传统核心地位，课程思政是"协同育人"的新方式、新途径。在"大思政课"的背景下，教师应当打破专业学科与思政学科的学科壁垒，发挥教育引导者的主观能动性，在扎根各学科的专业视域和理论框架的基础上，深挖专业课程中的思政元素，拓宽思政教育的方式和途径，提供新思路、新方式。

① 习近平：《思政课是落实立德树人根本任务的关键课程》，人民出版社2020年版，第6页。

19

（二）课程内容不同

课程思政与思政课程的课程内容不同。"'课程思政'与思政课程虽然在本质上是一致的，但二者又有不同侧重。"①一方面，思政课程重视理论教育。2005 年《中共中央宣传部教育部关于进一步加强和改进高等学校思想政治理论课的意见》明确：高等学校思想政治理论课承担着对大学生进行系统的马克思主义理论教育的任务。② 因此，思政课程主要传递马克思主义思想，与中小学政治课实现纵向衔接，与本科思政必修课实现横向贯通，充分体现马克思主义的科学性、真理性。另一方面，课程思政侧重价值引导。课程思政具有坚定政治意识、强化价值引领的功能。通识课程和公共基础课程以通识内容为主，适当融入思政元素，潜移默化传递"思政"理念。专业课程强调知识传授和价值观塑造的同频共振，实现专业课程中的核心思想传递，使知识教授与价值引导有机结合。

（三）课程方法不同

课程思政与思政课程的课程方法不同。"'思政课程'与'课程思政'的实施方式不一样，前者主要是显性教育，而后者则是以隐性为主、显隐结合。"③因此，二者不同的教育方式构成了协同育人的有机整体。一方面，思政课程突出显性教育。思政课程拥有规范的教学大纲、统一的教材、严格要求的教师队伍，是思政教学的主渠道。其通过"灌输"的教育方式，旗帜鲜明地明确其政治立场和教育目的，正面直接地向学生传递正确价值观，培养其良好品德和家国情怀。另一方面，课程思政体现隐性教

① 石书臣：《正确把握"课程思政"与思政课程的关系》，《思想理论教育》2018年第 11 期，第 57~61 页。

② 教育部：《中共中央宣传部 教育部关于进一步加强和改进高等学校思想政治理论课的意见》，《中华人民共和国教育部公报》2005 年第 4 期，第 31~35 页。

③ 赵继伟：《关于"思政课程"与"课程思政"辩证关系的思考》，《思想政治课研究》2018 年第 5 期，第 51~55 页。

育。课程思政结合"大思政"理念，挖掘相关思政元素，将正确"三观"教育融入课程教学的各方面，在专业知识学习的同时，以隐性方式强化政治意识和思想价值引领，培养学生"爱党、爱国、爱社会、爱人民"的理想信念和爱国情怀等。

第三节　高校课程思政与思政课程协同育人的内涵及特征

一、高校课程思政与思政课程协同育人的提出和发展过程

面对新时代的教育现实状况，"培养什么样的人、如何培养人以及为谁培养人"成为教育的重中之重。为了解决好这个问题，课程思政与思政课程协同育人机制逐渐构建起来，进一步提升了思政育人的有效性和科学性。

（一）高校课程思政与思政课程协同育人理念率先提出阶段

习近平总书记在全国高校思想政治教育工作会议上指出，要在教育教学的全过程贯穿思想政治教育，实现全员育人、全程育人、全方位育人。"课程思政"概念提出后，试点研究工作首先在上海举行。部分上海高校通过不断改革使得高校思政课程脱离"孤岛"状态，开创了新的思政教育局面，专业课出现"思政味"，专业课教师挑起"思政担"。同时一批新型课程思政与思政课程协同育人模式逐渐出现，典型模式有：北京大学"典型引领、点面结合、全面推进"的思想政治教育社会服务学习模式；首都师范大学"1144"模式、"四位一体、六级联动"的就业指导模式；长春师范大学"1233"协同育人模式等。[1]

---

[1]　李亚丹：《高校思想政治教育协同育人路径研究》，长春师范大学 2019 年博士学位论文，第 21 页。

（二）高校课程思政与思政课程协同育人格局渐趋形成阶段

1. 协同育人范围持续扩大

课程思政与思政课程协同育人范围持续扩大。在协同育人建设上，上海起到明显的引领示范作用，进而全国各大高校纷纷响应，部分职业学院也开展了相关研究。上海大部分本科高校率先开设了试点课程，主动打破专业课与思政教育课之间的壁垒，推动二者紧密结合，让专业课上出"思政味"，让学生在专业课上润物细无声般接受思政教育。如复旦大学中文系开设马克思主义文论精读，国际关系与公共事务学院开设政治学原理、中国共产党研究，法学院开设人权与法等。① 同时，上海中医药大学基于对主流文化的坚持，把"道"的内容纳入其所有课程。上海工程技术大学将主流价值观念渗透于专业课中，潜移默化地将爱国、团结、奋斗、拼搏等精神传递给学生，以培养学生良好的品德和高尚的情操。

2. 协同育人方式不断创新

课程思政与思政课程协同育人方式不断创新。就平台的协同育人而言，高校课程思政与思政课程协同育人的平台不应该只停留在课堂上。在"学习强国""今日头条""人民日报"等网络平台上，各教育主体可以通过案例探究、活动教学等方式宣传、教授相关的时政热点，深挖其蕴含的思政元素，强化学生政治意识。同时，高校也可邀请不同行业的专家深入校园，通过举办讲座、开展思政教学活动等方式进行课程教育，丰富教育形式，强化教学效果。综上，各高校发挥教育教学人员、教学课程、学习平台协同育人作用，不断创新内容和育人方式。

（三）高校课程思政与思政课程协同育人效果初步显现阶段

随着协同育人理念的提出和巩固，高校课程思政与思政课程协同育人

---

① 朱梦洁：《"课程思政"的探索与实践》，上海外国语大学 2018 年博士学位论文，第 12 页。

的效果逐渐显现。协同育人机制充分把握教育的各个要素、主体和渠道，在落实好立德树人根本任务的基础上，把思想政治教育教学的实际成果"做好、做细、做精"，实现最优的教育效果。就育人主体而言，思政课教师和专业课教师在协同育人理念下教师素质得以提高。思政课教师提升自身理论水平，根据学生认知水平和规律因材施教，既以理服人又以德感人，增强课程的思想性、理论性、亲和性。专业课教师学习相关思政知识，深入挖掘课程内容和方式中蕴含的思政资源，提升课程育人性、创新性、时代性。

二、高校课程思政与思政课程协同育人的基本内涵和特征

（一）高校课程思政与思政课程协同育人的基本内涵

1. 课程思政与思政课程协同育人是有序组合的教育体系

课程思政与思政课程协同育人是一个教育体系。习近平总书记指出："要在教学过程中进行多样化探索，通过多种方式实现教学目标。"[①]一方面，构建完善的课程教学体系。思政理论课在日常教学中具体落实"立德树人"的根本目的，在教育过程中实现价值塑造的功能和目的。专业课程是协同育人的重要渠道。在专业基础课程中进行教学课程优化，使专业课教师找到思政"角色"，干出自身"特色"；在专业核心课程中深挖思政精神内涵，拓展广度和深度，提升课程温度。另一方面，打造健全的教学管理体系。《高等学校课程思政建设指导纲要》指出，建立健全多维度的课程思政建设成效考核评价体系和监督检查机制，在各类考核评估评价工作和深化高校教育教学改革中落细落实。第一，规范监督机制。对思政课教师和专业课教师进行定期监督，监督内容为教学进度、教学质量等，使协同育人模式得到有效推进。第二，改良评价机制。结合国家思政教育的核心育

---

① 习近平：《思政课是落实立德树人根本任务的关键课程》，人民出版社 2020 年版，第 21 页。

人理念，建立多维度考核评价体系，将思政育人效果纳入传统教学评价体系之中。第三，完善激励机制。在教学成果的奖励工作中，结合课程思政与思政课程协同育人的总体目标和具体要求，加大对协同育人建设优秀成果的支持力度。

2. 课程思政与思政课程协同育人是综合全面的教育方法

课程思政与思政课程协同育人是一项教育方法。新时代，思政课教师和其他专业课教师应结合学生发展规律，探索教育新方式、新方法。一方面，德智育人协同发展。思想政治理论课既传播马列主义相关理论，又采取显性方式传播正确价值取向，提升学生的理论素质和品德情操。课程思政利用专业课的载体平台，既教授学生相关专业知识，又深挖专业课程中的思政元素，渗透式传递社会主义核心价值观，培养学生的理想信念和爱国情怀。另一方面，理论实践共同育人。课程思政实践教学坚持理论性和实践性相统一原则，体现了课程育人和实践育人的双重功能。协同育人机制利用"课堂"主要渠道，教授相关专业理论知识，达到理论教学的最佳效果。同时，根据学科的理论知识、学校教学环境等条件，在"协同育人"的过程中开设个性化实践教学课程，如社会调研、创新实践、公益服务等。通过"理论+实践"课程的模式，使理论知识与实践能力贯通，在动态教学中实现立德树人、科学育人。

3. 课程思政与思政课程协同育人是立德树人的教育目标

课程思政与思政课程协同育人是一种教育目标。"高校教师要坚持教育者先受教育，努力成为先进思想文化的传播者、党执政的坚定支持者，更好担起学生健康成长指导者和引路人的责任。"①课程思政与思政课程的协同育人作为德育教育的核心，是立德树人的主要途径：一方面，思政课教师发挥"主渠道"作用。思政课教师结合思政教学内容，运用生动案例，引导学生树立正确的世界观、人生观、价值观，培养爱国情、树立强国

———————

① 习近平：《在全国高校思想政治工作会议上的讲话》，《人民日报》2016 年 12 月 7 日，第 1 版。

梦、实践报国行。另一方面，专业课教师强化"渗透式"功能。专业课教师在遵循学生学习发展规律的基础上，在培养专业素养的同时，推动大学生的道德教育。在专业课程中各位老师应结合思政元素，科学合理地将其渗透于日常教学中，培养大学生的爱国主义精神和社会责任感，引领大学生立志成才。

(二)高校课程思政与思政课程协同育人的特征

1. 理念协同是协同育人的核心

课程思政与思政课程协同育人的核心要素是理念协同。"人才培养一定是育人和育才相统一的过程，而育人是本。人无德不立，育人的根本在于立德。这是人才培养的辩证法。"①一方面，"育人为本，德育为先"。思政课程与课程思政都发挥思政教育功能，提高学生思想道德素养，培养学生的良好品德，塑造健全人格。因此，"立德树人"全面落实在学生培养的各方面，引导学生树立正确世界观、人生观、价值观。另一方面，"全面育人，智育并重"。课程思政与思政课程的根本目的是知识传授，以知识形态作为教育内容，因此，课程内容选择、课堂教学设计都紧密结合学生特点和教学实际，有针对性地进行设计和调整，推动价值性与知识性统一，实现学生德智全面发展。

2. 内容协同是协同育人的基础

课程思政与思政课程协同育人的基础载体是内容协同。内容协同主要强调思政课程和其他课程彼此资源的相互挖掘、协同运行。一方面，思政课程引领其他专业课程发展。思政课程在以本专业思政知识为主的基础上，充分发挥自身所具备的资源优势，引领其他专业课程发展方向，增强课堂丰富性，增加课程理论性。另一方面，其他课程升华思政课程教育主题。其他类课程在教学过程中，深入挖掘课程内容中的思政元素，把知识

---

① 习近平：《在北京大学师生座谈会上的讲话》，人民出版社 2018 年版，第 7 页。

教育升华至观念引领、价值塑造上，在"润物细无声"中培养学生的道德情操和爱国主义精神等，提高教学主题性，提升课程价值性。

3. 教师协同是协同育人的关键

课程思政与思政课程协同育人的关键因素是教师协同。习近平总书记指出："教师是立教之本、兴教之源，承担着让每个孩子健康成长、办好人民满意教育的重任。"①该论述强调教师对教育的关键作用。因此，教师对实现课程思政与思政课程协同育人具有重要作用。一方面，思政课教师挖掘课程"深度"。对于思政课教师而言，理论学习的加强、思想境界的提升、政治立场的坚定是其重要支撑点，在此基础上，结合课程思政与思政课程的协同性，坚持守正与创新的统一，深挖思想理论精髓，优化思政教育内容，增强专业性和科学性，融合政治性和学理性。另一方面，专业课教师提升课程"温度"。专业课教师在夯实专业基础、提高专业技能的同时，在专业课程中提炼思政元素，以春风化雨、潜移默化的方式，强化专业课程的教育性，统一知识性和价值性，达到"协同育人"的教育目的。

4. 制度协同是协同育人的保障

课程思政与思政课程协同育人的保障环节是制度协同。一方面，教育教学制度是根本。习近平总书记在北京大学师生座谈会上指出："要把立德树人的成效作为检验学校一切工作的根本标准，真正做到以文化人、以德育人，不断提高学生思想水平、政治觉悟、道德品质、文化素养。"②思政课程和课程思政都以"立德树人"为根本理念，进行教学设计、教学分析，发挥学科互补优势，制定教育教学规定，建立有机科学教学体系，巩固教学成效，提高育人实效。另一方面，教学管理制度是基础。首先，建立领导管理制度。高校党委统一领导大学生思想政治教育，课程思政与思政课程协同育人应努力构建"党委统一领导，党政群

---

① 《习近平书信选集》第一卷，中央文献出版社 2022 年版，第 10 页。
② 习近平：《在北京大学师生座谈会上的讲话》，人民出版社 2018 年版，第 7 页。

团齐抓共管，教职员工全员参与的工作制度"①。其次，确立课程监督制度。高校课程监督机制不单一侧重教育内容，而应包括课堂教学、德育教学、学术研讨、实践服务等一系列教育活动。最后，构建教学效果反馈制度。行之有效的教学效果反馈制度，可利用其"及时效果反馈、适时方案调整"等特点，实现协同育人建设系统稳定性和发展性相统一。

三、高校课程思政与思政课程协同育人的大趋势

(一)思政理念趋向明确

随着教育目的的统一，课程思政与思政课程协同育人的思政理念趋向明确。习近平总书记曾明确指出："古今中外，每个国家都是按照自己的政治要求来培养人的，世界一流大学都是在服务自己国家发展中成长起来的。我国社会主义教育就是要培养社会主义建设者和接班人。"②一是坚持马克思主义理论。通过协同育人的教学，学生能够树立辩证思维和历史思维，在表象中把握本质，在历史中获取智慧。二是树立社会主义核心价值观。教师把核心价值观教育融入日常教学，结合生动事例和代表性人物，传递正确的价值观，培养学生的使命感和责任感，实现课程目标与育人本质的紧密结合。三是实践育人和课程育人的有机结合。"要想突破思想政治教育难以真正融入大学生日常生活领域这一瓶颈，还需要消弭思想政治教育的工具化与日常生活的主体性二者之间的背离，促进双方达致良性转化。"③因此，教师要结合自身课程优势，打破理论与实践的隔阂，在课堂教学的同时，创造更多社会实践的机会，如志愿服务、社会调研等，达到

---

① 岳宏杰、郑晓娜、赵冰梅：《高校课程思政和思政课程同向同行问题研究》，东北大学出版社 2020 年版，第 96 页。
② 习近平：《在北京大学师生座谈会上的讲话》，人民出版社 2018 年版，第 6 页。
③ 王学俭、刘珂：《融入日常生活：思想政治教育的微观建构》，《思想教育研究》2015 年第 2 期，第 18~22 页。

实践育人和课程育人的有机结合。

（二）思政资源逐渐优化

随着教育质量的提高，课程思政与思政课程协同育人的思政资源逐渐优化。"推进铸魂育人的供给侧改革。推动思政课程与课程思政同向同行，要扩大铸魂育人的优质教育资源供给，优化铸魂育人的教育资源配置，给受教育者提供更多、更好的教育选择"①，这是今后协同育人模式的发展方向。一方面，思政教育供给质量有保障。课程内容、培养方式都应体现高质量，贴近学生的生活和学习，拒绝生搬硬套、晦涩难懂的"教育供给"，既推动学生个性发展，又满足对接未来社会的需要。另一方面，思政教育供给结构要丰富，切实为学生提供可选择的思政教育环境和教育资源等，实现协同育人的"低成本、高回报"。

（三）教育方式不断创新

随着时代的发展，课程思政与思政课程协同育人的教育方式不断创新。协同育人机制是在协同育人目标体系和内容体系的基础上，连接思政课程和课程思政中各个要素、各个环节，使其相互配合、协调一致，发挥各自特色与优势来实现协同育人。因此，协同育人的教育方法需要随着时代的发展不断创新。一方面，由"宏大叙事"向"见微知著"转变。协同育人机制要求深入、科学分析不同课程内容，依据课程的内容特征、价值内涵和思维理念，进行有深度、有准度的概括凝练，将具体的学科知识点与抽象的思政理论紧密结合，以小见大，让学生自觉接受"思政熏陶"，用"积微、从小、落细"的教学方法，取得"显著、巨大、翔实"的教育效果。另一方面，由"生搬硬套"向"贴近生活"转变。协同育人机制要挖掘符合时代要求的思政鲜活素材，从"生搬硬套"的老办法转向"贴近生活"的新方式，把家国情怀自然渗入新时代新内容中，激发学生兴趣，启发其思考，丰富

---

① 温潘亚：《思政课程与课程思政同向同行的前提、反思和路径》，《中国高等教育》2020 年第 8 期，第 12~14 页。

其体验，使教育内容、教育模式、教学方式等充分"活"起来，使思政教育"对上眼""快入脑"。

（四）考评体系渐趋完善

随着教育标准的提升，课程思政与思政课程协同育人的考评体系趋于完善。"考评是协同育人机制构建的方向盘和指挥棒。"①科学的考评体系能够帮助协同育人机制更好地发挥作用。一是突出"教师"与"学生"的主体性。协同育人考评体系的根本目的是"教师能力提升、学生成长成才"。作为教学活动的主体，"教师"和"学生"的能动性、自主性直接影响教学效果。因此，提高教师的育人意识和能力是考评体系的着重点和突破点，培养学生成长成才是考评体系的出发点和落脚点。二是注重"价值引领"的功能性。习近平总书记指出："把培育和弘扬社会主义核心价值观作为凝魂聚气、强基固本的基础工程。"②协同育人考评体系要发挥社会主义核心价值观的"价值引领"功能，作为核心指标，应"全方位"贯穿考评体系的设计、运行、监督等"全过程"。三是推动"评建结合"的科学性。协同育人考评体系把"科学考评、评建结合"作为基本理念，以信息数据、人工智能、云计算技术等新兴科技为依托，结合课程及高校发展远景目标，探索"动态式、常态化、全方位"的精准考评模式，达到"评建结合、以评促建"的发展目标。

高校课程思政与思政课程协同育人，是新时代加强和改进大学生思想政治教育的根本要求。协同育人教育教学机制的建立必须在厘清课程思政与思政课程发展历程的基础上，深刻把握二者的联系与区别，推动观念更新、制度改革、人才培养，在未来教育发展实践中实现课程思政与思政课程的同向同行。

---

① 韦诗业、李素芬：《新时代思政课程与课程思政协同育人机制构建研究》，《学校党建与思想教育》2021 年第 20 期，第 36~39 页。

② 《习近平关于全面建成小康社会论述摘编》，中央文献出版社 2016 年版，第 111 页。

第二章 课程思政与思政课程协同育人的背景和现实需要

第一节 课程思政与思政课程协同育人实施的背景

一、高等教育的根本任务

教育是百年大计，关乎国家和民族的未来。教育兴则国家兴，教育强则国家强。教育的根本问题是人的问题，人是教育的对象，也是教育的目的和根本落脚点。作为培养人的社会活动，教育是提高国民素质，促进人全面发展的根本路径。

教育有两层含义：教是知识、技能的传授，重在"增智"，侧重学生的成才；育是品德、人格的培育，重在"育德"，侧重学生的成人。① 教育关注学生的成长成才，同时也必须坚持以人为本的理念，立德树人。"培养什么样的人、怎样培养人、为谁培养人"的问题一直是我国教育工作的根本问题，也是习近平总书记强调的重中之重。2016 年 12 月，习近平总书记出席全国高校思想政治工作会议，并发表重要讲话。他强调，要坚持把立德树人作为中心环节，把思想政治工作贯穿教育教学全过程，实现全程育人、全方位育人，努力开创我国高等教育事业发展新局面。这一论述既

---

① 谭秀森：《论高校立德树人根本任务的实现机制》，《思想教育研究》2013 年第 11 期，第 51~54 页。

是对"高等教育的根本任务是立德树人"这一论断的深化，又为高等教育如何完成"立德树人"的任务指明了方向。"培养什么样的人、怎样培养人、为谁培养人"这是高等教育根本问题的三个方面，其核心是"培养人"，也就是"树人"，如何正确"树人"是解决高等教育根本问题的关键所在。

面对"培养什么样的人、怎样培养人、为谁培养人"的根本问题，2016年，教育部长陈宝生在武汉高等学校工作座谈会上提出，高校发展要以"回归常识、回归本分、回归初心、回归梦想"四个回归作为人才培养目标。"四个回归"指明了我国高等教育的发展方向，为构建更加科学有效的高等教育课程体系提出了新要求。坚持"四个回归"就是要回归大学的根本职能，把"树人"作为根本任务。无论是教学还是科研都要服务于这个中心点，把"树人"的质量和效果作为检验高等教育一切工作的根本标准。

（一）回归常识

"回归常识"就是学生要刻苦勤奋学习。[1]　一是从学生角度来说，学生要多读书，读好书，积极阅读有关国情、民情等内容的书籍，阅读马列著作、传统文化著作、专业著作等，拓展眼界，认识世界、认识基本国情，掌握事物发展的本质规律，理性地看待一切。同时也要用实践检验真理，将知识运用到生活中，以知促行，以行求知，脚踏实地，扎实苦干。学生不能读死书，要主动将专业知识融入实践，做到知行合一。二是从高校角度来说，高校要回归教育常识，深化教育教学改革，改变过去的各科分离局面。

"回归常识"需要回归"学"本位。教育部《关于切实加强和改进高等学校学风建设的实施意见》指出：学风是大学精神的集中体现，是教书育人的本质要求，是高等学校的立校之本、发展之魂。优良学风是提高教育教学质量的根本保证。这就要求我们在"回归常识"时必须把握学风建设。这

---

① 　陈宝生：《在新时代全国高等学校本科教育工作会议上的讲话》，《中国高等教育》2018 年第 Z3 期，第 4~10 页。

不仅是高等教育思想政治教育工作的重要环节，同时也是高校坚持立德树人根本任务的重要环节。这就要求高校包括思政课教师和其他各科教师等教育主体要在教育过程中把握学风教育，回归常识，共同构建课程思政和思政课程协同育人机制，牢牢把握高校思政教育工作重心。

（二）回归本分

"回归本分"，就是教师要潜心教书育人。① 纵观人类历史，教育一直被视为传承人类文明的最优路径，而教师正是实现这一目的的重要引路人。在《现代汉语词典》中，"本分"即个体本身应尽的责任和义务。教师的本分就是教书育人，大学的教授是因为教书授课得名，应始终把教书育人作为第一职责。教书亦即教授知识，凭借自身扎实的学科知识向学生传道、授业、解惑；育人则指教师要立德树人，做到以德立学，对学生进行思想政治的引导。

"回归本分"需要回归"育人"本位。"百年大计，教育为本。教育大计，教师为本。"这就要求我们在"回归本分"时必须把握师资队伍建设。这不仅是促进高校思想政治教育科学有效的重要保证，同时也是落实高等教育根本任务的重要保证。因此，高校要进一步加强师德师风建设，倡导"四有教师"的良好作风。同时也要完善高校教师考核评价机制，加强师德建设，要求所有教师共挑"思政担"，加强课程思政和思政课程协同育人效应，扎实推进高校教师立德树人，以德授学。

（三）回归初心

"回归初心"，就是高校要倾心培养建设者和接班人。② 不忘初心，方得始终。高等教育必须始终牢记培养人才的初心，这就要求各高校必须扎

---

① 陈宝生：《在新时代全国高等学校本科教育工作会议上的讲话》，《中国高等教育》2018 年第 Z3 期，第 4~10 页。
② 陈宝生：《在新时代全国高等学校本科教育工作会议上的讲话》，《中国高等教育》2018 年第 Z3 期，第 4~10 页。

根中国土地培养人才，紧跟党的步伐，坚持社会主义办学方向，把思想政治教育工作贯穿一切工作中。要促进专业知识教育和思想政治教育的融合，提高思想政治教育课程效果，贯彻落实高校"立德树人"的根本任务。

"回归初心"需要回归"思政"本位。2017 年，中共中央、国务院在《关于加强和改进新形势下高校思想政治工作的意见》中指出，要坚持全员、全程、全方位育人。这就要求高校在落实高等教育思想政治教育工作中，要贯彻"三全育人"理念，把思想政治教育贯穿于高等教育的全过程和各环节，构建课程思政和思政课程协同育人机制，加强高校各教育主体思想引领责任意识，回归"思政"本位。

（四）回归梦想

"回归梦想"就是高等教育要倾力实现教育报国、教育强国梦。① 教育梦是"中国梦"必不可少的一环。实现教育梦，必须立足中国教育基本现实，深化高等教育育人改革，建设一流高等教育；立足服务于国家重大战略需求，全面提升人才培养能力，加快建设高等教育强国，为实现"中国梦"奠定基础。

"回归梦想"需要回归"强国"本位。2018 年 5 月，习近平总书记在北京大学师生座谈会上给广大青年提出了爱国、励志、求真、力行的希望。这就要求高等教育坚持把立德树人作为根本任务，坚持把爱国主义教育同人才培养结合起来，坚持把强化学生责任意识和爱国主义精神作为高等教育的重要环节，要求思政课教师、专业课教师共同挑起思政重担，共同建设课程思政和思政课程协同育人机制，共同为教育强国贡献力量。

"立德树人"是党中央在对中国传统教育思想的创新性继承和发展基础上，对新时代中国特色社会主义"培养什么样的人、怎样培养人、为谁培养人"的深刻回答，这就要求我们必须坚持高等教育的"四个回归"，加快

---

① 陈宝生：《在新时代全国高等学校本科教育工作会议上的讲话》，《中国高等教育》2018 年第 Z3 期，第 4~10 页。

推进课程思政与思政课程协同育人机制构建。

二、高校思想政治教育的价值

高校是中国特色社会主义高等教育的实践平台，也是培养社会主义建设者和接班人的重要园地。做好高校思想政治教育，对于确保一代代青年学子德智体美劳全面发展，建设社会主义现代化高校，实现中华民族伟大复兴具有重要意义。思想政治教育的价值包括两个基本方面，一是它对个人成长发展所起的作用，二是它的社会价值，包括它对高校自身发展的作用和对社会经济、文化、政治、生态建设的作用。思想政治教育最直接最本质的价值就是它对一个人发展的效用和影响，包括导向价值、动力价值、塑造价值。

（一）导向价值

思想政治教育对个人发展具有导向价值，即思想政治教育在个人政治立场和政治方向上具有引领作用，能运用启发、教育、监督等方式，把人们的思想和行为引导到符合社会主义发展要求的正确方向上来。[1] 自古以来，青年学子是国之栋梁，他们的思想政治素质状况决定了一个国家未来的盛衰。1978 年，党的十一届三中全会的召开宣告中国进入了改革开放时代，从西方传来的不只是有利于社会主义市场经济发展的内容，还有西方的价值观、文化观。人们的思想政治状况发生诸多变化，世界观、人生观、价值观也日趋多元化。另外，在当前国际形势剧变的背景下，部分国民的价值取向也受到剧烈冲击。因此，必须充分发挥思想政治教育的导向作用，通过隐性的方式将当前国家、社会需要的政治立场和思想体系影响每一个个体，把人们的价值取向和行为导向积极、健康的方向。

（二）动力价值

思想政治教育对个人发展的动力价值即思想政治教育对个人全面发展

---

[1]　孙红：《论思想政治教育的社会价值和个人价值》，《华北电力大学学报（社会科学版）》2008 年第 1 期，第 135~137 页。

具有的激励作用，就是运用多种教育手段，充分调动人们的积极性。思想政治教育通过两种手段以激发人们投身社会主义现代化建设事业中的内在动力。一是情感激励，思想政治教育通过潜移默化的方式"灌输"责任精神、奉献精神，促进人们在社会主义现代化建设中形成内生动力。二是目标激励，思想政治教育通过设定目标和要求来实现动力价值。在这一过程中，目标的设定反映的不仅仅是国家、社会的需要，也反映了人们的发展需要和利益追求。因此，该目标和要求就成为人们的内在动力，使快速实现成为可能。

（三）塑造价值

思想政治教育对个人发展的塑造价值即思想政治教育对个人健全人格具有塑造作用，就是运用判断、规范、调节等手段界定个人行为是否偏离思想政治教育方向，对于符合思想政治教育方向的行为予以肯定，对偏离思想政治教育方向的行为给予纠正，塑造积极、向上的人格。由于当前国内社会主要矛盾的变化，加之国际形势剧变，人们的思想、道德、行为也呈现出多样性和多变性，在这种情形下，国家迫切需要全面发展的建设型和创新型人才，因此，必须加强思想政治教育，发挥思想政治教育的塑造价值，塑造健全健康人格，有效实现个人价值。

三、培育时代新人的时代重任

习近平总书记在党的十九大报告中明确提出要"培养担当民族复兴大任的时代新人"①。培养担当民族复兴大任的时代新人，是新时代赋予高等教育的历史任务，也是新时代思政课教师的责任担当。因此，必须深刻把握时代新人的基本内涵与特征，明确新时代赋予的历史使命，培育好时代新人。

---

① 习近平：《决胜全面建成小康社会　夺取新时代中国特色社会主义伟大胜利——在中国共产党第十九次全国代表大会上的报告》，《人民日报》2017 年 10 月 28 日，第 1 版。

　　"时代新人"在党的十九大报告中首次提出，这是党和国家在新时代下对青年学子的最新培养目标。从基本内涵上看，时代新人是一个广泛的概念，它包括工人、农民、知识分子等社会各阶层和群体。习近平总书记指出党和国家要培养有理想、有本领、有担当的走在时代前列的奋进者、开拓者、奉献者，培养担当中华民族复兴大任的时代新人，培养德智体美劳全面发展的社会主义建设者和接班人，由此，青年群体任重道远。

（一）时代新人的内涵

　　1. 时代新人是有理想、有本领、有担当的青年群体

　　党的十九大报告中提出"青年兴则国家兴，青年强则国家强。青年一代有理想、有本领、有担当，国家就有前途，民族就有希望"①。这是新时代党和国家对青年学子的培养要求。同时，十九大报告又明确"时代新人"要担当民族复兴大任。因此，新时代党和国家对青年的培养目标是培养有理想、有本领、有担当的青年学子并发展为"时代新人"。

　　2. 时代新人是走在时代前列的奋进者、开拓者、奉献者

　　2003 年，习近平总书记对广大青年学子指出："希望你们珍惜韶华、奋发有为，勇做走在时代前面的奋进者、开拓者、奉献者，努力使自己成为祖国建设的有用之才、栋梁之材，为实现中国梦奉献智慧和力量。"②走在时代前面的奋进者、开拓者、奉献者就是现在我们所常提的时代新人的另一表述方式。时代新人契合时代要求和社会培养人才目标，只有走在时代前列积极进取，勇于开拓，并致力于国家发展社会进步的人才是时代新人。

　　3. 时代新人是担当中华民族复兴大任的青年群体

---

　　①　习近平：《决胜全面建成小康社会　夺取新时代中国特色社会主义伟大胜利——在中国共产党第十九次全国代表大会上的报告》，《人民日报》2017 年 10 月 28日，第 1 版。

　　②　中共中央文献研究室：《习近平关于青少年和共青团工作论述摘编》，中央文献出版社 2007 年版，第 54 页。

党的十九大报告提出要培养"担当民族复兴大任的时代新人"，这一论述是对时代新人的直接表述，也就是说时代新人是在新时代中成长发展起来的符合国家发展要求，同时必须担当起民族复兴大任的人。因此，我们可以说担当民族复兴大任的青年学子，才更有可能或有资格成为时代新人。

4. 时代新人是德智体美劳全面发展的社会主义建设者和接班人

习近平总书记在学校思政课教师座谈会上指出："要努力培养担当民族复兴大任的时代新人，培养德智体美劳全面发展的社会主义建设者和接班人。"[①]这一表述既是对以往党和国家教育计划的再论述，也融合了新时代下人才培养的新要求，是对时代新人的最新论述。因此，时代新人是德智体美劳全面发展的社会主义建设者和接班人。

（二）时代新人的特征

从特征上来看，时代新人是肩负时代使命，具有时代精神，有理想、有本领、有担当的人。

1. 时代新人具有坚定的理想信念

习近平总书记指出："没有理想信念，理想信念不坚定，精神上就会'缺钙'，就会得'软骨病'。"[②]理想指引人生方向，信念决定事业成败，没有理想信念，就会导致精神上缺钙。理想信念教育一直是党和国家培养人才的关键所在。青年学子是一艘帆船，理想信念便是桅杆上的风帆。坚定的理想信念有助于时代新人确立自己的长远奋斗目标，并有效激发内在动力，最终取得成功。从时代新人的基本内涵出发，时代新人是青年群体中的先进模范，坚定的理想信念是时代新人坚定正确立场、发挥先锋模范作用的保证，也是时代新人明确价值目标、担当时代使命、实现人生价值的

---

① 王仁宏、曹昆：《习近平主持召开学校思想政治理论课教师座谈会强调：用新时代中国特色社会主义思想铸魂育人　贯彻党的教育方针落实立德树人根本任务》，《人民日报》2019 年 3 月 19 日，第 1 版。

② 《习近平谈治国理政》，外文出版社 2014 年版，第 15 页。

有效保证。

2. 时代新人具有过硬的本领

第三次科技革命后，世界各国之间综合国力的较量已经逐渐转为科技、人才、教育的竞争。时代新人作为社会主义建设的主力军，其本领和能力自然成为各国人才竞争的关键因素。时代新人是否具有过硬的本领，在很大程度上影响我国"两个一百年"奋斗目标和中华民族伟大复兴的"中国梦"能否实现。因此，必须切实加强对时代新人本领能力的教育，加强时代新人对专业知识的把握，对理论联系实际能力的掌握。

3. 时代新人具有强烈的担当精神

能力越大，责任也越大。时代新人作为社会主义建设者的主力军，同时也是青年群体的先进代表，在继承了以往党和国家的物质财富和精神财富的同时，也承担了中华民族复兴的时代重任。习近平总书记指出："有多大担当才能干多大事业，尽多大责任才会有多大成就。"①实践证明，只有时代新人的担当精神强烈，社会主义建设事业才有可能取得成功。时代新人身上所彰显的担当精神，是他们能够实现自身价值的有效保障，也是推动他们建设社会主义，实现中华民族复兴大任的切实要求。

（三）培育时代新人的基本路径

时代新人的培养事关社会主义事业的建设和"中国梦"的实现，因此，如何培育时代新人是新时代下党和国家教育工作的重中之重。培育时代新人必须充分发挥高等教育思想政治教育的思想引领作用，落实"立德树人"这一中心环节，不断改革创新思政政治教育，保障时代新人培育工作顺利进行。

1. 落实"立德树人"是培育时代新人的中心环节

党的十八大报告提出"把立德树人作为教育的根本任务"②，党的十九

① 《习近平谈治国理政》（第二卷），外文出版社2017年版，第145页。
② 王仁宏、曹昆：《习近平主持召开学校思想政治理论课教师座谈会强调：用新时代中国特色社会主义思想铸魂育人　贯彻党的教育方针落实立德树人根本任务》，《人民日报》2019年3月19日，第1版。

大报告进一步提出"落实立德树人根本任务"。自新中国成立以来，我国的教育目标由培养德智体全面发展到德智体美全面发展最后到德智体美劳全面发展的人，可以看到无论教育目标如何变动，德育始终处于"时代新人"培养目标的首位。"立德树人"是对新时代"培育什么样的人"的问题的回答，也是对新时代时代新人如何明确长远目标和自我发展的解读。新时代"我们要'立'的'德'乃是贯通古今、融汇中西、彰显新时代使命的'大德'"①，也就是要养成创新、担当、奋斗的新时代道德品质，践行社会主义核心价值观，做有"德"的时代新人。

2. 深刻认识高校思想政治教育是培育时代新人的思想前提

思想政治教育以人为核心，旨在促进人的全面发展。通过系统的马克思主义理论教育和潜移默化的教育方式，思想政治教育凭借其特有的教育模式，深刻影响人的行为方式。正因如此，习近平总书记指出："我们办中国特色社会主义教育，就是要理直气壮开好思政课，用新时代中国特色社会主义思想铸魂育人"，"思政课作用不可替代，思政课教师队伍责任重大"②。因此，培育"时代新人"必须充分发挥新时代高校思想政治教育作用，在意识形态领域指引时代新人道德品行的养成，培育德才兼备、全面发展的时代新人。

第二节 课程思政实施的现实需要

一、推动"三全育人"落地的需要

思想政治教育工作者要坚持"以人为本"，将思想政治工作完全覆盖到

---

① 刘铁芳：《培养担当民族复兴大任的时代新人——论新时代我国教育目的的蕴含》，《教育学报》2018 年第 5 期，第 3~12 页。
② 王仁宏、曹昆：《习近平主持召开学校思想政治理论课教师座谈会强调：用新时代中国特色社会主义思想铸魂育人 贯彻党的教育方针落实立德树人根本任务》，《人民日报》2019 年 3 月 19 日，第 1 版。

教育教学的全过程，做到"全程""全方位"育人，努力拼搏，为开创我国高等教育发展新局面而奋斗。贯彻习近平总书记关于"三全育人"的重要论述，使"三全育人"真正落到实处，关键在于对其内涵的深入理解和实践的积极探索。

（一）深刻把握"三全育人"的基本内涵

2004 年，中共中央、国务院发布《关于进一步加强和改进大学生思想政治教育的意见》，并在第二年召开全国大学生思想政治教育座谈会，"三全育人"被正式确立。"三全育人"从广义上讲是"全员、全程、全方位"的教育模式。要准确把握"三全育人"各个方面之间的关系，就必须准确把握"三全育人"的基本内容。

1. 全员育人的内涵

"全员育人"的终极目标是以"员"为人，其主要目标是以学校、家庭、国家和社会为中心，甚至以受教育者自身为中心。高校的育人队伍不仅包括辅导员、党政管理人员、校务工作人员、思政课教师，也包括专业课教师、公共课教师。加强高校思想政治教育不能仅仅依靠思政课教师这一支队伍，更要依靠高校所有人员。必须加强高校全体教职员工的育人意识，使其在坚守本职工作的同时，融入思政元素，形成协同育人的局面。

家庭的育人队伍主要是以父母为核心的亲属育人团队。父母作为孩子的第一任老师，更应当以身作则，坚守基本道德规范，树立德行，言传身教。国家的育人队伍主要包括国家各级党政干部，作为维持社会稳定的重要力量，国家各级党政干部必须切实加强道德建设，塑造良好的道德教育环境。社会的育人队伍包括社会各阶层、各领域的人，主要代表人员为道德先锋模范、优秀校友等，作为社会的参与者和构建者，社会中的每一个人都会对大学生的思想政治素质造成影响。因此，强化社会道德引领，构建社会道德新风尚至关重要。

受教育的对象本身指的就是大学生群体自身。作为受教育的对象本身，大学生很容易成为被忽视的育人群体。在高校中，大学生的举止言行不仅会受到来自家庭、学校、国家、社会的影响，更会受到来自朝夕相处的同学的影响。因此，在大学生群体中培育道德模范，形成高校育人生力军，是加强全员育人的重要途径。

2. 全程育人

"全程育人"落脚点是"程"，强调时间跨度上的育人要求。包括大跨度的大学生从入学到毕业，和小跨度的学期开始到寒暑假结束。针对大跨度的进程，需要高校对大学生在校园生活的各个时期，采取分阶段、分层次的教育方法，将其贯穿于大学生活的全过程。小跨度的过程要求高校在大学生寒暑假期间始终坚持思想政治教育工作，充分利用学生假期进行社会实践等形式的思想政治教育，促进大学生思想政治素质的提高。

3. 全方位育人

"全方位育人"落脚点是"方位"，强调内容、方法上的育人要求，具体包括对思想政治教育内容进行系统化编排，采用各式各样的行之有效的思想政治教育方法。对与思想政治有关的教学课程等教育内容进行系统化编排，就是指高校不仅要开设面向全体学生的思政课程，更要在专业课、公共课等方面，将思政元素融入其中，在意识形态上对思想政治教育进行强化。同时，还必须重视大学生的社会实践，不断为大学生提供社会实践的机会，还要重视大学生的见习、实习，将思想政治教育的一系列工作有机地融入其中，将整个大学过程融为一个整体，各部分之间相互联系，共同发挥思想政治教育作用。

4. "全员""全程""全方位"三者的内在联系

"全员""全程""全方位"三者之间不是相互独立的个体，而是作为思想政治教育体系内一个综合的整体。离开了教育主体这一维度，教育的时空两个维度便是一纸空文；同样，没有教育的时间观，也就没有所谓的教育空间，离开了空间的时间也失去了价值。

进入新时代，我国社会的主要矛盾发生变化，高校青年学子的价值需求也发生了变化，由原先较高的物质生活资料的需求逐渐转为社会认可、自我价值实现、社会环境美好等精神生活资料的需求。高校思想政治教育作为青年学子满足精神生活需求的重要供给对象，在现阶段仍存在供给不足的问题。这个问题是由现阶段思想政治教育发展不平衡不充分所导致的，同时作为教育对象的高校大学生又是不同的个体，存在不同特点和个性差异，因而每个学生对思想政治教育带来的精神满足体会不同。因此，在当前阶段，高校思想政治教育存在着精神满足的供给不足，以及大学生群体的精神需要满足不平衡、不充分等问题。为此，要切实贯彻"三全育人"的育人理念，重视每位学生的个性特征和个体差异，整合校内校外的思想政治工作，做到育人主体、育人空间、育人主体的协调统一，如此才能更好地促进大学生的健康成长。

(二)明确课程思政是落实"三全育人"的有效路径

高校思想政治工作必须贯彻落实"三全育人"教育机制，而在教育实践中，"三全育人"受到来自各方面的挑战。

1. "全员育人"方面的挑战

高校的主体构成不仅包括思政课教师、党政领导、辅导员等，同时也包括了专业课、公共课教师和后勤部门工作人员。在高校思想政治教育实践过程中，往往将思想政治教育工作的重担压在思政课教师身上，而把专业课教师等排除在思政教育工作体系之外，导致部分专业课教师没有认识到教育的本质是教书育人，往往只重视专业知识技能的传授而忽视了更为重要的育人，没有实现教书与育人相结合，单纯以完成教学任务为目标，而忽略了育人的重要性。为此，必须落实新时代我国高校思政教育的全员育人，充分融入思政元素，在专业课程教学中渗透道德教育，培养德才兼备的人才，提高高校人才培养质量。

2. "全程育人"方面的挑战

高校思政教育尚未做到"全程育人"，尚未做到在校学生各个阶段思政教育的有效衔接和各类课程思政教育的全覆盖。现阶段，高校的思想政治教育仍然对思政课有很大的依赖性。思政课是高校课程设置中的一个组成部分，它很难覆盖到在校大学生的整个大学阶段。因此，这就需要高校充分挖掘各类课程中的思想政治教育要素，让每个阶段的大学生都能接受到思想政治教育。

3. "全方位育人"方面的挑战

高校思政教育尚未做到"全方位育人"。一是思政教育在内容上还存在缺陷，二是在教学方法上还存在不足。高校思政教育的内容不完善，主要体现在高校思政课程的内容侧重于抽象的理论，没有深入地进行实际的思政实践，专业课程又缺乏对思政元素的挖掘等。因此，如何发挥思政课程和课程思政的协同育人作用显得十分重要。高校思政教育的方法不够有效体现在部分课程的思政元素挖掘过于急功近利，致使课程思政浅显生硬，理论空洞，出现教师不愿教、学生不愿学的问题。因此，必须充分准备、深入挖掘在各个专业课程中潜在的、隐蔽的思政资源，并以此为基础，加强课程方面的思想政治建设。

(三)"三全育人"的价值意蕴

1. 体现了立德树人的基本要求

党的十八大以后，国家确立了"立德树人"的教育主旨。"三全育人"的重点在于"三全"，"育人"是其核心。"三全"强调在教育主体、时间、空间三个维度上健全思政教育工作。"三全育人"的精髓就是把立德树人放在教育教学的中心位置。"三全育人"教育机制聚焦"立德树人"的根本任务，围绕"培养什么样的人"的问题进行多角度、全方位的育人。凝聚校内外思政教育力量，从多角度、全方位将思政教育工作贯穿到高校各阶段教学过程中，体现了立德树人的基本要求。

2. 顺应新时代高校人才培养的内在要求

目前，中国特色社会主义进入了一个全新的时代，必须深刻把握新时代对人才培养提出的新要求，充分发挥新时代人才培养在实现"两个一百年"奋斗目标和中华民族伟大复兴"中国梦"中的重大作用。

一方面，实现奋斗目标和"中国梦"需要高等教育不断培养出能够积极投身到社会主义现代化强国的建设之中，积极投身于为人民服务之中，德智体美劳全面发展的时代新人。同时，面对国际格局的变迁，新的时代背景对高等教育人才培养目标和培养方法提出了更高的要求。另一方面，"三全教育"机制以"立德树人"为中心环节，从教育主体、时间、空间三个维度以更高的要求重点突出发展学生的思想素质、专业技能、政治担当，培养有理想、有本领、有担当的时代新人。由此可见，"三全育人"作为党和国家指导高校思想政治教育的重要机制，回答了高校"培养什么样的人"的问题，突出了高校"育人"的重要性，加强了高校思想政治工作和课程教学的融合，为培养"时代新人"开拓了有效路径。

3. 契合高校思政工作的内在规律

对于处在新的时期和国际环境下的思政课教师来说，需要根据具体情况，在教学上做出适势调整，适事调整，适时调整；要遵守思想政治工作的规律，遵守教育教学的规律，遵守学生的成长规律，不断提升自己的工作能力和水平。这本质上也是对高校思政工作的特殊地位和重要作用作进一步的诠释。"三全育人"从教育主体的角度，从时间和空间的角度，对大学生的思想政治教育制定了新的标准，提出了更高层次的要求。"全员育人"要求高校全体教职工在履行本职、考核评价、班级管理等方面紧紧围绕"立德树人"展开；"全程育人"要求高校将思政教育工作贯穿到高校一切工作之中，作为高校学生成长成才各阶段的工作主线；"全方位育人"要求高校凝聚整合校内外思政教育力量，建立健全高校思政教育体系，从多角度全方位贯彻落实高校"立德树人"的根本教育任务。

二、构建"大思政"工作格局的需要

(一)高校"大思政"工作格局是课程思政建设的前提基础

"大思政"工作格局就是指将各种蕴含思政教育功能的元素进行整合，构建思想政治教育工作有机体系。对于高校来说，"大思政"工作模式就是把所有的思政资源都集中起来，组成一个专门从事大学生思想政治工作的教育系统，发挥其多主体、全过程的特点，以促进学生的进步。

早在新民主主义革命时期，我们党就强调在党内党外进行宣传工作，这就是思想政治教育的初期工作。1957 年，毛泽东在《关于正确处理人民内部矛盾的问题》中强调思想政治教育工作要充分体现其多主体性，整合社会各阶层力量，共同推动高校思政教育工作，这也是早期的"全员育人"思想。之后，我国进入改革开放的历史新时期，这一时期人们的思想政治情况出现了变化。为了稳固人们特别是高校青年一代学子的思想政治素质，进一步深化思想政治工作，党中央在 1999 年下发的文件中，明确了扩大思想政治工作"覆盖面"的时代任务。在不断的探索和实践中，我国的高校思想政治工作正在逐步完善。全体思想政治教育工作者坚持以"立德树人"为核心，将思想政治工作融入教育的各个方面以及教学的全部过程，真正做到"全程""全方位"育人，形成党委统一领导，各部门、各方面共同参与的工作格局。高校思政教育体系的演变反映出，在社会背景不断变化发展的情况下，我国对育人目标进行了持续的调整，也反映出国家、社会对教育培养目标的期待和要求越来越高。

(二)课程思政是构建"大思政"工作格局的重要途径

"课程思政"是在反思和创新传统思想政治教育工作模式的基础上，把马克思主义原理"渗透"到大学的各类课程之中，发掘各类课程所包含的思政要素，使各类课程与思政课共同发挥协同育人的功能。新时代下，建设课程思政，有利于构建"大思政"的教学格局。课程思政一方面为"大思政"格局提供了发展载体，另一方面也为扩大思想政治教育覆盖面，助力高校立德树人提供了有效路径。

在新时期，要努力建设"大思政"的工作模式，就必须解决好思政课程与课程思政之间的脱节问题。为了解决上述问题，我们需要充分利用好一个主要渠道，这个主要渠道就是课堂教学。思想政治理论课要在持续完善过程中不断提高思想政治教育的感召力、凝聚力和专门性，同时要不断地满足学生对思政理论课程的授课效果的心理预期和需求，其他课程也要把好自己的一段渠、种好自己的责任田，各类课程都要跟思想政治理论课走在一起，发挥出最大的作用。在思想政治教育的实践中，常常存在着"思政课注重意识形态和价值观教育，专业课注重专业知识教育，两者之间是不相关的"错误认知。实际上，这种观点忽略了思想政治理论课程和专业课程的内在关系，站在相对的位置上，把思想政治理论课程和专业课程放在一起。事实上，专业课是大学的一门育人课程，与思政课一样，都是以"立德树人"为宗旨的，专业课不仅是一门传授专业知识、技能的课程，同时也是具有思政元素的课程，所以我们要在重视专业知识、技能传授的同时从课程中挖掘思政要素，把思政教育融入专业课的教学之中。

"大思政"工作格局是一个系统性工程，这就要求高校必须以系统的、整体的、全方位思维探索和构建高等教育"大思政"工作格局。现阶段，中国进入了新时代，也对构建"大思政"工作格局提出了新的发展要求。在大学发展的过程中，大学的功能越来越多样化，大学内部和外部的关系也越来越错综复杂，在大学"大思政"的建设中，如何使"大思政"中的各个因素发挥出最大的作用，这是大学建设的一个重要问题。为此，要充分发挥其功能，将各方面的资源整合起来，形成思政课程与课程思政协同育人的新局面，并在大学中逐步构建"大思政"教学模式。

第三节　高校课程思政与思政课程协同育人的重要性

一、落实立德树人根本任务的需要

自古以来，中华民族都将道德教育作为育人的根本任务。比如孔子，孔子坚持的就是培育德才兼备并以德育为根本的教育理念；《大学》在开篇中就强调了大学立世的根本是彰显纯明的德行，在于亲爱民众，在于符合至善的追求，也就是说大学教育的根本点是培养高尚德性的人。无论是古代还是现代，一国的人才都是根据其自身的政治需求而产生的，而一所世界级的高校也是在为本国的发展中而产生的。我们的社会主义教育，就是为了培养社会主义建设者和接班人。我们要把这一目标作为大学教育的落脚点和根本出发点，把检验学校所有工作的根本标准放在立德树人的效果上，努力朝着培养全面发展的大学生、培养德智体美劳共同发展进步的人的方向上不断迈进，持续提升学生的理想信念、责任意识和道德意识以及各方面的心理素质，促使大学生成为一个诚实守信、遵纪守法、尊重老师、关爱同学的优秀青年。

大学教育的基本任务是立德树人，即要将思想价值引领贯穿于教育教学的全过程，从而达到全程育人、全方位育人的目的。新时代，高等教育面临着新的形势和任务。一方面，随着我国综合国力的不断增强和国际地位的日益提升，我国在国际上的话语权、影响力不断增强。另一方面，随着多元文化浪潮冲击高校校园，大学文化面临着前所未有的挑战。只有贯彻立德树人的根本要求，高校才能在时代的浪潮中砥砺前行。作为高校教育对象的学生，大学生的思想和价值观是可塑的，面对形形色色的多元价值观和纷繁芜杂的社会各类言行，大学生群体极易在自我探索中偏离方向。这就要求各高校充分发挥思政教育工作的根本职责，落实"立德树人"的根本任务。但在实际思政工作中，仍存在部分高校教育理念缺失、师资队伍育人意识淡薄、专业课程与思政课程"两张皮"等问题。

(一)教育理念缺失

在教育观念方面，一些大学存在着重智育轻道德的现象，注重对专业知识和技能的讲授，而忽略了对学生自身素质的培养，一些学校虽然组织了道德教育的讲座，但这些讲座仅仅停留在表面上。高校评奖评优的考核主要依据仍是大学生在校期间取得的学业成绩和知识技能水平，而作为高校立身之本的"德育"却成为高校学生考核的一项软指标，对考核结果的影响微乎其微，甚至没有。

(二)师资队伍育人意识淡薄

高校的师资队伍包括思政课教师和其他各类课程教师。"立德树人"是大学教育工作的基本要求，但是，在实践中，部分大学教师，尤其是专业课教师，在教育思想、道德教育等方面存在着较大的认识误区。他们把思政工作的责任，归属于思政课教师、党政领导干部、辅导员、班主任等，认为思政工作与自己无关。

(三)专业课程与思政课程出现"两张皮"现象

在课程设置方面，目前我国大学中还存在着思政课和专业课"两张皮"的问题，部分大学的课程设置还出现了与专业课相分离的情况。一方面，部分高校缺乏顶层设计，忽视了思政课程与专业课程协同育人的作用。另一方面，各类专业课程没有积极地挖掘其本身的思政要素，并与思政课程进行协同育人。究其原因，主要在于高校对"三全育人"的认识不够，忽略了专业课和思政课在"立德树人"目标中的作用。

总之，新时代下，高校要实现"立德树人"的根本任务，必须突出思政课程与课程思政的协同育人效应，建立思政课程与课程思政协同育人工作机制。

二、破解思想政治理论课"孤岛现象"的需要

在很长一段时间里，大学教育中的思想政治教育一直是由"思政课"教师承担重任，依赖思政课程单兵作战的思想政治教育模式，使得思想政治教育的"红色"在一些高校的阵地上失色、褪色。2005年以来，高校思政课的地位得到一定加强，但高校思想政治教育主要依赖思政课程的困境并没有得到根本改变。在社会思想和价值多元化的复杂背景下，破解思想政治理论课"孤岛现象"，高校必须牢牢把握"课程思政"这一核心理念，着力于将课程思政融入专业课程教学这个主渠道，构建高校思政课程与课程思政协同育人体系，具体表现在发挥思政课程核心作用、挖掘专业课程(通识课程)思政内蕴元素、建设高校师资队伍"共同体"、建立课程思政与思政课程一体化课程体系四个方面。

(一)发挥思政课程核心作用

建构思政课程与课程思政协同的育人机制，推动课程思政不断完善和

优化，并不是削弱或将思政课程完全取代，而是要将思政课程的主导地位作进一步的巩固和强化。首先，必须认识到"课程思政"是"思想政治"在"学科领域的延伸"，课程思政与思政课程是一个有机的整体。新时期，强化大学思政教育，就是要实现思政课程的"领舞"，使课程思政"协舞"。这就要求我们在充分发挥思政课主体地位的基础上，进一步挖掘和开发专业课的协同育人功能，深入实施"三全教育"的工作机制。

(二)挖掘专业课程(通识课程)思政内蕴元素

专业课程不仅是指物理等自然科学课程，同样也包括哲学等人文科学课程。对专业课程思政因素的挖掘不可偏执一方。在充分发挥专业课程更受大学生重视的优势的同时，以专业知识为主线，同时进行思想政治的隐性教育，包括在对自然科学课程科学素养发掘的同时拓展科学伦理道德教育，牢牢把握人文科学本身具有的极强意识形态指引作用，深度提升大学生思想政治素养。

通识课程的课程内容不仅要纵贯古今，通俗易懂，更要符合国家、社会培养人才的要求和落实高校"立德树人"的根本任务。通识课程作为高校顶层设计下对全体大学生进行的一体化教学，辐射范围更广，效用更强。因此，在通识课程的基础知识教学过程中，必须充分挖掘思政教育因素，深入学生心灵。塑造学生人文素养是实现课程思政，发挥公共课"育人"职责的重要途径。

总而言之，挖掘专业课、公共课思政内蕴元素既要履行"教书"的教学任务，也要践行"立德树人"的根本任务，是在履行知识教学目标的过程中结合当下价值观培养目标，发挥公共课、专业课在思想政治工作方面的隐性教育功能，使思政教育内容由"专课"到"全课"。

(三)建设高校师资队伍"共同体"

高校的每一门学科都具有双重育人作用，每一位教师都肩负着"育人"的责任。加强高校教师队伍的建设，是构建思政课程与课程思政协同育人系统,是打破思政课"孤岛现象"的基础。如果说思想政治理论课是高校落实立德树人根本任务的主渠道,那么其他课程则是巩固和深化这一主渠道的有效抓手。因此,开展思想政治教育,把思政课建设得更好更有成效,关键是要让思政教育主体由"专人"到"人人"。

(四)建立课程思政与思政课程一体化课程体系

构建课程思政与思政课程一体化课程体系,是高校思政课工作体系中的一个重要内容,它涉及了教材设计、课程设计、教学评价设计、教学手段设计等多个方面。在深化思政要素整合的基础上,各高校应深化课程目标、内容和方式的改革,将"国家认同""民族荣辱""文化自信""人格塑造"等马克思主义思政指导思想与其他学科固有的知识体系进行有效整合,建立"思想政治理论"与"人文社会科学""自然科学"等多学科整合的大学思政教育模式,真正落实"立德树人"的基本任务。

三、促进大学生全面发展的内在需要

思政课程是进行思政教育工作的主要渠道,它可以用明确的思想政治教育理论来对大学生进行熏陶和指导,从而使大学生能够坚定正确的政治立场,并塑造出积极的、健康的人格。与此同时,"课程思政"是新时代大学深化思政工作改革与创新的结果,它从课程内容中挖掘出思政要素,达到"知识、技能、人格、能力、素质、水平"的完美结合,从而与"思政课程"同舟共济、共育人才。

课程思政和思政课程在立德树人、道德育人等育人目标上基本保持一致。无论是课程思政还是思政课程,落脚点和出发点都是"育人",二者辩证统一。新时期大学教育的培养目标,应与中国特色社会主义的发展需要相适应,为建设社会主义现代化强国而服务。大学的育人目的是为了培养社会主义新时代的建设者、接班人,这就需要在大学中贯彻"立德树人"的教育方针,使大学能够更好地发挥其作用。

一是在思想政治理论课的引导下,充分发挥思想政治理论课的"显性"

作用。思政课程是大学思政教学的主要阵地，它以直接的理论为指导，以思想为指引，以个性为导向，运用马克思列宁主义的立场、观点和方法，不断增强分析和解决问题的能力，从而对大学生形成正确的世界观、人生观、价值观发挥出无可替代的影响。二是要以课程思政为补充，发挥协同育人功能。课程思政是高校思政教育工作体系的基本组成部分，也是思政课程的外延。课程思政要求各类课程深度挖掘课程思政元素，将思想政治教育融入课程教学的各环节、各方面，实现知识技能传授和道德素质、人格培养同向同行，实现教书育人的根本目标。

第四节　课程思政与思政课程协同育人的必然性和可行性

一、课程思政与思政课程协同育人的必然性

"立德树人"是高校立身之本，也是对"培养什么样的人""怎样培养人"这两个高校教育根本问题的有效回答。高校思政教育工作关系到国家人才培养目标的落实、国家核心竞争力的提高和中华民族复兴"中国梦"的实现。思政工作体系作为一个庞大复杂的教育系统，必然要求实现高校课程思政和思政课程的有机统一，发挥协同育人的作用，从而使"全员育人、全程育人、全方位育人"的目标得以实现。

（一）大学生全面发展的必然要求

在新的历史条件下，高校学生的发展是以"德智体美劳"为目标的。《1844年经济学哲学手稿》首次提出了"人的全面发展"思想，这一思想是马克思主义哲学思想的一个重要内容。1848年，马克思在其《共产党宣言》中指出：要用一个以所有人的自由发展为前提的联盟来取代那个有阶级与阶级对抗的旧社会。马克思在1867年发表的《资本论》中也强调，将来的一种主要的社会形态是建立在每个人都能得到全面自由发展基础之上的。

概言之，在马克思看来，实现人的自由而全面的发展是历史进步的必然要求。人的全面发展，也就是新时代"德、智、体、美、劳"的全面发展。

自由的全面的发展中的大学生，并不是一个个孤立的抽象的个体，而是现实中具体的存在的人，并且是和他人、社会构成联系的个体。马克思在《共产党宣言》中提到一切自由人发展的条件是每一个人的自由发展。因此，如果能从根本上实现每个大学生个体的自由的、全面的发展，就能在高等教育中实现大学生的自由的、全面的发展。正如习近平总书记所说的，教育不仅是提高国民综合素养，而且是实现人的自由的、全面发展的重要途径。新时代背景下，习近平总书记对人的全面发展提出了新要求，他指出："要努力培养担当民族复兴大任的时代新人，培养德智体美劳全面发展的社会主义建设者和接班人。"①这既是对高校落实"育人"任务的根本要求，也是对新时代大学生个人发展的殷切期望。"德、智、体、美、劳"五个维度的发展要求，将"德"放在首位，这就要求高校在履行"育人"职责的过程中，必须把道德教育置于首位。而高校承担育人职能的载体是各类课程包括思政课程、公共课程和专业课程，也就是说高校课程体系内的思政课程和其他课程都要把"德"放在首位，教学目标的设计、教学内容的安排、教学手段的采用都必须紧紧围绕"德"这个核心。但是在高等教育实践中，培养学生道德品质、塑造学生人格的重任一直是由思政课程和思政课教师担任，其他课程和教师则认为德育工作与自己无关，导致思政课程和其他课程的合力未能实现，出现思政课程和其他课程"两张皮"现象。如何破解新时代"两张皮"现象和"孤岛效应"局面，实现大学生全面发展？这就需要高校在课程思政与思政课程相互补充、相互促进、协同育人的过程中，坚持立德树人的根本教育目标，提高学生能力、塑造学生人格、完善学生个性，推动大学生全面发展。

---

① 王仁宏、曹昆：《习近平主持召开学校思想政治理论课教师座谈会强调：用新时代中国特色社会主义思想铸魂育人 贯彻党的教育方针落实立德树人根本任务》，《人民日报》2019 年 3 月 19 日，第 1 版。

（二）高校教育理念发展的必然要求

新时代，科学技术在带来知识技能增长和加强人类对自然改造和控制能力的同时，带来了科学技术工具主义思潮，极大地冲击着高等教育理念发展，使得高等教育一定程度上出现工具理性倾向，教学价值理念出现偏离，进而导致高等教育培养对象的异化。在这一背景下，高校培育的大学生虽然符合了中国特色社会主义对人才培养的需求，却从另一个角度背离了中国特色社会主义建设对德才兼备的人才的真正需求。因此，为解决高校教育理念的偏移，必须明确高校的根本教育任务和新时代国家发展建设要求，在课程思政与思政课程协同育人的过程中切实落实"立德树人"要求。

1. 高校落实"立德树人"的必然要求

高校的主要职责是育人，新时代育人是对大学生进行德育、智育、体育、美育、劳动教育五个维度进行教导。实施教育的主导思想离不开"育人为本、德育为先"这八个字。习近平总书记明确指出高校育人的中心环节是"立德树人"。

为落实高等教育"立德树人"，发挥高校育人本质，高校教育应发挥360°的大熔炉式的教育通力作用。习近平总书记在全国高校思想政治工作会议上明确指出："要用好课堂教学这个主渠道，思想政治理论课要坚持在改进中加强，提升思想政治教育亲和力和针对性，满足学生成长发展需求和期待，其他各门课都要守好一段渠、种好责任田，使各类课程与思想政治理论课同向同行，形成协同效应。"[1]为此在教育教学中，既要注重对课程基础知识和技能的讲授，也要注重穿插价值引领，实现"育人""育才"同向同行。高校落实立德树人育人目标必然依赖思想政治教育工作，这就要求高校切实解决好思政课程中出现的"孤岛效应"，从而充分发挥思政课

---

① 刘军涛、赵纲：《习近平在全国高校思想政治工作会议上强调：把思想政治工作贯穿教育教学全过程 开创我国高等教育事业发展新局面》，《人民日报》2016年12月9日，第1版。

程和课程思政协同育人的作用，相互补充，相互促进。

2. 高校构建"三全育人"的必然要求

习近平总书记在 2016 年 12 月 7 日至 8 日召开的全国高校思想政治工作会议上，对"高校思想政治工作关系到高校培养什么样的人、如何培养人以及为谁培养人这个根本问题"进行了重点阐述。我们要始终以立德树人为核心，在教育教学的整个过程中，做到全程育人，全方位育人，不断开创我国高等教育发展的新局面。面对新时代教育对象、教育主体、教育内容、教学手段不断出现新情况、新变化，如果仅仅依靠思政课程和思政课教师的话，高校思政教育工作将难以实现"三全育人"的目标。这就需要拓展思政教育主体对象，将思政教育工作贯穿整个高校课程体系，实现从"思政课程"向"课程思政"创新性发展，构建思政课程与课程思政协同育人体系。

3. 国家掌控意识形态领域的必然要求

习近平总书记曾说过"教育乃国事、党事"，而处于中国特色社会主义思想最前列的高校毕业生，必将给中国的思想体系带来深刻的影响。在思想上，坚持以马克思主义为指导，坚持走中国特色的社会主义现代化建设道路，发展有中国特色的社会主义理论，是我们必须要坚持的。

因此，能否把握各学科体系中马克思主义话语权在新时代高校思想政治教育工作中的地位就显得格外重要。马克思主义由三部分构成，分别为马克思主义哲学、马克思主义政治经济学以及科学社会主义，是党和国家的立身之本，也是实践证明了的适合我国发展进步的意识形态领域的根本指导思想。一方面，在市场经济条件下，受西方多元思潮影响，马克思主义在意识形态领域的主导地位不断受到挑战。另一方面，在实践中，单纯依靠"孤岛式"思政课程的方法已无法满足现阶段巩固高校意识形态领域的需求，这就需要在高校学科发展中，加强马克思主义思想主导地位，在教学中对学生进行价值引导，通过对课程思政和思政课程协同育人机制的构建，促使高校牢牢巩固马克思主义在意识形态领域之中的主导地位。

二、课程思政与思政课程协同育人的可行性

一方面，立德树人是高等教育的立身之本，是高校每一位教师的根本职责，思政课程与专业课程都是落实"立德树人"根本任务的重要主体，二者在任务、方向、要求三个方面有机统一，这也是课程思政能与思政课程并立同行的重要前提。另一方面，高校思政课程在思政教育理论内容上占有独特优势，专业课程在占据大学生主体学习时间的优势同时，本身课程内容中存在大量待发掘的思想政治教育资源，这也为课程思政与思政课程相互补充、相互促进、协同育人提供了现实的可能。

（一）课程思政与思政课程的协同为协同育人提供前提条件

1. 课程思政与思政课程任务的共同性

思政课是高校进行思想政治教育的主要渠道，对培养社会主义建设者和接班人发挥着极其重要的作用，这就要求思政课教师必须重视思政课的教育内容和教学方法，上好每一堂思政课。早在 20 世纪 50 年代，党和国家就把高校思想政治教育理论课作为高校培养建设有中国特色社会主义接班人的主阵地，指出帮助和引导学生树立马克思主义指导下的理想信念，培养并不断提高抵制错误思潮的侵蚀能力，牢固树立为建设中国特色社会主义而奋斗的政治方向是"两课"教学的根本目标。

中共中央、国务院在 2004 年发布了《关于进一步加强和改进大学生思想政治教育的意见》，文中明确强调所有教师都必须意识到，育人功能是高等学校各门课程都应该具备的，各高校以及全体教师必须担负起育人的职责。明确了将课程思政看做高校思政教育工作体系的一部分，而且是非常重要的组成部分，必须予以重视。新时代加强高校思政教育工作不能单独依靠思政课程，要破除课程思政和思政课程"两张皮"现象，形成课程思政和思政课程合力，共同致力于立德树人这一教育的根本任务，对大学生充分发挥在思想价值方面的引领作用，共同努力实现培养社会主义建设者和接班人任务。

2. 课程思政与思政课程方向的一致性

无论是课程思政还是思政课程，二者都统一于社会主义办学方向，因此二者在方向上具有高度的一致性。正如习近平总书记所指出的那样，无论在古代还是在现代，每个民族的人才都是根据其自身的政治需要而产生的，一所世界一流的高校，都是在服务其民族发展中而产生的。我们的社会主义教育，就是为了培养社会主义建设者和接班人。"我们的高校是党领导下的高校，是中国特色社会主义高校。"①习近平总书记对思政课程与课程思政之间的关系作了新的说明，要求要充分发挥课堂教学的作用，坚持在完善中强化，在强化中完善，其他学科也要守好自己的水渠，种好自己的责任田，让所有学科都与思想政治教育理论课同向同行，共同进步。这里的"同向同行"也就是思想政治理论教育的"向"和"行"。具体来说，思想政治教育的"向"就是树立正确政治方向，坚定社会主义办学方向；思想政治教育"行"就是进行思想政治教育理论实践。因此，在高校思政教育实践中，所有课程都是在思政教育理论实践中培养社会主义建设者和接班人，在方向上符合社会主义要求。

3. 课程思政与思政课程要求的耦合性

加强课程思政建设就是要加强高校各类课程思政教育功能，不仅要求对非思政课程进行思政元素的发掘，也对思政课程的理论指导提出了要求。一方面，加强课程思政建设就是寓思想政治引领于知识、技能讲授中，在各类课程中充分挖掘其中蕴含的思政元素，由点及面，从整体出发，对各类课程教育任务、内容、方法进行思政元素的"渗透"，以发挥各类课程的思想政治教育的功能。另一方面，"要把思想政治工作贯穿教育教学全过程"，这是在 2016 年召开的全国高校思想政治工作会议上由习近平总书记反复强调而提炼出来的要求，这就要求作为高校思政教育工作主阵地的思政课堂同样也需要贯彻"课程思政"思想，坚持思想政治理论课的

---

① 刘军涛、赵纲：《习近平在全国高校思想政治工作会议上强调：把思想政治工作贯穿教育教学全过程　开创我国高等教育事业发展新局面》，《人民日报》2016 年 12 月 9 日，第 1 版。

意识形态性，进一步强化思政课思政教育功能。

(二)课程思政内含丰富的思政资源为协同育人提供必要条件

时至今日，在课程体系设置上，专业课程和思政课程存在的"两张皮"问题在高校中屡屡出现，这意味着高校在课程设置上出现了思政课教学与专业课教学存在完全脱离的现象，同时也说明思政课程以外的其他课程未能充分发挥思政教育的功能。一方面，高校思政课程教学手段以显性的理论"灌输"为主，教育对象是 21 世纪的时代新青年，"学生不感兴趣，上课不认真听"，思政课教师虽竭力讲授，但学生的思想政治素质发展缓慢，形成"高投入低产出"的低效局面。另一方面，尽管近些年来高校思政课课堂质量有了很大的提升，全面性和针对性都有所提高，但不可否认的是，仅仅依靠这种"孤岛式"思政课程其效果无法得到根本保证。在这种情况下，开展课程思政为实现新时代高校思政教育工作新发展提供了一个切实突破口。

在高校课程教学实践中，专业课程往往受到学生更多的青睐，专业课教师和学生的关系也更为密切，对学生个人发展包括专业知识技能的提高和高尚品德素养的培养都有更大的影响。同时专业课程本身还是专业知识、技能的载体，具有极强的感染力和说服力，更有助于发挥课程教学主渠道作用。因此，必须加强高校课程思政建设，扭转专业课程重智育轻德育现象，挖掘专业课程思政元素，实现专业课程的自然升华，帮助和引导学生树立马克思主义指导下的理想信念。

高校所有课程本身都蕴含丰富的思政元素，包括意识形态性极强的人文社会科学课程和自然科学课程，具体表现在人文社会科学中道德要求、美学修养、哲学思维、精神培养等方面。但在高校教育活动中，课程思政的思政资源并没有得到充分挖掘，主要是受到非思政课教师传统教育教学理念限制，将"专业知识传授"作为己任，而将"价值观引领"当作思政课教师的职责。因此，加强课程思政元素挖掘，首先必须树立非思政课教师"专业知识讲授和育人同等重要"思想。其次，必须对思想政治教育课程中潜在的、隐蔽的思政资源予以挖掘。具体包括以下三个方面：挖掘课程思政教育内容中符合社会主义核心价值观中个人层面的思想品德；从道德情感方面出发，挖掘课程思政教育内容中社会公德和伦理道德包括科学技术发展对社会公德的遵循和推动；从大学生未来发展出发，挖掘课程思政教育内容中职业道德，包括团队协作和职业认同感等。最后，必须在高校教育实践中予以贯彻落实。具体表现在，非思政课教师必须深刻认识自身承载的思政教育职责，从本专业课程特色入手，进一步挖掘隐藏在课程内的思政元素，充分利用课程隐性教育资源。

总而言之，只有在牢牢把握高校培育时代新人的时代重任的基础之上，发挥一切课程的育人功能，积极构建起课程思政和思政课程协同育人机制，才能为国家建设培养一批又一批的社会主义接班人。

三、教学共同体视域下思政课教师在课程思政建设中的担当

习近平总书记在全国高校思想政治工作会议上指出："要用好课堂教学这个主渠道，思想政治理论课要坚持在改进中加强，提升思想政治教育亲和力和针对性，满足学生成长发展需要和期待，其他各门课都要守好一道渠、种好责任田，使各类课程与思想政治理论课同向同行，形成协同效应。"①自"课程思政"概念提出以来，我国的课程思政建设在认识方面不断提升、在实践方面有序推进、在研究方面持续深化，实现了飞跃发展和沉淀积累。在这一历程中，思政课教师是研究马克思主义理论、传播马克思主义知识、开展马克思主义理论教学、承担铸魂育人任务的中流砥柱。要不断优化和完善课程思政协同育人体系，就要坚定思政课教师的主导地位，强化其在课程思政建设中的担当信念和担当本领。构建课程思政的长效机制，也离不开思政课教师和其他育人主体的相互配合。为此，基于课程思政协同育人实践中的现状，以体现思政课教师责任担

---

① 刘军涛、赵纲：《习近平在全国高校思想政治工作会议上强调：把思想政治工作贯穿教育教学全过程　开创我国高等教育事业发展新局面》，《人民日报》2016 年 12 月 9 日，第 1 版。

当为抓手，分析构建协同育人格局的实施路径，有利于切实提升课程思政建设这项长期工程的针对性和实效性，进而为其实现高质量发展提供有力支撑。

(一)思政课教师与专业课教师在课程思政建设中的关系

共同体是指基于共同的价值认同和行为方式所形成的相互关联的群体，其成员在某一共同追求的领域中通过不断的相互作用来发展自己的知识与专长，思政课教师和专业课教师正是实施课程思政建设的主力军，有着共同的育人理念，向着共同的方向前进，正因如此，思政课教师与专业课教师是基于共同的使命意识形成的认知共同体，同时也是基于密切的合作形成的实践共同体。铸牢共同体意识，就要合理构建和调整思政课教师和专业课教师两者在教育全程中的关系，开展有效的师资流动，充分整合，利用不同教师的智力资源，开展人才的协同培养，从而拉长育人链条，拓宽育人渠道，提升育人质量。

1. 基于培养时代新人目标形成的理念共同体

习近平总书记在党的二十大会议上深刻指出，要着力培养担当民族复兴大任的时代新人。要推动我国教育高质量发展、培养担当时代重任的新人才，就要坚持以思想政治教育为主线，推动构建协同育人的新格局。思政课程与课程思政作为大学生思想政治教育系统中的重要部分，共同承担着培养社会主义合格人才的重要任务。思政课程是思政课教师的主阵地，而课程思政则应由专业课教师来主导，但这并不是说专业教育与思政教育的育人工作是分头行动、互不干涉的。高校教师之间存在着专业上的区分，但最终都要实现立德树人的根本教育目标，因此，教师之间应当相互助力，在发挥思想政治理论课主渠道作用的基础上，增强各类课程的育人意识，与思政课形成思想政治教育合力，培养出德才兼备的社会主义接班人。

专业课教师是课程思政的重要参与者和建设者，但部分专业课教师在思想政治理论知识方面难免有所欠缺。从对先进思想的认知深度来看，思政课教师具有扎实的思想政治理论的知识储备和较高的专业素养,可以成为专业课教师实施课程思政的引路人,通过教学经验分享和实践指导以帮助专业课教师深化对马克思主义理论的理解,坚定对社会主义核心价值观的信仰,加强对中华优秀传统文化的认知,[①] 能够为专业课程注入更强大的价值引领功能,摆脱"无教育的教学"这一困境。

相较于专业课教师,思政课教师一直从事先进思想的教育教学实践工作,对先进思想从理论研究到教学实践都有更广泛而深入的理论研究,也拥有更加丰富的实践经验。专业课教师可能因其对思想政治教育的表面理解和错误理解导致在课程思政实践过程中出现"生搬硬套""填鸭式教育"等现象,进而使课程思政教育收效甚微,甚至引起一些"反作用"。思政课教师可以利用其专业知识和实践经验,帮助专业课教师厘清各种思政概念,找到将思政元素更好地融入课堂实践的方法,加强课程思政教育实效。

2. 基于立德树人根本任务形成的责任共同体

立德树人是教育的根本任务。传授知识、强化学生专业能力是高校教师教学的主要任务,但引导学生树立正确的"三观"、强化社会主义价值观认识、增强学生实现中华民族伟大复兴使命感更是教师不可懈怠的育人责任。这就要求思政课教师和专业课教师在教育过程中形成一个责任共同体,对学生进行正确的、积极的引领和指导。

作为课程思政的"主力军",高校教师的教育理念和教育手段直接影响高校课程思政的效能。正因为思政课教师和专业课教师都负有立德树人的责任,相互学习,共同探索创新课程思政的新路径新思路新方法,才是促进这一理念贯穿教书育人全过程的根本要务。应使培养德智体美劳全面发展的社会主义建设者和接班人成为思政课教师和专业课教师共同的追求和目标,强调在教学中重视学生"德"的养成,不断增强思政课的吸引力和感染力,深度提炼专业课程中所蕴含的思政元素,使各类课程与思政课同向

---

① 吴增礼、欧妍池:《思政课教师在课程思政建设中的角色定位与价值实现》,《马克思主义理论教学与研究》2021年第4期,第115~123页。

同行，引导大学生在掌握知识本领的过程中深化对践行社会主义核心价值观的认同。

在落实课程思政的过程中，既需要高校教师拥有一定的专业素养，同时也要坚定其正确的政治方向。在课程思政育人过程中，思政课教师对先进思想的研究、对有关政治方向问题拥有更加深刻的把握，能够帮助专业课教师弥补政治方向把握上的不足。因此，思政课教师可以通过办好思政课程，以强化专业课教师对课程思政理念的认同，增进他们对学情国情的了解，促进他们对育人方法的研究，激发他们实践课程思政的热情，从而在互动学习中共同提升立德树人的责任意识。

3. 基于"三全育人"导向形成的行动共同体

课程思政所追求的价值目标是通过各类课程与思想政治教育的相互融合，以"三全育人"为导向，各自守好"一段渠"、种好"责任田"，最终达到协同育人的目的。高校思政课教师与专业课教师在推进课程思政的实践过程中通力协作、相互促进，形成密切合作的行动共同体，是实现"三全育人"机制的必由之路。

课程思政的具体实施离不开思政元素的挖掘和教学方法的设计。从思政元素挖掘方面来看，课程思政中所需的思政元素不是人为强加的，而是寻找专业课程内容已然存在的思政元素，将其进行挖掘、生发以应用到课堂教学实践中去。然而，专业课教师在挖掘思政元素的过程中难免出现相关知识薄弱、发掘范围不广等问题。思政课教师的加入能够帮助专业课教师根据原有的专业知识对思政元素作进一步的、有针对的拓展与延伸，让思政元素与专业知识之间的衔接更加密切，充分发挥课程思政育人实效。

从课程设计方面来看，专业课教师要对专业课程进行规划设计以同时达到知识传授与道德素养培育的双重目的。课程思政作为思想政治教育方法中的隐性教育，对课程设计与教师技巧都有较高的要求，在实施过程中很容易出现生搬硬套的"填鸭式"教育问题。而思政课教师拥有较丰富的理论和经验知识，能够帮助专业课教师充分发挥主观能动性，结合不同专业的特点因地制宜地发挥不同专业、不同教师的特长，让学生发自内心地喜欢和接受课堂知识。

(二)课程思政与思政课程协同育人的困境

1. 理念冲突

课程思政与思政课程协同育人，高校思政课教师与专业课教师形成教学共同体能够发挥思政课程在课程思政建设过程中的作用，推进课程思政改革创新，但部分专业课教师对于协同理论认识不清、思政课教师与专业课教师在育人理念上的冲突使教师间出现了交流阻碍。

思政课程是高校思想政治教育的主要场域，具有独立的知识体系和专业的研究队伍，开设思政课程是高校育人实践中最关键的环节。因此，部分专业课教师容易忽略专业课程的德育价值，意识不到专业课程也是学生德性教育中的重要一环，在教学过程中忽视知识传授与价值引领相融合，造成对思政的"孤立"，导致课程建设与价值观教育相脱节。

2. 责任不清

课程思政是高校思想政治教育改革创新的产物，其最终目标就是让学生在学习知识的同时塑造正确的"三观"，完成智育和德育的全面发展。高校教师要意识到，自己不仅需要帮助学生"成才"，也要引导学生"成人"。在"成才"方面，教师要自觉做好"传道授业解惑"的工作；在"成人"方面，教师则要树立"想把学生培养成什么样的人，自己首先就应该成为这样的人"这一观念。

但在具体的教学实践中，部分教师对于德育的责任意识还有所欠缺。专业课教师缺乏这样的责任意识，会错误理解课程思政的真正内涵，从而既不能有效挖掘专业课程中的思政元素，也无法实现思政元素的合理嵌入。思政课教师作为从事学生思想政治教育工作的研究者，在课程思政建设中也应当发挥作用，帮助专业课教师找准课程思政的着力点，挖掘专业课程中的思政元素。

课程思政是专业课教师的主战场，需要专业课教师认清自己所肩负的育人责任，不断提升自身能力，加深对思政理论的知识储备，加强对思政概念的理解能力。而思政课教师应帮助专业课教师结合学科专业特点，挖掘思政元素，为专业课教师的课程设计提供帮助。

3. 行动脱节

当前，思政课教师与专业课教师在课程思政建设上存在脱节现象，在教学理念和推进方式方面存在认识差异，缺乏有效的合作和互动，不能共同构建教学共同体。

"课程思政"所追求的价值目标是通过各类课程与思想政治教育的相互融合，守好"一段渠"、种好"责任田"，最终达成协同育人的目的。但是目前的运行现状是"课程"和"思政"不能很好地实现融合。专业课教师由于缺乏对思政元素的把握，不能很好地进行课程设计。没有思政课教师的参与，课程思政很容易出现"硬插入""贴标签"的现象。思政课教师对思政理论与思政教育方法课堂实践的把握正是专业课教师所缺乏的，教师之间缺乏沟通导致教师资源配置未能得到合理安排，进而使课程思政实施效果大打折扣。

立足当前"三全育人"的现实背景，课程思政必然是现实的选择，需要全校上下共同参与。要想真正将课程思政推进落实，就要找准落脚点，逐步形成思政课教师和专业课教师相互沟通、相互交流、互帮互助、互促互进的局面。

(三)思政课教师课程思政协同育人中的担当

当下，课程思政虽然取得了一定的成效，但其发展仍存一定的进步空间。要办好课程思政，实现全程育人、全方位育人，促进高校人才培养目标的实现，既离不开专业课教师的努力，更离不开思政课教师的协同参与。构建课程思政与思政课程协同育人机制是一个复杂的系统性工程，必须发挥好思政课教师的优势，让高校教师回归育人本分、承担育人责任，合力加强课程思政建设。

1. 回归本分：思政课教师协同专业课教师达成共识

课程思政与思政课程协同育人需要打破专业课教师与思政课教师由于

缺乏有效的沟通合作造成的"分裂"局面，通过高校教师的通力合作将专业课程与思政元素有机结合。课程思政不是一门新的课程，而是将思想政治教育延伸到各学科、各育人环节的教育过程，它赋予了广大教师崇高的德育职责，要求教师在课程思政上达成共识，在课内课外都自觉践行思政化的教学。而在这其中，思政课教师则处于核心地位。

首先，明确思政课教师自身在课程思政中的角色定位。实现各专业课程与思想政治理论课的同向同行，不仅需要行政人员和科研专家在管理和研究上持续发力，更需要广大一线思政课教师在教学实践中亲力亲为。思政教育是高校素质教育的主线，思政课教师一直以来都肩负着高校思想政治教育的使命，是推动思政课改革创新的主力军。因此，思政课教师在课程思政建设中不能做一个"旁观者"，而要成为亲身参与者，深入课程思政建设实践，明确自身的角色定位。思政课教师作为实践者，要努力提升自身的专业素养，创新教育教学模式，种好责任田；而在整个课程思政建设的大布局中，思政课教师则应充分认识到自身的引领者作用，自觉帮助其他专业课教师提高对德育重要性的理解和实施思政育人的积极性，利用自身良好的理论素养和教学本领，帮助专业课教师解答与思政相关的疑惑，加深对思政的认知，帮助专业课教师找到思政元素与专业课程相契合的融入方式，让思政之"盐"更为广泛地润泽学生的心田。

其次，帮助专业课教师共同达成协同育人共识。协同育人的策略与实施路径需要思政课教师与专业课教师的交流与共同探索，但在具体的教学实践中，部分专业课教师对课程思政认识不足，在课程开发与教学研究中缺乏积极性和创造性，忽视了与思政课教师的沟通，造成"思政"与"课程"分裂、课堂效果不理想的局面。面对这种情况，思政课教师应当主动"破冰"，帮助专业课教师寻找价值塑造与能力培养的内在一致性，达成协同育人共识。

2. 回归初心：思政课教师协同专业课教师提升教学能力

教师教学的关键——教师能力与课程思政建设成效有着举足轻重的关系，恰当的教学设计与方法对于思政教学成效有着事半功倍的作用。要贯彻课程的德育功能，就要将其落实到具体的教学实践中。课程思政"立德树人"的教育目标更对专业课教师的政治素养与教学能力提出了较高的要求。因此，专业课教师要承担学生的德育责任，就必须加强自身政治理论素养，把握正确的政治方向，提升课程思政教学能力。而在这过程之中，思政课教师不可缺位，在种好自己责任田的同时，也要发挥自己的专业特长，对专业课教师的育人方式提出有深度、有价值的建议，做专业课教师思政素养提升和教学设计完善的推动者和引领者。

首先，思政课教师要帮助专业课教师提升思政理论素养。专业课教师的政治素养对课程思政育人实效有着直接的影响。如果没有坚定的信仰和过硬的本领，专业课教师就无法担当学生健康成长的引路人。因此，思政课教师要起到表率作用，用自己的信仰帮助专业课教师和学生构建自己的信仰，引导他们形成正确的价值观。思政课教师要直接参与对专业课教师的培训，帮助专业课教师正确理解思想政治理论，深化对理论背后的精神实质的认识，提高思想政治认知水平。思政课教师应当到高校各学院积极参与研讨会、交流会等活动，通过不同领域教师之间的互相交流学习提高专业课程与思政元素的融合度，培养高水平的教师队伍。

其次，思政课教师要帮助专业课教师强化教学实践能力。思政课教师对学生的思想政治教育拥有较丰富的课堂实践经验，应当充分运用自己的专业特长，帮助专业课教师找到适合其学科特点的教学思路和培养方法，从思政的角度深入梳理专业课教学内容，有效挖掘思政元素，并指导专业课教师用通俗的语言和生动的案例来解释马克思主义的观点和方法，使理论知识自然灵活地融入到教学过程当中，而不是仅仅一味地采取说教的方式。同时，要将思政课教学经验分享给专业课教师，利用思政课程引领课程思政建设，激励专业课教师养成进取意识，增强职业认同感，帮助专业课教师提升育人育德能力。

3. 回归常识：思政课教师协同专业课教师加强课程建设

作为高校思想政治工作"驱动器"的课程思政，其顺利推进离不开一堂优秀的思想政治课。唯有教师拥有讲好一堂思政课的信念，才会有学生积极学好思政课的氛围。若没有思政课教师带头对思想政治教育规律的不断探索，没有思政课教学质量的不断提升，课程思政就缺乏根基。因此，思政课教师要为专业课教师树立典范，积极寻求与专业课教师的协同合作，构建包含课程思政与思政课程在内的完整的思想政治课程教育体系，构建课程共同体，如此才能够推进课程思政创新发展，推动课程思政与思政课程同行发展、互相助力。

首先，思政课教师要推进马克思主义理论学科的交叉研究。思想政治教育是以马克思主义为理论基础的，课程思政要不断拓展思想政治教育视角，向外延伸范围，就离不开对马克思主义理论与其他专业学科的交叉研究。课程思政是专业课程与思政元素的有机融合，需要通过开展学科交叉研究提供理论基础。思政课教师与专业课教师要进行通力合作，开展马克思主义理论知识与其他学科的交叉研究，将理论研究成果应用到课程思政教学实践中去。在开展交叉学科研究的过程中，始终不能违背思想政治教育这个大前提，要在保持马克思主义科学性和真理性本色的同时，广泛吸收各学科的精华，不断丰富和完善思想政治教育的知识体系，从而提升思想政治教育的多样性、开放性、融合性，使其面向现实，面向世界，体现时代的最新内涵。

其次，思政课教师可以帮助专业课教师打造更具特色的"精品课"和"示范课"。课程思政作为思想政治教育的创新模式，没有一成不变的既定模式，可以根据不同的专业课打造各具特色的课堂。思政课教师可以利用其专业能力，放眼生活实际，从现有的传统文化、名人事例中提取思政元素，例如区域文化、学校历史、知名校友等资源，来帮助专业课教师对专业课堂中的思政元素进行深度挖掘，形成生动的教学案例，打造融入地方特色和人文气息的特色课程。

新形势下，课程思政的建设成效直接关系到我国高等教育发展水平的高度，更关系到我国全面实现教育现代化、建设教育强国的步伐。课程思政要创优创新，离不开思政课教师在课程思政建设中发挥自己的责任与担当，与专业课教师形成教学共同体，共同构建课程思政与思政课程协同育人新格局，使"课程"与"思政"同向同行，协同发力，共同培养社会主义建设所需要的高质量人才，建设教育强国、人才强国。

第三章 课程思政与思政课程协同育人的成就和经验启示

第一节 高校课程思政与思政课程协同育人的成效

教育部在 2020 年印发的《高等学校课程思政建设指导纲要》中指明，现今的人才培养教育体系应当涵盖思想政治教育以及思想政治工作，并且人才培养质量提高的关键应当着重于课程思政建设的全面推进，进而教育的最终目的在于落实"立德树人"的根本任务。在此基础上，高等院校思政课程与课程思政协同育人体系经过长时间的探索和尝试，已经形成和奠定了高校思政课程与课程思政协同育人的初期理念和基本格局，同时其在实践过程中的实效性已经初步显现，取得了一定成效。

一、高校课程思政与思政课程协同育人理念初步形成

2016 年底，在全国高校思想政治工作会议上，"课程思政"的理念被明确提出。会议中，习近平总书记指出，全国各高等院校的根本任务是"立德树人"，同时应当将思想政治教育工作涵盖在高校每一专业教育教学的全过程之中，并以此来实现"三全育人"，进而推动我国高等教育事业向前发展。2020 年 5 月 28 日，为系统解释说明课程思政育人的基本理念，教育部汲取各方面的经验教训，出台了《高等学校课程思政建设指导纲要》，明确指出课程思政建设的总体目标，同时提出了要建立和完善思政课程与

课程思政协同育人的运行机制和流程。因此，"课程思政"的育人理念日益成为全国各高等院校实现"立德树人"教育目标的重要方式和实践方法。同时，在此基础上，高校通过运用"课程思政"的基本理念，推动课程思政与四门思想政治教育理论课协同发展，在充分发挥各自优势的基础上，不断凝聚和发挥思政课程与课程思政协同育人的合力和影响力。

（一）高校师生加深对协同育人理念的理解

高校对"课程思政"的重视程度日益加深，一方面其加强专业课教师和思政课教师对课程思政内涵、相关政策以及学校构建课程思政育人机制措施的认识和理解，使得高校教师对课程思政的育人理念有一定程度的了解。近些年来，高校教师已经形成普遍的共识，即课程思政和思政课程之间是同向同行、协同合作的关系，逐步改变和摒弃最开始专业课教师认为专业课与思政元素无法融合，而且认为专业课程与思政课程是截然不同的两种教学体系，因而两者交叉不大的错误观念。专业课教师在授课过程中会将恰当的思政元素融合进专业课教学中，要求学生在掌握专业知识的同时进行实践，深入贯彻理论联系实际的教学方法。思政课教师对课程思政的教育理念有更深刻的理解，他们认为教育就是要使学生具备坚定的理想信念，因而在教育教学中要注重和强化对学生的爱国主义情怀教育，同时要将社会主义核心价值观引进课堂教学。此外，思政课教师认为在提升学生基本素养的同时也要关注学生专业文化素养的培育，这样才能将学生培养成真正对社会发展有用的人。

另一方面，各高等院校普遍开展课程思政与思政课程协同育人相关理念的宣传讲座，对课程思政进行大力推广和普及。因而，现在绝大多数的大学生对课程思政的概念和政策都有所了解，相比2014年"课程思政"这一新名词刚出现时，如今的大学生对于课程思政的认知程度和认可程度显著提高。课程思政和思政课程协同育人理念的推广离不开学生和教师这两大教育主体，只有当广大学生和教师真正理解和认识到课程思政的重要性以及必要性的时候，课程思政"立德树人"的功效才能全面发挥出来。同时，在学生和教师支持课程思政的大背景下，高校会根据初步形成的教育理念，构建别具一格的思政课程与课程思政协同育人机制。

（二）高校逐步构建起协同育人的机制

所谓"没有规矩不成方圆"，学校构建的相应机制，是教师们开展思政课程与课程思政协同育人相关实践的基础和保障。虽然每个学校构建课程思政育人机制的手段和措施有一定程度的差异，但综合来看主要有以下几项措施，其一，加强统筹规划，将课程思政建设纳入人才培养方案和课程标准建设之中；其二，提升专业课教师的政治素养；其三，设立课程思政专项教研项目；其四，以会议、通知或文件形式传达课程思政的要求；其五，加强制度建设；其六，与思想政治教育专业的教师开展交流学习；其七，优化考核评价体系。

高校在构建协同育人机制的时候，往往会在课程思政初期理念的基础上加以修饰和完善，同时基于每个学校的具体实际不同，其发展形成的课程思政理念也会有所不同。上海作为高校课程思政的起始地区，德育建设在各教育阶段一脉相承，课程思政的初期理念实际就是在上海课程改革的过程中逐渐产生的。各高校在上海孕育而生的课程思政初期理念的基础上，出现了多种课程思政与思政课程协同育人的模式，近期形成的主要模式有：重庆工业职业技术学院实施的"三聚焦四融入五工程"课程思政模式、东北大学实施的"思业融合燎原计划"构建课程思政建设新模式、北京工业大学构建的"六以六为法"融入式课程思政建设模式等。

除各高校推出各式各样的课程思政模式以外，高校中的各学院更是提出了专门适用于本专业的课程思政模式。例如，北京工业大学实施的"六以六为法"融入式课程思政建设模式，主要在经济管理学院推广和应用。所谓"六以六为法"，就是坚持以学习为先、以教学科研为对象、以社会实践为课堂、以学生为本体、以意识形态工作为责任、以党组织活动为载体，形成分工合理、职责明确、资源共享、有效融合的协同联动工作机制。学院希望通过打造融入式课程思政建设模式，在课堂融入思想政治教育，侧重于提升学院学生的专业素质和能力，培养学生的家国情怀和使命担当，进而努力实现"育人意识提升、育人能力提升、育人实效提升"的目标。

(三)高校初步明确协同育人理念的内容

高校课程思政与思政课程协同育人的理念，主要包括三个方面：第一，将"课程思政"建设与教师党支部建设有机融合。思想政治教育要坚持中国共产党的领导，党组织是监督和实践思想政治工作的主体，同时中国共产党的领导在中国革命和建设中的意义作用，是思想政治教育的核心内容，思想政治教育方法要因循党的治国理政方法。因此，"课程思政"作为融合思想政治教育元素的新型教育模式，必然要充分与教师党支部建设有机融合。

第二，将专业课理论学习与学生思想政治水平有机融合。通过以思想政治问题情境为导向的实践化教育方法，激发学生学习的兴趣和热情，同时注重师生的交流、互动，让课堂"活"起来；基于学生主体的中心教育理念，综合运用多种教学方法，充分尊重学生的教育主体地位，让学生变"苦学"为"乐学"。

第三，将"课程思政"建设与中国共产党党史的学习教育有机融合。在课堂中创新性地融入党史相关的教育内容，让学生体会和感悟中国共产党的百年奋斗历程及其宝贵的经验教训，进而使学生们能够正确把握历史发展的主方向，"深刻理解中国共产党为什么'能'、马克思主义为什么'行'以及中国特色社会主义为什么'好'三大主流问题"①。

二、高校课程思政与思政课程协同育人格局初步形成

伴随着高校思政课程与课程思政协同育人理念的日趋健全和完善，高

---

① 彭菊萍、高敏：《"思政课程"与"课程思政"协同育人实践路径研究》，《湖北文理学院学报》2021年第42期，第64~68页。

校课程思政与思政课程协同育人的格局也在逐步形成。进入21世纪，面对教育高速发展的新时期，国内高等教育必须要回答和解决的三大核心问题是"培养什么样的人、怎样培养人以及为谁培养人"。因而，如何改变专业课程与思想政治教育理论课相互分离的传统境况，并使专业课程与思政课程相互配合、相互促进，进而塑造课程思政与思政课程协同育人的大格局是各高校谋求向前发展的主要任务，更是各高校提升教育水平和质量的试金石。高校是教育和培养未来人才的主要阵地，必须坚持中国特色社会主义的主方向，坚定中国共产党的统一领导，承担起未来担当民族复兴大任时代新人的教育使命。课程思政侧重于将思想政治教育内容贯穿于学科体系、专业体系、教材体系以及管理体系之中，目的在于使高校教育路径更加连贯和明晰，从而使学生各方面的综合素养得到全面提升。

在大力推行思政课程与课程思政协同育人的大背景下，课程思政的育人环境初步形成，这不仅有利于激发高校教师在育人方面的积极性和主动性，提高教师的工作热情和工作效率，也为思政课程与课程思政协同育人建设提供了一份保障。马克思主义认为"实践是检验真理的唯一标准"，因而良好的课程思政育人环境必然是在实践中形成的，主要体现在以下四个方面：

（一）确定课程思政与思政课程协同育人的主体目标

德育、智育、体育、美育以及劳动教育"五育"一体是思政课程与课程思政协同育人的主体目标。大学阶段是一个人步入社会的冲刺阶段或者说是最后的准备阶段，大学生在这一时期获取各方面的知识，不断充实和完善自己。"立德树人"是教育的根本目标，而德育就是实现"立德树人"的关键所在。因此，在实践思政课程与课程思政协同育人的时候，应将德育放在首位，"德"是做人的根本。大教育家孔子说"先成人后成君子"，大学以前的教育侧重于"成人"，那么进入大学以后所受的教育应当侧重于"成君子"；而所谓"君子"，简单理解就是德行高尚的人，所以"成君子"必然需要通过德育的途径。课程思政通过倡导并践行社会主义核心价值观和爱国主义传统，不断提高大学生们服务国家、服务人民以及服务社会的社会责任感和使命感，将其培养成为新时代的优秀青年人。

(二)明确课程思政与思政课程协同育人的建设方向

首先，教师在授课过程中，要注意主流价值观的引领和指导，深入挖掘隐藏在专业课程内部的思政元素，例如价值倾向、时代特征以及家国情怀等，切实履行教书育人的初心使命。同时需要注意的是，课程思政不只是简单的"课程"与"思政"相加，"思政"与"课程"的关系，而应当是相辅相成、协调发展、相互促进的。因而各专业课教师在授课过程中不能硬性灌输，而应由表及里地引导学生理解思政内容，将思政元素渗透在专业课教学的方方面面，进而达到润物细无声的效果。

其次，要确立考核评价制度，以此来较合理反馈思政课程与课程思政协同育人的成效，并及时发现实践过程中产生的问题进而选用恰当的解决办法。考核评价的指标可以大致分为：第一，任课教师是否准确理解课程思政的科学内涵；第二，任课教师是否具备自觉的德育意识；第三，教学过程中思政元素与专业知识能否有机融合；第四，任课教师在课堂教学中是否自觉践行师德规范；第五，人才培养效果是否实现等。考核评价制度的指标应从多方面、多角度入手，这样既可以多维度反映效果和问题，又能营造一个较为公平公正的环境和氛围。

最后，获得课程思政建设经验和方法的渠道应多样化。虽然课程思政的理念已经初步形成，但作为新兴教育方法，仅通过学校和学院网站、各类网络平台、相关主题报告和研讨会、观摩学习示范课程、学校发布的课程思政建设相关参考资料以及自行寻找论文资料等渠道是远远不够的。各教育者应比之前更加注重交流和分享，一方面传授自己的教学经验，另一方面也要学习他人的优秀经验，同时对于自身在课程思政实践过程中遇到的问题和困境，强化与他人的沟通和讨论，从而共同建设课程思政。

三、高校课程思政与思政课程协同育人实效性初步显现

随着高等院校思政课程与课程思政协同育人理念和格局的初步形成，

高校课程思政与思政课程协同育人的实效性也初步显现。实效性主要体现在"实"与"效"两个字上，也就是所谓的"真实"和"效果"；在教育教学过程中，广大教师在教学中起主导作用，学生们在教育中处于主体地位，因而体现高校课程思政与思政课程协同育人实效性的主体分别是学生、专业课教师、思政课教师等。

（一）高校协同育人的实效性体现于学生

首先，大学生的思想素质在不断提升。社会的发展进步，使得人们对人才的要求越来越高，社会不再需要只具备智商而没有情商和逆商的人，而是希望培养大批德、智、体、美、劳全面发展的社会主义建设者和接班人，大学生作为国家、社会以及家庭未来的"脊梁"，必然被要求具备更高的思想道德素养。课程思政与思政课程协同育人是促使大学生思想素质提升的重要方式和手段，其中大学必须开设的四门思政课更是培养学生思想道德素质的重要平台，在研读完思政课课程后，超过92%的大学生认为自身有所收获和提高，最为显著的就是加深了对中国共产党的认识。中国共产党作为我国的执政党，了解中国共产党的发展历程、初心使命、施政方针等有助于坚定大学生的政治立场和政治意识，明确正确的政治方向，同时提升其政治素养。

其次，大学生的政治立场总体坚定。政治立场是对社会政治生活、社会政治制度以及社会意识形态的根本态度，是否拥有坚定的政治立场，是检验其是否是一位合格的中华人民共和国公民的基本要求。大学生作为国家和民族的未来和希望，必然应当拥有坚定的政治立场；在高校课程思政与思政课程协同育人的影响下，大学生能够具备更坚定的政治立场。

最后，大学生的行为倾向转变向好。课程思政与思政课程协同育人离不开以马克思主义理论为基础，而马克思主义坚持抽象理论与具体实践相结合，因而在推行协同育人时，高校不再一味推崇理论知识的学习，而是特别强调实践的重要性，尤其注重把理论知识运用于实际生活之中。因而在课程思政与思政课程协同育人的推动下，大学生的行为倾向转变向好。

作为一种新兴教育教学理念，课程思政与思政课程协同育人根植于大学生自身，立足于对教育规律以及学生成长发展规律的把握，从"育人"的本质出发，充分体现"以人为本"的教育理念，体现"立德树人"的教育目标。

(二)高校协同育人的实效性体现于专业课教师

首先，专业课教师对课程思政育人观念有一定程度的了解，主要包括三个部分：对高校课程思政内涵的了解、对课程思政相关政策的了解以及对本校构建课程思政育人机制措施的了解。各专业课作为大学生的核心课程，占据全部大学课程的80%，因而各专业课教师对大学生的影响巨大，是建设"课程思政与思政课程协同育人"的主力军，必然要求其对课程思政育人观念有所了解和掌握。目前，绝大多数专业课教师了解高校课程思政的内涵，同时清楚地了解课程思政与思政课程之间是同向同行、协同合作的关系。

其次，专业课教师正在逐步开展课程思政育人的实践。当下，国家大力革新课程思政的教学教育方法，专业课教师应该积极响应国家号召，不断开展课程思政相关实践，从不完善到完善，逐步探索出属于自己的独有教育方式。除了将课程思政融入教学的各个环节之中，专业课教师还注重在自己所讲授的课程中融入适宜的思政元素，例如，中华优秀传统文化教育、职业理想和职业道德教育、社会主义核心价值观等，使学生们不仅能够掌握专业课知识而且能够同步提升自己的思想素养和精神境界。

最后，课程思政育人环境初步形成。课程思政与思政课程协同育人成效的初期显现，主要表现为育人环境的初步形成，该环境是在各专业课教师不断开展课程思政育人的实践中形成的。同时课程思政育人环境的初步形成，还体现在专业课教师获取课程思政的建设经验和方法的渠道上。自课程思政育人环境初步形成以来，课程思政建设经验和方法获取的渠道更加多元和丰富。

(三)高校协同育人的实效性体现于思政课教师

首先，思政课教师与专业课教师基于正确的政策引导形成了认知共同体。认知共同体包括对立德树人的正确认知、对我国社会主义办学特色的认知以及对"一条主线"和"五大素养"的正确认知。一是正确认知"立德树人"的深刻内涵。在课程思政建设过程中，思政课教师与专业课教师应正确认识和理解立德树人的内涵，"为国家育人才，为中国共产党育人才"；而这一内涵的外在表现为深刻回答"培养什么样的人、怎样培养人以及为谁培养人"这三个问题，在课程思政育人环境下，这三个问题的答案就是"为国育人，为党育才"。正是在这一点上，思政课教师与专业课教师形成了认知共同体，明确了立德树人的内在价值。二是对我国社会主义办学特色的认知。课程思政建设的根本任务是立德树人，那么坚持社会主义办学方向，则为立德树人指明了正确的道路。在课程思政建设的过程中，思政课教师和专业课教师要想在授课时内含"中国味道"和"中国特色"，就必须把握好社会主义办学特色，提升自身的政治素养和政治水准，朝一个方向发力，形成教育合力，实现立德树人的育人目标。三是对"一条主线"和"五大素养"的正确认知，思政课教师和专业课教师合理把握"一条主线"和"五大素养"的内涵，并以此作为教育目标，关注学生的学习诉求。

其次，思政课教师与专业课教师基于共同的使命意识形成精神共同体。精神共同体包括正向的政治品格、正确的价值追求、正直的精神风范等。无论是对于个体还是对于组织，政治信仰历来是放在第一位的，尤其作为社会主义国家高校的教师，其政治信仰会直接影响学生个人理想信念的塑造。同时在学校中，教师作为与学生联系最为密切的人，会将自身的精神品格和价值理念潜移默化地渗透于教育教学过程中，无声影响到学生的思想。

最后，思政课教师与专业课教师基于密切的合作形成实践共同体。实践共同体包括三个方面：第一，同心聚力是基础。同心即要求能够正确认识到课程思政的必要性，聚力即要求教师们凝聚内生动力，发自内心地去把握课程思政与思政课程之间的关系。第二，同向发力是前提。课程思政建设的推进应当具备目标性和方向性，只有同向发力，才能完成各项任务。第三，同行助力是关键。完整的课程体系包括思政课程建设以及课程思政建设两部分，不但要充分发挥思政课程对课程思政积极的引领功效，而且要充分发挥课程思政对思政课程的创新助推作用。

从大学生、专业课教师以及思政课教师三个角度分别分析，可以明显看到高校课程思政与思政课程协同育人实效性已经初步显现，为后续深化课程思政育人建设打下了良好的基础。

第二节　协同育人的基本理念

一、知识性与价值性相统一的理念

紧紧抓住思政课塑造学生价值观这一重点不动摇，并不是机械地进行空洞的价值理论教育，而是在知识传授的过程中统筹推进价值观教育的总体发展。

教育需要甚至一定程度依赖于知识与价值的不可分割性。在教育的全过程中，知识与价值是支撑教育的两大基石。知识是实践的结果，是前人认为的有价值成果的总结与集合，而价值更多地凝聚了教育者的教育目标和要求，社会主流的价值观念贯穿于教育的全过程。在思政课教学中，如果无法正确认识和处理知识性和价值性的辩证统一关系，整个思政课教育的教学效果将会大打折扣。如果只有空洞的、分离于知识之外的价值观灌输，脱离知识的科学性和客观性，不但学生的学习积极性得不到提升，反而会使价值观教育的成果收效甚微。如果认为知识的学习只是为了应对考试，换言之，即认为教育只是应试的教育，知识拓展与价值观培养毫无关系，就会导致学生价值观的形成和发展得不到正确的引导，部分学生可能无法形成正确的价值观，不利于其精神世界的未来发展。习近平总书记对知识性和价值性相统一的观点作过系统性的科学论述：知识是载体，价值是目的，要寓价值观引导于知识传授之中。这一论述不仅阐明了知识性与价值性相统一的辩证关系，也为思政课教学乃至整个思想政治教育提供了科学的理论指导。在思政课教学中，知识性是指思想政治教育相关的理论知识，例如思政教育的定义与规律；价值性是指思政课对学生价值观的引导和塑造作用。知识性更多地表现于具有一定的客观性，而相比之下，价值性则具有更多的主观性。客观性与主观性的相统一，知识性与价值性的相统一，是思政课教学的主旋律。课程思政和思政课程的协同发展，以及二者协同育人效应的形成，需要知识性和价值性的有机统一和共同发展。

促进高校思想政治教育的有效发展，尤其需要注重和把握知识性与价值性二者之间相统一的关系。第一，知识教育为价值教育提供基础性的支撑作用。知识的传授在高校教育中的地位无疑是十分重要的，它是高校思想政治教育的核心部分。放弃知识的传授，教师就无法找到一种正确的、具有科学性的传授方式，就无法向学生传递自己以及前人认为有价值的、蕴含深刻人生道理的知识总结。教学与知识的脱离无法促进价值观的正确塑造，反而很有可能导致价值观的空洞说教。空洞的价值性观念灌输，对学生的思维发展和价值观的形成与塑造是毫无用处的。知识作为价值的承载对象，是主流价值观念对青年学生价值观产生影响的主要方式。在思政课程中，马克思主义理论这一科学原理是高校思想政治教育的专业理论支撑，是专门化的思政理论知识。在专业课程和其他课程中，专业知识和其他学科知识也都深受思想政治教育的影响，主流的价值观念塑造始终贯穿在这些课程的知识材料之中。

第二，塑造正确的价值观是知识教育的根本目的。知识性教育的最终目的和追求不是把学生变成只会死记硬背、应付考试的"应试机器"，而是以传授知识这一渠道在潜移默化中完成对学生价值观的正确塑造。习近平总书记在"思政课是落实立德树人根本任务的关键课程"的讲话中，对塑造个人价值观的重要地位做出阐述："要成为社会主义建设者和接班人，必须树立正确的世界观、人生观、价值观，把实现个人价值同党和国家前途命运紧紧联系在一起。"个人的价值观念中，不能没有党、没有国家，不能偏离以社会主义核心价值观为代表的主方向。引导学生形成符合社会主流价值观念的个人价值观，是知识性教育的根本目标和始终坚持的前进方向。为了使学生拥有正确的价值导向和价值判断，仅仅依靠单纯的知识传递是无法达到预期目标的，要求教师在课堂上无形地将主流价值观融入到课堂专业知识中去，形成"润物细无声"的良好效应。

第三，坚持二者相互统一、相辅相成的存在关系，"寓价值观引导于知识传授之中"。坚持知识性和价值性相统一，必须处理好二者之间的相互关系，不可偏废。一方面，要注重课程思政与思政课程的专业知识性，用科学的理论结晶来辅助学生走向正确道路，通过构建不同的知识体系，帮助学生塑造正确的世界观、人生观和价值观。另一方面，也要强调价值教育的重要性，不能让学生产生"学习只是应付考试，和个人价值观的形成没有关系"这一错误认知，要明白"死记硬背不是硬道理"。知识传授并不是机械的重复性动作，而是老师在枯燥的理论知识灌输中融入其价值观念的有意义的帮助行为，这也就是"寓价值观引导于知识传授之中"的真实写照。比如，语文老师在讲授《金色的鱼钩》这篇文章时，应该突出文章中所蕴含的深刻内涵，懂得先辈们传承下来的长征精神，而并不只是单纯地给出考试题型，只传授学生应试的方法。知识性与价值性相统一，是课程思政与思政课程在高校思想政治教育中发生作用的关键教育规律之一，是课程思政和思政课程协同发展、协同育人的理论支撑和价值追求。

二、立德与树人相统一的理念

我国坚持把立德树人这一教育理念贯穿于整个高校思想政治工作中，始终坚持立德与树人相统一的价值诉求，把立德树人这一根本要求融入课程思政与思政课程的协同育人之中。

协同育人的发展，需要我们始终坚持立德与树人相统一的理念。"立德"出自《左传·襄公二十四年》："太上有立德，其次有立功，其次有立言，虽久不废，此之谓不朽。""树人"出自《管子·权修》："一年之计，莫如树谷；十年之计，莫如树木；终身之计，莫如树人。"二者在我国具有深厚的历史文化积淀，是中华文化的文明特质与历史传统的外在表现。"立德"是"树人"的前提，"树人"是"立德"的诉求，它们在紧密联系中相互促进发展。自古以来，德才兼备就是人们的普遍价值追求之一。

　　"立"与"树"相对，"德"与"人"相对。"立德"与"树人"既相互并列，不能割裂发展，也有主次之分，立德是树人的基础。立德于树人之前，可见德为人之本。人可以不才华横溢，但必须具备良好的道德品行。孔子曰："德若水之源，才若水之波；德若木之根，才若木之枝。"在德与才的关系中，德为本，才为末。在当今社会，一个人是否具备良好的道德品行决定了他是否能被社会接受，决定了他是否能够拥有良好的生存现状和适合的发展条件。

　　如何"立德"与"树人"？首先，需要回答"立什么样的德、怎样立德"的问题。第一，"立什么样的德"的问题。随着历史变迁和时代变化，国家和社会不断调整与改进关于德的内容和要求。社会普遍要求的，作为底线的个人基本道德，是"小德"。关乎国家富强、社会发展、民族复兴等全体的道德要求，则是"大德"。"小德"是我们立足社会必须遵守的道德规范，其内容包括遵纪守法、诚实守信等社会倡导性道德。这种良好的个人品德既是个人人格和素养得以完善的表现，也是社会稳定发展的必然要求。"大德"则是对祖国和社会应有的道德责任感，是我们心中永存的"大义"：热爱并忠诚于国家，建设和奉献社会，勇于担当中华民族伟大复兴的历史重任……既要坚持对个人"小德"的不断完善化和规范化，也要注意培养爱国情怀等具有大义的"大德"。第二，"怎样立德"的问题。从个人角度，需要做到"慎独"，即谨慎独处，在没有他人存在的情况下，也能够做到自律，严格遵守道德规范，恪守道德底线。从国家和社会角度，要坚持党的积极引导，树立正确的发展方向。国家有义务为个人道德的发展提供相适应的客观条件，并指导个人道德的发展方向，避免其误入歧途。在这个过程中，国家要融社会主义核心价值体系于国家教育事业，促进国民教育体系现代化发展，实现提升全民族思想道德素质的最终目标。从个人出发，实现私德高尚的"小我"；从国家和社会出发，实现公德在心的"大我"，"小我"与"大我"共建共发展，"私德"与"公德"共存共繁荣。

　　其次，需要回答"树什么样的人、怎样树人的问题"。"树什么样的人？""怎样树人？"这两个问题可以转化为"培养什么样的人、怎样培养人、为谁培养人"这一教育的根本问题。第一，"树什么样的人"的问题，即培养什么样的人。习近平总书记强调，要培养德智体美劳全面发展的社会主义建设者和接班人。德育、智育、体育、美育、劳育是人的全面发展的五个主要方面，也是社会教育所趋向的发展目标。思想品德的培养、学科知识和学习能力的增长、身心的健康发展、审美能力和素养的提升、劳动意识的养成，是我国教育事业和国民教育体系的趋向性目标。培养社会主义的建设者和接班人，需始终坚持中国共产党的领导，始终拥护我国社会主义制度，需立志为中国特色社会主义事业奋斗终身，需为实现中华民族伟大复兴的宏伟目标无私奉献，做对国家和社会有用的人才。树什么样的人？答案蕴含在我国的核心价值观中。"富强、民主、文明、和谐；自由、平等、公正、法治；爱国、敬业、诚信、友善"这24字的社会主义核心价值观，是对社会主义核心价值体系的高度凝练，是国家对公民价值观的正确规范。第二，"怎样树人"的问题，即怎样培养人。习近平总书记强调，要坚持把立德树人作为中心环节，把思想政治教育工作贯穿教育教学全过程，实现全程育人、全方位育人，努力开创我国高等教育事业发展新局面。为谁培养人？习近平总书记强调，坚持为党育人、为国育才。

最后，需要回答"'立德'和'树人'怎样在统一中发展"的问题。"立德"和"树人"绝不能割裂发展。实现二者在统一中发展要做到：认识二者的相互影响，保持和进一步发挥"1+1>2"的整体性作用。立德的最终目标是树有德之才，树人的前提和基础是立高尚之德。立德树人这一教育理念所体现的不仅是时代潮流下对教育事业的发展要求，也是社会发展下对人的精神层面发展的价值诉求。高校课程思政和思政课程的协同育人，是促进立德树人理念在高校思想政治工作中发挥主要作用的最佳途径。各高校既要在思政课程中进行有形的系统化、体系化教育，也要在课程思政中无形地实现多样化、全方位的思政教育引导，实现有形与无形的有机统一，在立德树人这一根本要求和价值追求的基础上，促进课程思政和思政课程的同向同行发展，实现协同育人的良好效应。

三、显性教育与隐性教育相统一的理念

课程思政与思政课程协同发展、协同育人效应的形成与发展，离不开显性教育和隐性教育的相互作用，必须深刻理解和把握显性教育和隐性教育相统一的科学内涵，发挥其对高校思想政治教育的指导性作用。

思想政治理论课作为思想政治教育的显性课程，具有旗帜鲜明的理论指导作用，其对思想政治教育的影响是正面的、直接的。思想政治理论课的开设是为了更好地把党和国家的政策正面传递给学生，它所具有的正面传递的直接性作用，是其他课程无法替代的。仅仅通过专业课程和其他课程的侧面影响，无法使学生脑海中思想政治教育的相关知识得到拓展化、体系化、科学化的螺旋式上升发展，也不能对学生世界观、人生观、价值观产生决定性的影响。习近平总书记在 2019 年 3 月学校思想政治理论课教师座谈会上提出，思政课要坚持显性教育和隐性教育相统一。有人提出把思政课变成隐性课程，完全融入其他人文素质课程中，这是不对的。我们办中国特色社会主义教育，就是要理直气壮开好思政课。理直气壮开好思政课，就是要始终坚持它在思想政治教育中作为显性课程的重要地位不动摇。思想政治理论课的教育地位会随着思想政治教育发展进程的不断推进而随之提高，绝不能被任何错误思想和其他借口所蒙骗而削弱思想政治理论课在教学中的重要地位。

专业课程和其他课程作为思想政治教育的隐性课程，具有潜移默化的辅助推进作用，其更多是在侧面上、无形之中对学生的思想政治教育产生影响。这种间接性的隐性教育活动，是对传统思想政治教育观念的拓展和革新，思想政治教育不再只是思政课老师的任务和工作，而是所有老师都必须在教学过程中将正确的思想政治观念传递给学生，促进学生形成正确的思想政治理论体系和价值观念。"要挖掘其他课程和教学方式中蕴含的思想政治教育资源"①，这是习近平总书记对课程思政的未来发展提出的指导性意见。

---

① 《思政课是落实立德树人根本任务的关键课程》，人民出版社 2020 年版，第 23 页。

习近平总书记在阐释思想政治教育的教育之道时，把思想政治理论课这一类显性教育的发展形容为"惊涛拍岸的声势"，把其他课程和教学方式这一类隐性教育形容为"润物无声的效果"，这也就从正面肯定了显性教育和隐性教育相统一的重要价值及其科学性，为课程思政和思政课程的协同育人模式提供了科学的理论借鉴。显性教育与隐性教育二者不可分割，相辅相成。只注重显性教育，削弱甚至忽略隐性教育的存在，就会导致显性教育对学生思想政治观念的影响不够全面。只重视隐性教育，没有正确认识到显性教育的重要性，就会导致思想政治教育的总体方向丧失旗帜，教学目标和方向不够明朗。学生的思想政治观念和价值取向一旦出现一点点偏差，那么学生的世界观、人生观和价值观就可能受到不良影响，就像不被重视的"缺口"，如果不及时发现和修补，"缺口"将会不断扩大，直至主体被完全吞没消失。思想政治理论课作为显性课程，具有更直接的正面影响，显性教育提供旗帜鲜明的总体发展方向；专业课程和其他课程及教学方式作为隐性课程，更多是间接的、润物细无声的侧面影响。只有将显性教育和隐性教育结合起来，才能促进思政课程和课程思政二者同向同行、共同发展。

四、全员育人与精准培养相统一的理念

全员育人和精准培养相统一的原则，其内涵需要从两个层面进行综合解读。"全员育人"指的是高校全部任课教师和工作人员都必须参与到对学生的思想政治教育工作中来，无论是以教书育人为己任的教师还是对学生的学习和生活进行行政管理的行政工作人员，都是高校思想政治教育的参与成员。"精准培养"指的是在教育的差异化特性下，坚持问题导向，针对教育参与人员的长处和短板实施不同的教育方式，促使精准教育模式的产生和发展，而不是直接生搬硬套统一的培养模式。精准教育模式指的是"在教育过程中需明确教育任务和目标，在教育过程中需因人而异、因材施教，针对个体的差异性和主体性，寻找短板与找准不足，精准解决"①。

---

① 孙宁：《大数据背景下思想政治精准教育探析》，《中学政治教学参考》2021年第31期，第86~87页。

精准培养的培养对象分为两个类别，一个是对教师的精准培养，一个是对学生的精准培养。教师精准培养的内容包括专业能力、思政素养以及把思政教育融入课堂的能力。而学生的思想素养和政治觉悟也必须做到点对点聚焦培养，促使学生的思想道德教育向精准化、高标准化的发展方向上不断转变。课程思政与思政课程必须在全员育人和精准培养相统一的条件下，把全员育人的整体性和精准培养的特殊性结合起来，形成协同育人的教育新格局。

如何在高校思想政治教育工作中发挥和拓展全员育人和精准培养相统一的理论优势，是当今高校亟待解决的重要难题。欲实现全员育人和精准培养相统一，要做到两点：一方面，始终坚持全员参与育人全过程，做到不放弃不遗漏，不能把思政工作只看成思政课老师的工作。课程思政与思政课程教育新机制的推广就是为了促使更多的教师乃至其他工作人员参与大学生的思想素养提升工作。另一方面，深度研究和剖析每个教育个体乃至整个高校现存的教育问题，以问题为参考依据，在深度分析培养对象的前提下，确定培养对象所需的时间、提升的基本点以及培养工作的大方向，精准有效解决其思想政治层面的短板。

第三节　课程思政与思政课程协同育人的原则

高校的课程思政与思政课程协同育人建设主要着眼于将思想政治教育元素融入专业课程当中，充分发挥思政课的育人引领作用，将各类课程立德树人的教育任务落实好。本节对高校课程思政与思政课程协同育人建设的具体原则进行了总结，主要有以下这几大原则。

一、德育为先原则

课程思政与思政课程协同育人建设的德育为先原则主要是指有效发挥德育的导向职能，实现课程教学的价值引领与知识传授相统一。课程思政与思政课程协同育人建设的德育为先原则正是对立德树人教育任务的回应。德育教育是高校教育的灵魂之所在，这就要求高校教师的教学活动要围绕"立德树人"来进行，高校的办学性质和方向要与德育相关。党中央、国务院规定"要把大学生思想政治教育摆在学校各项工作的首位，贯穿于教育教学的全过程"①。按照中央的指示，高校在发挥育人作用时，要将对学生的思想政治教育与对学生进行智育置于同等地位，强调德育教育在日常教学过程中的重要性。课程思政与思政课程协同育人建设主要在各高校内开设的课程中体现，对大学生有着最直接的影响，因此如何合理实现在专业课程中融合德育原则具有重要意义。受教育者在掌握知识的过程中应将其内化于心、外化于行，并努力付诸实践。

但是课程思政与思政课程协同育人建设中的德育为先原则并不意味着用德育取代智育，也不意味着不需要体育、美育、劳育等其他教育。教师要处理好德育与智育的关系，二者应该相辅相成、相互促进。尤其是对专业课教师来说，在专业课程中融入思想政治教育元素并不等于把专业课上成思想政治理论课，而是在传授专业知识的同时让受教育者接受德育，如理科专业，老师除教授知识外，还需要向受教育者传达精益求精、实事求是等精神。

二、以人为本原则

课程思政与思政课程协同育人建设的以人为本原则主要是指课程思政与思政课程协同育人建设要以促进学生的发展为目标。课程思政与思政课程协同育人建设的核心在于立德树人，其根本目的在于育人，将人作为德育的中心，实现以德育人、立德树人。立德树人的教育任务回答的是教育应当培养什么样的人，这个教育目的的确立与我国社会的建设发展有着密切联系。当前我国处于新时代，德智体美劳全面发展的综合型人才才符合新时期背景下对人才的要求。教师作为学生接受教育的第一关系人，在对

---

① 中共中央、国务院：《关于进一步加强和改进大学生思想政治教育的意见》，《光明日报》2004 年 10 月 15 日，第 1 版。

学生进行教育时，必须坚持以人为本的教育原则，坚持立德树人，教师的教学活动也始终要以促进学生的发展为目标。

除此之外，落实高校教育目标必须坚持以人为本的原则。高校的教育必须要对"为谁培养人，培养怎样的人"进行明确的回答，教育目标的设定需要明确高校培养出的人才具有怎样的特征并最终服务于谁。正如习近平总书记讲到的，高校培养的人才应当是德智体美劳全面发展的，能够对社会主义建设做出贡献的接班人和建设者，即高校培养出的人才需要在中国特色社会主义建设的过程中发挥出自身的优势，能为社会主义现代化建设贡献自身的力量。要明确社会主义现代化建设成果的最终受惠者是人民群众，也就是说，我国的社会主义建设是"以人民为中心"展开的，高校的人才培养是为人民群众服务的，高校是为了人民能过上幸福的生活而进行人才培养的。所以，高校教师在教学过程中始终要坚持以人为本的原则，将育人理念贯彻到教学的方方面面。

三、整体设计原则

课程思政与思政课程协同育人建设的整体设计原则主要是指其建设是一个全方位过程，涉及全部课程、教师以及育人的全过程，需要落实到教师课堂教学的方方面面。与此同时，建设的最终目的是多方形成育人合力，培养出高质量、高水平的人才，培养出适合时代发展的人才，共同推动社会建设。从各学科课程来看，各类课程之间属于一个整体，这就需要逐步打破各学科之间、各课程之间的学术壁垒。专业课程与思想政治理论课程之间要加强合作互动，在彼此不断碰撞交流的基础上，在育人目标和育人方向上保持一致，共同推进课程思政建设的发展；同时全体教师要加强彼此及学科之间的交流，找出课程中的相似或者相同的育人元素与资源，共同探讨，并进行合理有效的融入，充分发挥出思政元素的作用，尤其是专业课教师更应该注重挖掘课程中合理的思政元素和思政内涵，并与思想政治理论课程的教师多交流学习，在自身充分学习理解思政内涵后，将思政元素与本课程巧妙融合，以润物细无声的方式传递给学生，在潜移默化中影响着学生。全程育人要求高校不仅要在理论课程中进行育人，也要在学生的实践、科研活动中体现育人元素，理论与实践的有效整合，才能发挥出课程思政建设的最大功效。

整体设计原则要求以整体性的视野开展思想政治教育，对各类课程中的思政元素进行有效整合，发挥出整体的效用，避免出现思想政治理论课程单向育人，专业课程忽略思想政治教育的弊端。落实课程思政与思政课程协同育人的整体设计原则就要明确课程思政建设中的各类思政元素，整理、整合各类思政元素并发挥其整体功能，使整体思维高于孤立思维。习近平总书记指出，要将做人做事的基本道理，社会主义核心价值观的要求，把实现民族复兴的理想和责任融入各类课程教学之中。将这三方面的内容体现在各类课程的教学中，是高校课程思政建设整体性目标要求。在课程思政建设中融入这三方面要求时，要结合本专业特色，让学生愿意接受，而不是空讲大道理、纯理论灌输。整体设计原则也要求学校能够发挥集中指导作用，加强对课程思政与思政课程协同育人建设的引导与支持，营造良好的学校课程思政建设氛围，并举办相关活动让学生能够积极主动地参与进来。总而言之，整体设计原则即要求开展课程思政与思政课程协同育人时要着眼于整体，着手于整体，不可分散、零散地开展，如此，其才能够发挥出最大限度的作用。

四、有机融入原则

课程思政与思政课程协同育人建设的有机融入原则主要指的是将其他各类课程与思政理论进行有机融合，选取其中适合本课程的思政元素融入课程。其他各类课程融入思政理论时一定是有机融入，而不是生搬硬套。立德树人任务的完成以思政理论课为关键课程，是具体的课程；而课程思政发挥育人作用，要求在课程中融入思政相关元素，发挥出专业课程的育人作用，从而达到育人目标，是课程理念的变革与更新，是完成立德树人任务的促进措施。课程思政与思政课程协同育人建设要遵循有机融入原则，各类专业课程在融入思政元素后，要把握好各类课程与思政理论课程之间的关系，要明确好专业课程并不能代替思政理论课程，思政理论课程仍是大学生思想政治教育的主阵地，且专业课程在融入思想政治教育后，仍要保证专业课知识与技能的传授。各专业课程遵循有机融入原则就是要与思政课程在育人目标和育人方向上保持一致性，明确"培养什么人、怎样培养人、为谁培养人"这一根本性问题，充分发挥思想政治教育作用，并与思政课程做好衔接，充分发掘思政元素并进行有机结合，最大限度上发挥出育人合力。

五、特色发展原则

课程思政与思政课程协同育人建设的特色发展原则是指课程思政建设要根据本校的地域特色、校训、培养目标、办学理念来开展，即"一校一特色"。课程思政建设前期探索可以根据国家文件进行广泛试验，但在逐步发展的过程中，要不断完善，并逐渐体现出本学校的特色，即学校在课程思政的实施过程中，既要与地方文化相融合，又要体现出地域的特色。以温州大学为例，在开展课程思政与思政课程协同育人建设过程中，学校成立了温州大学课程思政教学研究中心，充分研讨将温州精神融入温州大学的课程思政建设中去，如敢为人先的首创精神、创新精神等能够体现温州的特色文化与精神。各大高校所处地域不同，且自身拥有的资源也不同，因此各高校在推进课程思政建设时，要清楚地认识到高校自身的特色与优势，充分利用好学校资源，在最大范围内展现本校特色。

特色发展原则也要求各个学院在进行课程思政与思政课程协同育人建设时要充分展现学院特色，即"一院一特色"。不同学院的专业培养计划是各不相同的，学院在开展课程思政建设时要以本学院为主题，围绕学院特色开展，通过对教学方式、教育手段的改革创新，推动课程内容的丰富发展，形成符合本学院特色的具体实施方案。课程思政也不是每门课都要体系化、系统化地进行思想政治教育活动，也不是机械地安排思政教育内容，而是要具体分析每个学科专业所具有的自身特色，结合学生自身的特点，深度探究挖掘提炼学科专业知识体系中所蕴藏着的精神谱系和思想价值内涵，以科学合理的方式拓展专业课程的广度，开发课程深度，提升引领性、时代性和开放性。如农学专业就要加强生态文明教育，不仅要在课程中引导学生牢记绿水青山就是金山银山的理念，更要注重培养学生的"大国三农"情怀，让学生肩负使命与责任扎根于中国的土地，愿意投身乡村振兴中去。因此在开展课程思政建设时，要充分考虑课程自身特色和课程学生特色，让学生能够在最短时间内接受课程的改革创新并让课程能够在最大限度内发挥作用。

各学院还可以结合本专业特点，开展相关的学科竞赛活动，以及其他形式的活动，鼓励学生积极参与。总之，高校在开展课程思政建设时，要善于发现和挖掘本校的资源，发挥优势，结合本校具体实际情况，充分利用当地本土特色，同时要运用好能够利用的优秀思想政治教育资源，拓宽教师的育人视野，对学生进行有效的思想政治教育。

综上所述，课程思政与思政课程协同育人建设必须遵循德育为先原则、以人为本原则、整体设计原则、有机融入原则、特色发展原则这五大原则，并在遵循原则的基础上开展相关拓展活动。

第四章　高校课程思政与思政课程协同
育人的实证调查分析

第一节　高校课程思政与思政课程协同育人的调查分析

学校是思想政治教育的主阵地，在课程思政与思政课程协同育人的过程中，思政课程主要通过传授思政知识来实现教学目的，而课程思政则不同，是将思政元素融入到各类专业课程、各类学生活动之中，使育人的完整过程、各个环节都有思政元素的注入，让学生在明白专业课程应用价值的同时，也能对自己的世界观、人生观、价值观进行再思考，形成正确的价值取向。课程思政与思政课程之间优势互补、逻辑互通，形成"1+1>2"的协同育人的效果，是实现人的全面发展的内在要求，也是破解高校思想政治教育"独木难支"困境的客观需要。

一、问卷设计

课题组成员根据课程思政与思政课程的协同育人情况开展了线上与线下相结合的问卷调查，针对思政课教师、专业课教师和学生这三大群体，分别填写由课题组编制的《高校课程思政与思政课程协同育人问卷调查表（思政课教师版）》《高校课程思政与思政课程协同育人问卷调查表（专业课教师版）》《高校课程思政与思政课程协同育人问卷调查表（学生版）》，共发放了1100份问卷。其中对思政课教师与专业课教师各发放网络问卷200

份，学生共发放纸质问卷 700 份。学生样本涵盖了文史、理工等七大类专业(文学、历史学、哲学类，经济学、管理学、法学类，教育学类，理学、工学类，农学类，医学类，艺术学类)。最后成功回收 1100 份问卷，回收率达 100%。

(一)学生问卷

针对学生问卷，共分为两大部分。第一部分为学生个人的基本情况，设计 4 个简单问题，以此来了解受访者的性别、受教育程度、政治面貌以及专业。第二部分为具体的调研内容。该部分共设计了 30 个问题，包括五个方面的内容：一是高校思政课程育人取得的成效表现；二是高校课程思政育人取得的成效表现；三是高校课程思政育人实效存在的问题；四是高校课程思政育人实效存在问题的原因；五是高校课程思政与思政课程的关系。

(二)专业课教师问卷

针对专业课教师的问卷，共分为两个部分。第一部分为专业课教师的基本情况，共有 5 题，以此来了解受访者的性别、政治面貌、教龄、职称和专业领域。第二部分涉及具体的调研内容，共设有 30 题，包括三方面的内容：一是高校课程思政育人取得的成效表现，二是高校专业课教师课程思政建设所面临的挑战，三是高校专业课教师课程思政建设存在问题的原因。

(三)思政课教师问卷

由于思政课教师在思政教育上的专业性，课题组在设计问题时更为简洁精炼，在已有的 4 道简单题目了解思政课教师的性别、政治面貌、教龄与职称的基础上，另设 20 道题调研课程思政与思政课程协同育人的情况，主要包括思政课教师与专业课教师在课程思政建设中的关系，课程思政视域下影响思政课教师发挥协同育人作用的原因，课程思政视域下实现思政课教师发挥协同育人作用的路径分析。

从调研情况来看，此次调查参与的主体较为全面，有利于提高回收数据的有效性。思政课教师与专业课教师采取线上调查的形式，抽样随机，保证了样本的有效性。专业课教师是课程思政的教学主体，对课程思政与思政课程的现状更为了解，也有更多的思考。思政课教师作为思政教育的教学主体之一，从引领者和协助者的角度去看课程思政与思政课程协同育人机制有更深入的想法。针对这两种群体进行调查，问卷结果比较科学，能得到更为有效的分析结果。基于协同育人的成效由学生来体现，学生问卷占比达到了近64%，通过对学生样本进行分析，能较好地反映学生的意见与呼声，对此次问卷调查十分有利。

在问卷分发过程中，思政课教师的问卷通过问卷星形式发放给省内各个高校的思政课教师，专业课教师也通过问卷星形式发放到七大类专业的专业课教师手中，而学生的纸质问卷由课题组的成员按照专业分类，分别到相关班级中进行现场填写。在整个调查过程中，课题组对问卷填写过程作了相对严苛的把控和要求，并且在受访者填答完毕后及时浏览，检查问卷的填答情况，及时发现存在的问题，以尽量避免因为写漏题等引起的样本误差。同时，有意识地对各类调查对象分布作了相应要求，以确保调查样本的真实可靠性、全面翔实性和典型代表性。

二、数据分析

根据问卷设计，本部分分为高校课程思政与思政课程协同育人建设取得的成效表现、高校课程思政与思政课程协同育人建设所面临的挑战、高校课程思政与思政课程协同育人机制构建存在问题的原因考察。

（一）高校课程思政与思政课程协同育人建设取得的成效表现

一是教育者与受教育者在思想层面达成共识。横向对比三份问卷结果后我们发现，在对课程思政建设的认同感以及相关政策的了解程度上，思政课教师与专业课教师都予以正面积极的回答。93%的思政课教师认同思政课程和课程思政的关系应当是同向同行、协同合作，92%的专业课教师对课程思政的内涵有一定的了解(图 4-1、图 4-2)。

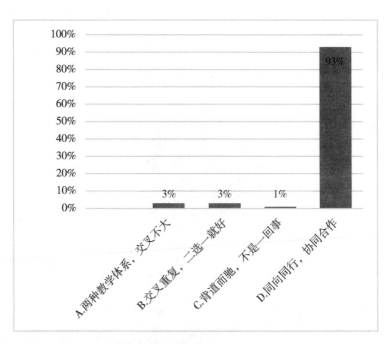

图 4-1 思政课程和课程思政的关系是？(思政课教师问卷)

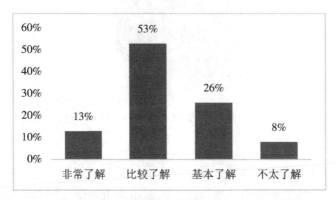

图 4-2 您对高校课程思政内涵的了解程度是？(专业课教师问卷)

仅仅依靠思政课教师与专业课教师这些教学主体达成思想共识是完全

不够的，学生作为课程思政与思政课程协同育人的受教育主体，只有当他们真正理解和认识到课程思政的重要性时，课程思政"立德树人"的根本性目标才有实现的可能。根据问卷调查，大部分学生对课程思政有一定的了解，这表明大学生对课程思政的认知在逐步加深（图4-3、图4-4）。

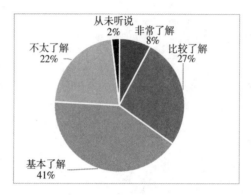

图 4-3 你对本校"课程思政"相关政策的了解程度（学生问卷）

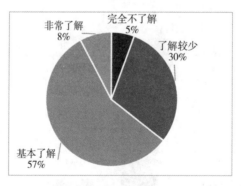

图 4-4 你了解"课程思政"吗？（学生问卷）

二是课程思政与思政课程协同育人效果初步实现。课程思政与思政课程协同育人的效果主要由学生体现。课题组着重在学生问卷中调查相关情况，设计了"你在思政课课程修读后的收获情况""通过学习专业课程中的思政元素之后，你觉得自己在思想认识方面有什么转变?"等问题来考察在课程思政与思政课程协同育人开展后学生在思想层面的提高情况。

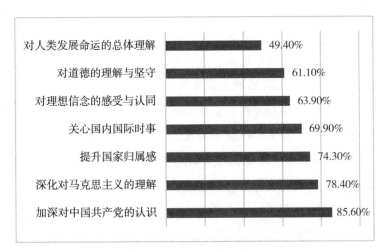

图4-5　你在思政课课程修读后的收获情况

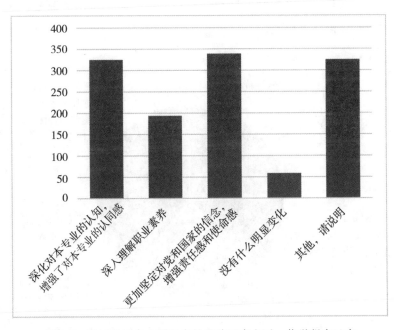

图4-6　通过学习专业课程中的思政元素之后，你觉得自己在
思想认识方面有什么转变？

以上数据显示，在课程思政与思政课程"双管齐下"后，学生们的思想素质水平得到了提升，政治认同、家国情怀、宪法法治意识、道德修养和文化素养都有了一定程度的提高。上述数据从侧面反映了教师对课程思政"一条主线"和"五大素养"形成了正确认知（图 4-5、图 4-6）。

三是体制机制在逐步完善。课程思政的体制机制建设有助于为其提供一个完备的发展机制和促进机制，激发其内在动力，实现课程育人。课题组通过"您所了解的本校构建课程思政育人机制的措施有哪些?"来探究高校课程思政的体制机制建设情况。

图表数据显示，在高校中，课程思政育人体制机制建设正在不断开展（图 4-7）。一个优秀的顶层设计能帮助高校建立起一整套完善的课程思政运行机制。在领导层面上加强统筹规划、优化考评体系，在教师层面上建立教师沟通网络、设立教研项目等一系列措施有助于建立多维度、全方位的课程思政建设体制机制。

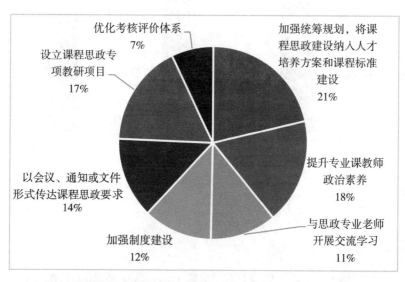

图 4-7 您所了解的本校构建课程思政育人机制的措施有哪些?

(二)高校课程思政与思政课程协同育人建设所面临的挑战

课程思政概念的提出到具体落实只有短短几年,尽管高校课程思政与思政课程协同育人建设在稳步推进,但在调查过程中,课题组发现在课程思政建设中仍然存在着许多问题。

一是认知不到位,存在形式主义。教师们在开展"课程思政"相关实践上仍然存在差异。面对"您是否在身体力行地助推高校课程思政育人机制的建设?",专业课教师给出了相应回答。从图4-8可见,仍有9%的专业课教师没有身体力行地去助推高校课程思政育人机制建设,在教学过程中存在走过场、敷衍应付等形式主义现象。

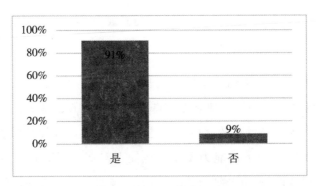

图4-8 您是否在身体力行地助推高校课程思政育人机制的建设?

教师团队是开展课程思政的重要力量,课程思政的实施需要调动每位教师的积极性和主动性。数据显示,专业课教师中仍存在认知不到位、应付了事的情况,这使得课程思政在建设推进过程中出现了阻力,很难形成合力。

二是缺乏有效引领,具体实践难落实。高校专业课教师多有着丰富的知识储备以及较高水平的科研能力,但是在课程思政开展上却缺乏相应经验,多数专业课教师无法将专业知识传授与思想政治教育相结合。在课题组所问的"您在融入思政元素、开展课程思政教学时遇到的内部困难有?"

中，专业课教师给出了自己的答案。

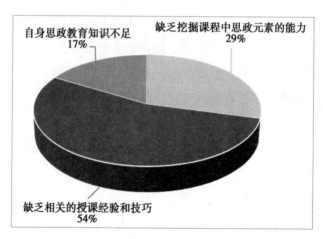

图 4-9 您在融入思政元素、开展课程思政教学时遇到的内部困难有？

由图 4-9 可知，54% 的专业课教师认为自己缺乏相关的授课经验，29% 的专业课教师认为自己缺乏挖掘课程中思政元素的能力，还有 17% 的专业课教师认为自身思政教育知识不足。专业课教师在思想政治教育理论知识和育人实践层面上的能力不足，再加上对课程思政理念的认知不到位，无法与思政课教师形成"合力"去构建一支良好的育人一体化队伍。

三是缺乏制度规定，评价体系不健全。完善课程思政的制度保障和考核机制建设，能够保证课程思政建设持续推进，激发教师课程思政建设的内在动力，从而提高思想政治教育的效果。尽管各个高校都在不断推进完善课程思政体制机制建设，但是仍然存在许多问题。课题组将"你认为影响学校课程思政实施效果的主要原因是什么？"设计在学生问卷中，通过学生的角度去考察这一问题。

从图 4-10 中可知，学生们认为影响课程思想实施效果的原因有很多，我们着重调查了"考核评价体系存在不足"这一选项。经过调研，得知学校现有的考核评价体系比较聚焦于教师自身，而学生作为评价主体，只是在固定的选项中选择，主导性弱，而且基本未涉及学生的自身发展方面。

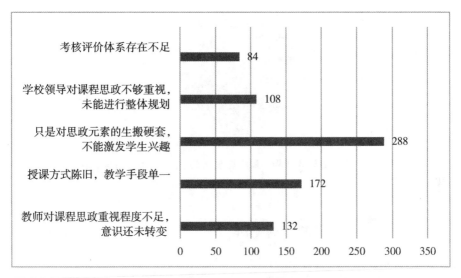

图 4-10 你认为影响学校课程思政实施效果的主要原因是什么?

(三)高校课程思政与思政课程协同育人机制构建存在问题的原因考察

在调查了课程思政与思政课程协同育人所面临的挑战之后,课题组设置了多道题目去探究现有的高校课程思政与思政课程协同育人机制构建存在问题的原因,得出了以下结论。

一是未达成协同理念。虽然多数教师都认同了课程思政并且对其有了一定了解,但专业课教师与思政课教师之间尚未形成合力。课题组在专业课教师与思政课教师的问卷中都设置了"您认为思政课程和课程思政的关系是?"一问(图 4-11、图 4-12),对比数据可知,无论是思政课教师还是专业课教师,都存在将思政课程与课程思政剥离开的观点。这一问题的存在成为影响思政课程与课程思政形成合力,提升"三全育人"实效性,完成立德树人根本任务的主因。

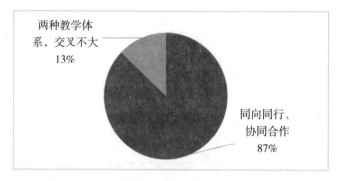

图 4-11 您认为思政课程和课程思政的关系是？（专业课教师问卷）

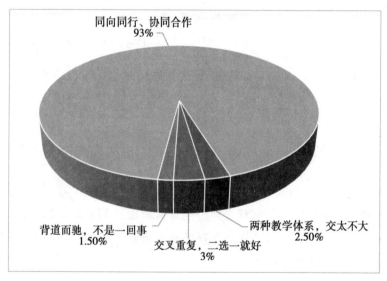

图 4-12 您认为思政课程和课程思政的关系是？（思政课教师问卷）

二是思政课教师对自身在课程思政中的认知定位存疑。课程思政不仅需要专业课教师的参与，还需要思政课教师参与进来。课题组设置了一个专门问题，去探究思政课教师在课程思政与思政课程协同育人体系中的作用。94.5%的思政课教师认为自己在课程思政建设中可以作为价值方向的引领者，81%的思政课教师认为自己应当作为思政认知的澄清者（图4-13），而在后续的研究中，我们发现在"您认为在高校课程思政育人机制构建中实现了哪些方面的协同？"问题中，仅有 21% 的专业课教师认为思政课教师与专业课教师之间形成了协同(图 4-14)。

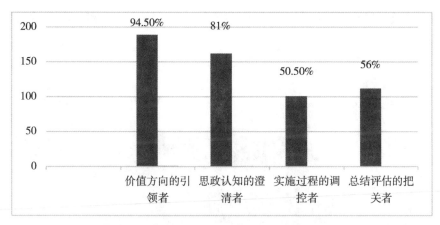

图 4-13　思政课教师在课程思政中能起到什么作用？

(思政课教师问卷)

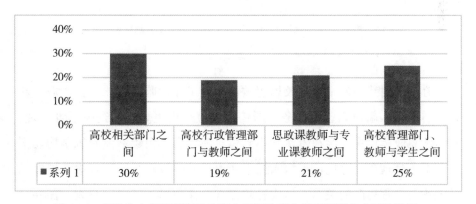

图 4-14　您认为在高校课程思政育人机制构建中实现了哪些方面的协同？

(专业课教师问卷)

三是顶层设计未完善。课程思政建设是对高校教育的创新之举，尤其是对思政课之外的专业类课程来说，其教学目标、内容、方式及考核评价体系都应以课程思政为指向进行调整，在调整的过程中更应以顶层设计为准。但部分高校在制度出台和考核评价中都未能体现这一点。在"影响课程思政实施效果的主要原因是？"一问中，有15%的思政课教师选择了"领导对课程思政不够重视，未能进行整体规划"，11%的思政课教师选择了"学校缺乏完善的管理机制"（图4-15），很显然，如何运用顶层设计来构建课程思政与思政课程协同育人的体制机制，是目前大多数高校需要重点思考的。

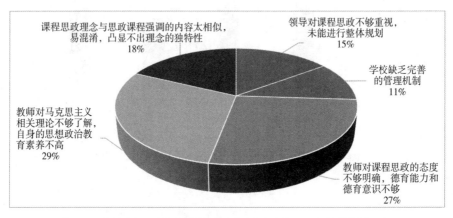

图4-15　影响课程思政实施效果的主要原因是？（思政课教师问卷）

在新的时代条件下，高校思想政治教育工作面临新变化、新矛盾、新需求，同时，新对策、新任务、新使命也应运而生。从调查中不难发现，在课程思政建设中，存在着认知不到位、缺乏有效引领、体制机制构建不完善等不良现象，这也使得深入探索课程思政建设路径刻不容缓。把握思政课程与课程思政的关系，形成思政课程与课程思政的协同育人，需要全员、全程、全方位的参与，方能形成"大思政"格局。矛盾普遍存在于一切事物之中，每个事物都无法十全十美，课程思政亦是如此。虽然目前课程思政建设出现了一些问题，但只要高校各部门、各学科任课教师、大学生们坚守马克思主义政治底线，共同努力，就一定能大大提升高校立德树人的实效性。

第二节　高校课程思政与思政课程协同育人问卷分析

一、高校专业课教师开展课程思政建设的问卷分析

2020 年 5 月，教育部印发的《高等学校课程思政建设指导纲要》指出："全面推进课程思政建设，教师是关键。"教育部高等教育司长吴岩在全面推进高等学校课程思政建设工作视频会议上指出，据调查，对学生影响最大的是专业课和专业教师。[①] 因此，专业课教师是取得课程思政成效的重要力量。

（一）教师对课程思政育人观念有一定了解

1. 对高校课程思政内涵的了解程度

专业课作为大学生的核心课程，作为课程中的重中之重，至少要占全部课程的百分之七八十，专业课教师也成为影响学生的最大群体。课程思政的开展与建设，要求专业课教师对课程思政育人观念有一定的了解，课题组为此提出这样一个问题"您对高校课程思政内涵的了解程度是?"，回答情况见前图 4-2。

调查表明，13%左右的受调查者非常了解高校课程思政内涵，比较了解高校课程思政内涵的受调查者占比 53%，专业课教师对课程思政内涵的了解，在一定程度上可以推动课程思政的建设;26%的受调查者表示自己基本了解课程思政内涵，不太了解课程思政内涵的受调查者仅有 8%。约 90%的专业课教师都了解课程思政的内涵，专业课教师对课程思政内涵的了解，有利于推动课程思政的建设实践活动，做到内化于心，外化于行。

在问到"您认为思政课程和课程思政的关系是?"时，回答见前图 4-11:

---

① 　岳宏杰:《高校专业课教师课程思政能力建设研究》,《现代教育管理》2021 年第 11 期，第 66~71 页。

选择"同向同行、协同合作"的被调查者占87%，仅有13%的被调查者选择了"两种教学体系，交叉不大"，这表明大部分专业课教师都清楚地了解这两者之间的关系。教师要在正确认识课程思政与思政课程的基础上，开展立德树人教育。思政课教师可以为专业课教师提供必要的教学指导，专业课教师可以帮助思政课教师加深对专业知识的了解。思政课程与课程思政同向同行、协同合作，以协同育人的方式能极大促进高校思想政治教育工作的正常有序展开。

2. 对课程思政的相关政策的了解程度

2014年上海市印发《上海市教育综合改革方案（2014—2020年）》，提出"课程思政"这一概念。2016年，习近平总书记提出："要坚持把立德树人作为中心环节，把思想政治工作贯穿教育教学全过程，实现全程育人、全方位育人。"2017年，《高校思想政治工作质量提升工程实施纲要》明确提出，课堂教学改革要以"课程思政"为目标，将各门课程中所蕴含的思想政治理念更好地渗透到课堂教学的各个环节，实现课程内容与思政教育的有机结合。为此，我们设计了"您了解课程思政的相关政策吗？"这一问题，回答情况见图4-16。

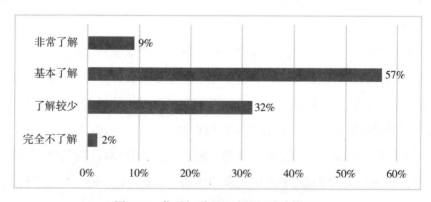

图4-16 你了解课程思政的相关政策吗？

9%的受调查者表示非常了解，选择基本了解的受调查者占57%，了解较少的占32%，完全不了解的仅有2%。总的来说，虽然对于课程思政的相关政策了解程度不大相同，但都是有所了解的。

3. 对本校构建课程思政育人机制的了解

专业课教师了解了高校课程思政内涵及其相关政策，更需要了解本校构建课程思政育人机制的措施，便于更好地开展相关实践。以本校为例，在问到"您所了解的本校构建课程思政育人机制的措施有哪些?"时，回答情况见前图 4-7。

对于学校已有措施，被调查者都是了解的，其中最了解的措施是加强统筹规划，将课程思政建设纳入人才培养方案和课程标准建设；提升专业课教师政治素养和设立课程思政专项教研项目。专业课教师要全面推进课程思政建设，就要将价值观引导于知识传授和能力培养之中，帮助学生塑造正确的世界观、人生观、价值观，帮助学生成人、成才。

（二）教师正在逐步开展课程思政育人实践

比了解课程思政内涵更重要的是开展课程思政相关的实践。对"您是否在身体力行地助推高校课程思政育人机制的建设?"这一问题，回答情况见前图 4-8。

从图中我们可以看到，91%的受调查者都选择了"是"，只有9%的受调查者选择了"否"，二者差了82%，可以看出绝大部分教师都在逐步开展课程思政育人的实践。

对"您将课程思政融入了教学的哪些环节?"这一问题，回答情况见图 4-17。

专业课教师已经开始将课程思政融入教学的各个环节，不断摸索课程思政实践。进一步提问"您认为您所讲授的课程中，适合体现的思政元素有哪些?"，回答情况见图 4-18。

可以看到，占比最高的是中华优秀传统文化教育，占79%；其次是职业理想和职业道德教育，占比66%；再次是社会主义核心价值观，占比60%。专业课教师在开展课程思政实践时，最容易将这三个元素融入实践之中。

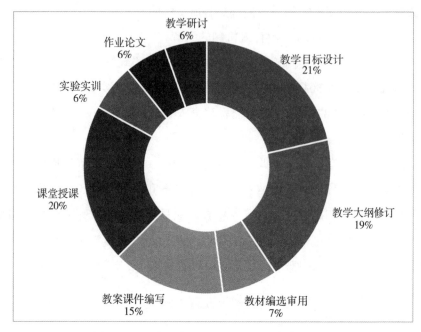

图 4-17　您将课程思政融入了教学的哪些环节？

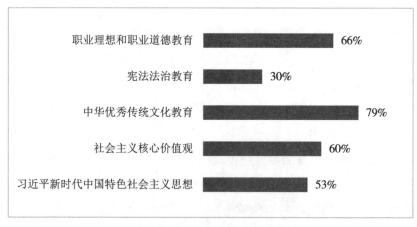

图 4-18　您认为您所讲授的课程中，适合体现的思政元素有哪些？

对"您认为在专业课中融入思政元素的效果如何？"这一问题，回答情况见图 4-19。

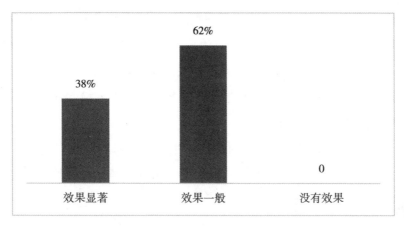

图 4-19　您认为在专业课中融入思政元素的效果如何?

38%的被调查者选择了效果显著,62%的被调查者选择了效果一般。效果一般的原因可能在教育者,也可能在被教育者,未来我们可以去寻找提高效果的途径与方法。

问到"通过实施课程思政教学后,您感受到学生在哪方面有明显变化?"时,回答情况见图 4-20。

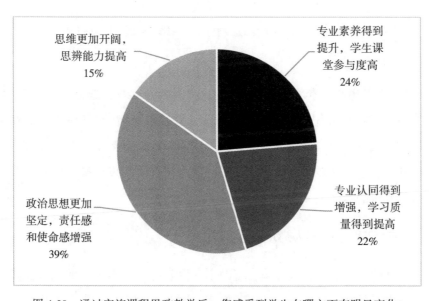

图 4-20　通过实施课程思政教学后,您感受到学生在哪方面有明显变化?

变化情况分别是：专业素养得到提升，学生课堂参与度高；专业认同得到增强，学习质量得到提高；政治思想更加坚定，责任感和使命感增强；思维更加开阔，思辨能力提高。开展课程思政的实践后，学生或多或少都产生了正向变化，这与"把思想政治教育贯穿人才培养体系，发挥好每门课程的育人作用"相契合。

课程思政实践的开展不仅对学生产生影响，对教师自身也产生了影响。在问到"在实施课程思政教学过程中，您自身哪方面得到了提升与发展？"时，回答见图4-21。

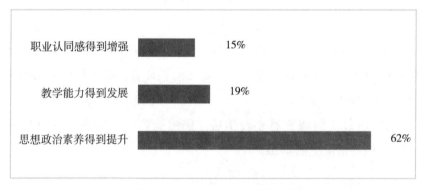

图4-21 在实施课程思政教学过程中，您自身哪方面得到了提升与发展？

选择"思想政治素养得到提升"的被调查者占62%，选择"教学能力得到发展"的被调查者占19%，选择"职业认同感得到增强"的占15%。在课程思政实践过程中，专业课教师的教学能力、思想政治素养等多方面也不断得到提升，推动教师不断向前发展，成为符合时代发展潮流的教师及符合时代要求的社会主义建设者。

(三)课程思政育人环境初步形成

良好的课程思政育人环境，有助于激发教师在育人方面的积极性和主动性，提高教师工作动力和效率，保障协同育人建设的进行。课程思政育人环境是在不断实践中形成的，每个参与者既是环境形成的推动者，也是环境形成的受益者，互惠互利，共同成长。

1. 课程思政育人考核评价机制建立

课程思政育人环境形成需要建立考核评价机制，加大对课程思政建设优秀成果的支持力度。在问到"您认为对课程思政教学进行评价的内容应包括？"时，回答情况见图4-22。

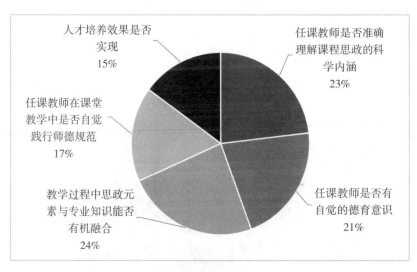

图 4-22　您认为对课程思政教学进行评价的内容应包括？

被调查者希望从以下几方面进行评价：任课教师是否准确理解课程思政的科学内涵；任课教师是否有自觉的德育意识；教学过程中思政元素与专业知识能否有机融合；任课教师在课堂教学中是否自觉践行师德规范；人才培养效果是否实现。这几方面可以体现出教师的能力、意识与品德，也可以体现出教学的效果。

建立课程思政育人考核评价机制，可以反馈协同育人成效，及时发现协同育人过程中产生的问题并制定相关的解决办法。《高等学校课程思政建设指导纲要》要求把教师参与课程思政建设情况和教学效果作为教师考核评价、岗位聘用、评优奖励、选拔培训的重要内容。这在一定程度上极大地鼓舞教师参与课程思政育人的实践中。考核评价机制需要从多方面着手，既能多维度反映教学效果与问题，又能营造一个更加公平公正的环境。

2. 课程思政建设经验和方法获取渠道多样化

课程思政育人环境的初步形成，还体现在专业课教师获取课程思政的建设经验和方法的渠道上，为此我们提出这样一个问题"您通过什么渠道获得课程思政的建设经验和方法？"，回答情况见图 4-23。

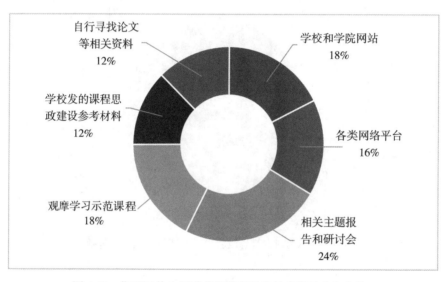

图 4-23　您通过什么渠道获得课程思政的建设经验和方法？

我们能够想到并提供的几个渠道，如学校和学院网站，各类网络平台，相关主题报告和研讨会，观摩学习示范课程，学校发的课程思政建设参考材料，自行寻找论文等相关资料，均有涉及。这些有效经验的提供可以解决专业课教师在开展实践时遇到的许多问题，便于他们不断总结和完善他人经验，再将自己的经验分享给他人。

二、高校专业课教师课程思政建设面临的挑战

（一）教师对课程思政育人观念缺乏广泛认同

在问到"您认为思政元素融入高校专业课教学中是否存在冲突？"时，调查结果见图4-24。

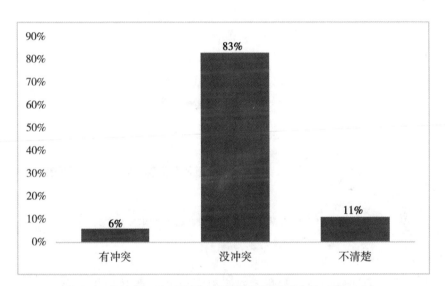

图 4-24 您认为思政元素融入高校专业课教学中是否存在冲突？

从图中我们可以看出，83%的教师认为没有冲突，但也有11%的教师表示不清楚，6%的教师表示有冲突。选择有冲突的，经过进一步询问，主要是因为他们对思政元素认识不到位，难以在教学过程中找到切入点。部分专业课教师会因为不够了解课程思政内涵，或者对课程思政没有热情，从而不愿意进行课程思政实践。其背后原因是这些教师缺少对全方位育人、传道授业解惑等的广泛认同。

在问到"您对学生开展课程思政教学的出发点是？"时，回答情况见图4-25。60%的被调查者选择了"为了学生的健康成长与发展"，23%的被调

查者选择了"引领社会良好风气"，选择其余选项的被调查者占比较少。专业课教师对于开展课程思政的出发点还需要加强，仍有部分教师不能认识到课程思政的重要性，这反映出专业课教师对课程思政育人观念缺乏广泛的认同。

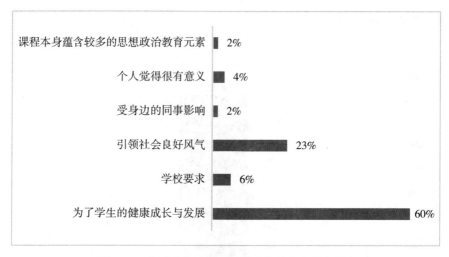

图4-25　您对学生开展课程思政教学的出发点是？

提升专业课教师对课程思政重要性的认识，要从思想上突破认识误区。江泽民也曾指出："老师作为人类灵魂的工程师，不仅要教好书，还要育好人，各个方面都要为人师表。"①"思想是行动的先导，只有首先在理念上实现转变，才会形成在专业课教学中开展思想政治教育的强大内在需求，从而加大对专业课程的思想政治教育内涵的开发，将专业课程育人和思想政治教育有机结合起来，形成有效的自我激励机制。"②而现在我们面临的挑战之一就是部分专业课教师对其认识不充分、思想不认可，极大

①　《江泽民文选》第2卷，人民出版社2006年版，第588页。
②　陆道坤：《课程思政推行中若干核心问题及解决思路——基于专业课程思政的探讨》，《思想理论教育》2018年第3期，第64~69页。

地阻碍了课程思政的实践与发展。

(二)教师开展课程思政能力需要进一步提升

课程思政实践的开展对教师的能力提出了更高的要求。在问到"您认为专业课教学中融入思政元素的难度有多大?"时，回答情况见图 4-26。

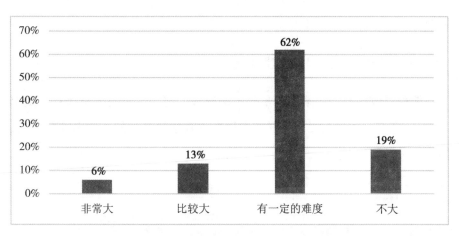

图 4-26　您认为专业课教学中融入思政元素的难度有多大?

在问到"您在融入思政元素、开展课程思政教学时遇到的内部困难有?"时，回答情况见前图 4-9。

部分专业课教师认为开展思政课程有一定难度。教师作为开展课程思政的主力军，其地位十分重要。而教师开展课程思政的能力在一定程度上就决定了课程思政开展的后期效果、学生接受程度。

目前，教师能力不足是我们面临的挑战之一，专业课教师的教学能力是影响课程思政成效的关键因素之一。部分专业课教师缺乏深厚的马克思主义理论素养，导致不能帮助学生树立正确的世界观、人生观、价值观，不能落实课程思政建设以及"三全育人"的教育理念。一部分专业课教师认为自身专业知识和能力过硬，不需要也没有必要再去提高自身思政能力，从而抗拒各类培训会、学习会等。也有部分教师尽管努力提升自己，但提升效果不大，极大地打击了他们的学习热情和积极性。想要教师能力提升，既要靠教师个人向上发展，也需要学校出台相关政策与保障。多方共同努力，才能让教师教学能力得到提高。

从社会和学校角度来说，想要提高教师能力，需要组织教师参加理论知识培训，让专业课教师掌握相应的思政理论；需要相应的政策与资金支持，鼓励专业课教师开展课程思政相关实践，如教学竞赛等。在实践中，专业课教师可以不断积累经验，提升自身能力。

（三）教师开展课程思政建设缺少交流平台

课程思政的开展，不仅需要专业课教师的努力，也需要整个社会的努力。对"您在融入思政元素、开展课程思政教学时遇到的外部困难有?"时，回答情况见图4-27。

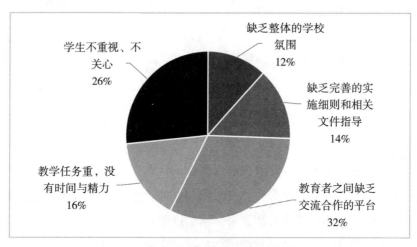

图 4-27　您在融入思政元素、开展课程思政教学时遇到的外部困难？

可以看出，大部分教师认为教育者之间缺乏交流合作的平台，人数占比达到32%。这也是现实存在的问题，课程思政的开展需要在教育者之间搭建平台，便于交流与学习。问到"您觉得导致高校课程思政育人机制构建工作出现问题的主要原因有?"时,回答情况见图4-28。

我们可以看到,8%的被调查者选择了"缺乏强有力的组织领导",34%的被调查者选择了"各部门之间没有形成协同合力",30%的被调查者选择了"没有形成观念上的认同",19%的被调查者选择了"政策、物质基础等支持力度不足"。从调查数据来看,课程思政建设遇到困难的主要原因是没有形成协同合力,课程思政建设缺乏交流平台。

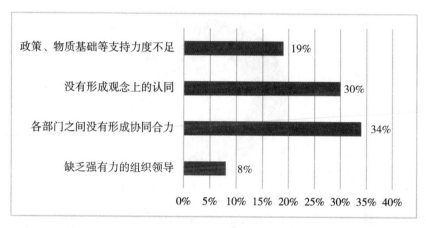

图4-28 您觉得导致高校课程思政育人机制构建工作出现问题的主要原因有?

交流平台的建立,可让更多的教师有机会聚集在一起,交流并分享各自的经验,彼此可以互相学习借鉴。交流平台的搭建,还可以打破一些学术壁垒、学校壁垒、教师之间的壁垒等,让教师可以学习到最新的教育理念、教育技术。

(四)教师对课程思政育人机制构建效果评价不高

考核制度不完善和课程思政协同不强,让专业课教师对协同育人机制构建效果的评价不高,这也成为课程思政与思政课程协同育人的挑战之一。

1. 考核制度不完善

　　问到"您所了解的本校构建课程思政育人机制的措施有哪些?"时，根据我们的调查，30%的被调查者选择了"优化考核评价体系"。在问到"您认为课程思政的立德树人这一核心目标应以何种方式进行考核比较合适?"时，回答情况见图4-29。选择"学生、教师、督导以及社会评价相结合"的被调查者占比达31%。

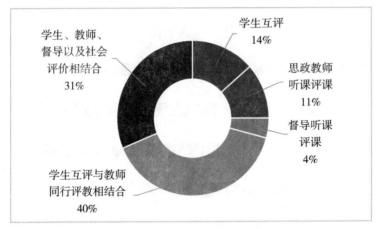

图4-29　您认为课程思政的立德树人这一核心目标应以何种方式进行考核比较合适?

　　问到"您认为对课程思政教学进行评价的内容应包括"时，回答情况见前图4-22。可以看到，23%的被调查者选择了"任课教师是否准确理解课程思政的科学内涵"，21%的被调查者选择了"任课教师是否有自觉的德育意识"，24%的被调查者选择了"教学过程中思政元素与专业知识能否有机融合"，17%的被调查者选择了"任课教师在课堂教学中是否自觉践行师德规范"，15%的被调查者选择了"人才培养效果是否实现"。

　　以上三个问题说明专业课教师对课程思政育人机制构建效果评价不高，课程思政育人机制考核制度仍有待完善。

　　2. 课程思政协同不强

　　问到"您认为在高校课程思政育人机制构建中实现了哪些方面的协

同?"时,回答情况见前图4-14。

30%的被调查者选择了"高校相关部门之间",19%的被调查者选择了"高校行政管理部门与教师之间",21%的被调查者选择了"思政课教师与专业课教师之间",25%的被调查者选择了"高校管理部门、教师与学生之间"。从我们调查的数据来看,协同育人还有待加强。专业课教师开展课程思政建设,需要各个部门、对象之间的协同。课程思政不是独立的一门课程,也不是一项孤立的活动,协同育人是课程思政的内在要求,既需要课程思政与思政课程的同向同行,也需要各类专业课程教师的通力协作。①彼此形成合力,才能推动课程思政向前发展。

三、高校专业课教师课程思政建设存在问题的原因

(一)部分专业课教师对课程思政育人认识不到位、能力不足

2020年5月,教育部印发的《高等学校课程思政建设指导纲要》指出:"全面推进课程思政建设,教师是关键。"因此,专业课教师的水平能力会直接影响课程思政与思政课程协同育人建设,影响课程思政落地及其成效。目前,高校专业课教师课程思政建设存在的问题之一就是认识不到位、能力不足。

1. 部分专业课教师认识不到位

认知对人的行为和行动起着决定性作用。在问到"对于学校的课程思政建设工作,您还有哪些建议?"时,有被调查者表示"课程思政有助于立德树人,但硬性规定教师每节课都要有思政内容从嘴里讲出来有待商榷。难道教师带领学生研究课题,进行实践探索,攻克一个个知识难点和重点的这个过程不是在正面引导学生吗?"我们不难判断该被调查者对课程思政是不支持的。

---

① 朱飞:《高校课程思政的价值澄明与进路选择》,《思想理论教育》2019年第8期,第70页。

在问到"您觉得导致高校课程思政育人机制构建工作出现问题的主要原因有?"时,选择"没有形成观念上的认同"的被调查者占比33%,位居第二(图4-28)。

问到"您觉得课程思政能够同时实现专业教育和思政教育的目的吗?"时,回答情况见图4-30。我们可以看到,仅有68%的被调查者选择了"肯定可以",其余被调查者选择"不容易实现""很难实现"和"不确定"。

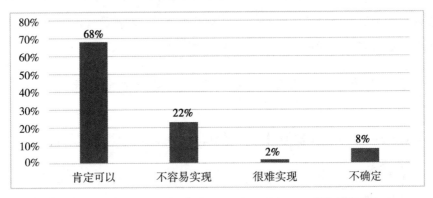

图4-30 您觉得课程思政能够同时实现专业教育和思政教育的目的吗?

总体来说,出现这些问题的主要原因还是专业课教师认识不到位。课程思政的核心是立德树人,在部分专业课教师的认知中,立德树人、育人和引领价值观等都应该是思政课程的责任,专业课只需要将专业知识与专业技能传授给学生,让学生学会一门本领、一项技术,才是专业课的责任。

2. 部分专业课教师能力有待提高

部分专业课教师挖掘思政元素和将思政元素融入课程水平欠缺。问到"如果您认为其存在冲突,那么可能会有哪些冲突呢?"时,回答情况见图4-31。29%的被调查者选择了"对思政元素认识不到位,难以挖掘"。

问到"您认为专业课教学中融入思政元素的难度有多大?"时,我们看到,62%的被调查者表示有一定的难度,13%的被调查者表示难度比较大,

6%的被调查者表示难度非常大（图4-26）。

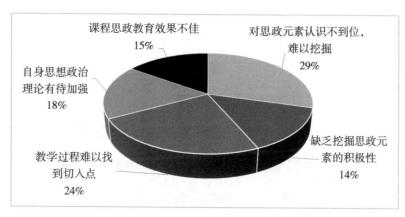

图4-31　如果您认为其存在冲突，那么可能会有哪些冲突呢？

专业课教师在挖掘思政元素时比较单一，容易出现千篇一律、大量雷同现象，导致教育效果差。也有部分专业课教师在融入思政元素时，把握不好度，不够自然，将专业课变为思政课。教师应把握专业知识教育的主体观念，辅以思政教育，不能因为思政教育的融入，而减弱了专业教育的功能。① 专业课在融入思政元素时仍然是专业课，而不能为了融入思政元素牺牲专业课，或者融入生硬导致思政元素无法发挥其作用。

（二）部分专业课程的思政教育元素未能得到充分挖掘

课程思政建设要求之一是对思政教育元素的挖掘，好的课程思政既要求教师能够充分挖掘思政元素，又要求专业课教师将其融入专业教学之中。针对此问题，我们提出了以下几个选项："如果您认为其存在冲突，那么可能会有哪些冲突呢？""您在融入思政元素、开展课程思政教学时遇到的内部困难有？""在课程思政教学中，您最需要获得什么帮助？"回答情况见图4-31、图4-9、图4-32。

---

①　王景云：《论"思政课程"与"课程思政"的逻辑互构》，《马克思主义与现实》2019年第6期，第189页。

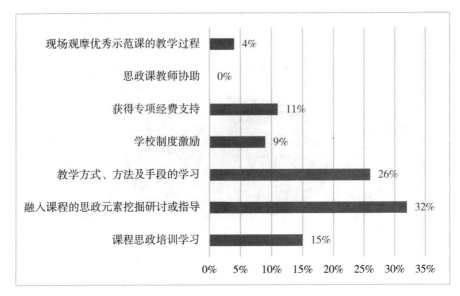

图 4-32 在课程思政教学中，您最需要获得什么帮助？

在第一个问题中，29%的被调查者选择了"对思政元素认识不到位，难以挖掘"，14%的被调查者选择了"缺乏挖掘思政元素的积极性"；在第二个问题回答中，29%的被调查者选择了"缺乏挖掘课程中思政元素的能力"；在第三个问题回答中，被调查者表示最需要获得的帮助是"融入课程的思政元素挖掘研讨或指导"，占比32%，位居第一。

以上三个问题都反映出一个共同的问题，那就是思政教育元素未能充分得到挖掘，主要原因可能是教师能力不足。教师能力缺乏会导致教师无法挖掘思政元素，更别说将思政元素融入专业课程中去。

大部分专业课教师有巨大的科研压力和繁重的教学任务，需要把更多精力投入到专业知识和技能上去，没有多余的精力去挖掘思政元素，去思考课程思政育人方法、手段等。思政元素的充分挖掘要立足于"培养什么人、怎样培养人、为谁培养人"，将立德树人目标落实到各类课程建设中去。既要对专业课教师定期进行相关的培训、学习，定时开展学习讨论会、优秀案例分享学习会来及时提供最新思政资源，不断加强和提高专业课教师挖掘思政元素水平，也要组建课程思政学习讨论小组，为专业课教师提供讨论环境，助力思政元素充分挖掘。

（三）部分高校缺乏课程思政效果考评机制

课程思政效果考评机制极为重要，能够影响到实践开展者的积极性和主动性，但是部分高校缺乏这一效果考评机制。问到"您所了解的本校构建课程思政育人机制的措施有哪些？"时，仅有7%的被调查者选择了"优化考核评价体系"，这反映出高校考核评价体系的缺失（图4-7）。《高等学校课程思政建设指导纲要》指出："在教学成果奖、教材奖等各类成果的表彰奖励工作中，突出课程思政要求，加大对课程思政建设优秀成果的支持力度。"科学和完善的考核评价体系，能让专业课教师开展课程思政建设有章可循。

为了鼓励教师积极参与课程思政建设，学校应建立健全课程思政质量评价体系和激励机制，把教师参与课程思政建设情况和教学效果作为教师考核评价、岗位聘用、评优奖励、选拔培训的重要内容。充分调动专业课教师的积极性，吸引更多有能力的教师加入课程思政的建设中来。效果考核机制的制定必须把人才培养作为评价的首要标准，并落细落实；需要集思广益，征求广大教师的意见与建议，制定出合理有效的课程思政效果考评机制。

（四）部分高校与专业课教师对课程思政重视程度不够

课程思政建设面临挑战，其原因之一就是部分高校与专业课教师对其不重视或者说重视程度不够。对"您认为您所在高校推进课程思政与思政课程协同育人的重视程度是？"时，回答情况见图4-33。

我们看到51%的被调查者选择了"高度重视"，45%的被调查者选择了"比较重视"，4%的被调查者选择了"不重视"。一半左右的高校并未将课程思政建设放在高度重视的地位，甚至出现高校不重视课程思政建设的情况。高校不重视课程思政建设，教师自然也不会过于重视，那么高校就不

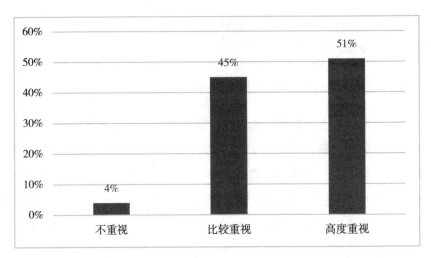

图 4-33 您认为您所在高校推进课程思政与思政课程协同育人的重视程度是?

会形成良好的课程思政建设氛围。在问到另一个问题"您在融入思政元素、开展课程思政教学时遇到的外部困难有?"时，26%的被调查者选择了"学生不重视、不关心"（图 4-27），为什么学生不重视、不关心，其原因之一是教师自身重视程度不够。部分专业课教师思想上不重视，出现了"只教学不育人"的现象。也有部分专业课教师认为学生学好专业知识就够了，并不重视学生的思想政治教育。专业课教师作为课程思政建设的主体，必须从思想上重视思想政治教育，将思想政治教育作为育人的重要目标。

教师既是落实铸魂育人的关键力量，更是彰显思政价值的领军人物，要把对思政元素的科学运用充分彰显在教师魅力上。① 教师在课程思政中发挥着关键作用，教师人格魅力会影响学生的学习态度，学生会因为教师而爱上一门课。教师的知识结构、教学态度、教育水平等都会影响到学生，所以要想课程思政教育效果好，任课教师对课程思政的重视程度显得尤为重要。

态度会影响人们的行为，高校与教师的态度会影响课程思政的建设成

---

① 李东坡：《"课程思政"建设中思政元素的挖掘与运用研究》，《高校辅导员》2020 年第 4 期，第 19~23 页。

效。教师要做到言传身教，用自己的人格魅力去感化学生。只有当学校与教师充分重视课程思政的建设，才能将内在的动力化为外在的实践，才能带动学生对课程思政的理解与建设，形成良好的建设氛围。

专业课教师在进行课程思政建设的过程中，首先要了解并认同课程思政，包括认知认同、情感认同、价值认同、行为认同等，这是推进高校课程思政建设的前提和基础。其次是注重灵活融入思政元素，在专业课教学中尽可能地融入思政元素，但融入思政元素并不是将思政内容生搬硬套，而是根据课程内容巧妙融入，潜移默化地将正确的理想信念传递给学生，将思政元素蕴含的思政价值内化为学生的道德品格，最终实现"双赢"。最后是专业课教师仍需不断提高自身政治素养和教学能力，从本学科出发，加强与思政学科、思政课教师的联系，形成育人合力。

四、思政课教师发挥课程思政协同育人作用的路径分析

（一）思政课教师与专业课教师在课程思政建设中的关系

1. 基于正确的政策引导形成认知共同体

（1）对立德树人的正确认知

习近平总书记高度重视立德树人在我国各阶段教育教学工作中的重要地位和作用，多次强调要坚持把立德树人作为我国教育教学工作的根本任务。立德树人是教育现代化育人功能的核心体现，[1] 是对"人德共生"教育传统的创造性继承和创新性发展。[2]

立德树人的内涵是为国家育人才，为中国共产党育人才。这一内涵可以表现为"培养什么人、怎样培养人、为谁培养人"这三个问题，在当今时代，教师的一切教育活动对于这个问题的答案就是"为国育人，为党育

---

① 陈亮、石定芳：《新时代高等教育现代化的政策逻辑与实践路径》，《高校教育管理》2021 年第 15 期，第 97~106 页。

② 韩丽颖：《立德树人：生成逻辑·精神实质·实践进路》，《东北师大学报（哲学社会科学版）》2016 年第 6 期，第 201~208 页。

才"。无论是思政课教师还是专业课教师都应认识到这一点，明确立德树人的内在价值。而立德树人的外在表现是指导教育活动，作为教育的根本任务，立德树人要求教师按照国家的要求去培养社会所需要的人才。思政课教师与专业课教师要在正确认识立德树人的内涵和外在表现的基础上，形成认知共同体，以更好地落实课程思政。

（2）对我国社会主义办学特色的认知

立德树人是我国教育教学工作的根本任务，而坚持社会主义办学方向，则为立德树人指明了道路。我们的高校是党领导下的高校，是中国特色的社会主义高校。课程思政是高校意识形态工作的重要组成部分，具有鲜明的社会主义大学的性质和特征，体现着社会主义大学的目的性要求。①因此，课题组设计了"影响专业课教师融入思政元素的因素有哪些？"这样一个问题，回答情况见图 4-34。

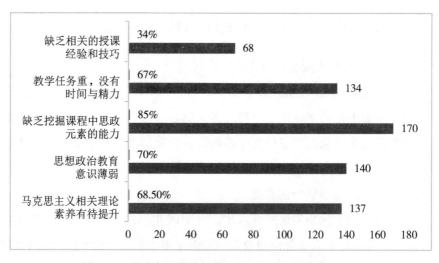

图 4-34　影响专业课教师融入思政元素的因素有哪些？

---

① 敖祖辉、王瑶：《高校"课程思政"的价值内核及其实践路径选择研究》，《黑龙江高教研究》2019 年第 37 期，第 128～132 页。

　　由图4-34可知，68.5%的思政课教师选择了"马克思主义相关理论素养有待提升"，专业课教师都具有深厚的专业理论知识，在专业知识教学上基本不存在问题，但相比思政课教师来说，其在马克思主义相关理论的学习上是处于浅层的，较少有深入的研究。这就要求专业课教师根据自身需要加强政治理论学习，主动学习中国共产党党史、习近平新时代中国特色社会主义思想等政治理论知识，不断提升自身政治素养，以便更好地坚持社会主义办学方向。

　　在课程思政建设中，思政课教师和专业课教师要想将课上出"中国味道""中国特色"，需把握社会主义办学特色，提升自身政治素养、政治水平，向同一个方向发力，形成认知共同体，从而实现育人目标。

　　(3)对"一条主线"和"五大素养"的正确认知

　　《高等学校课程思政建设指导纲要》明确了课程思政建设内容的基本主线，这一主线就是"课程思政建设内容要紧紧围绕坚定学生理想信念，以爱党、爱国、爱社会主义、爱人民、爱集体为主线"，而五大素养即为学生的政治认同、家国情怀、文化素养、宪法法治意识、道德修养。在"思政课程和课程思政应重点关注学生的哪项需求?"这个问题中，思政课教师给出了以下答案(图4-35)。

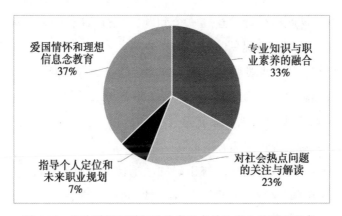

图4-35　思政课程和课程思政应重点关注学生的哪项需求?

如图所示，我们可以看到思政课教师已经明确认识到需要培养学生坚定的理想信念，加强爱国情怀教育，推进社会主义核心价值观进课堂，同时不忘关注学生的文化素养，促进专业知识和职业素养融合，帮助学生进行个人定位。而对于社会热点问题的关注与解读，则极力引导学生了解世情、国情、党情、民情，增强对党的政治认同、思想认同和情感认同。这一系列数据显示，教师们能正确认知课程思政建设的主线任务与五大素养培养需求，并且以此作为自己的教学目标。

在解读"一条主线"和"五大素养"时，思政课教师应充分发挥自身专业性，在思想理论研究上先行一步，从而帮助专业课教师学习相关理论，内化于心，外化于行，落实到具体课堂实践之中。此外，专业课教师基于自身学科领域的解读，可为思政课教师提供新的思考方向。

2. 基于共同的使命意识形成精神共同体

（1）政治信仰要正确

无论对个体还是对组织而言，政治信仰历来是第一位的，特别是社会主义国家的高校，更"应该永远把坚定正确的政治方向放在第一位"[1]。教师的政治信仰，是关系到思政教学方向性的最重要的一环，会直接影响到学生个人理想信念的形成，其主要表现为教师对"应当把何种想法寓于知识传授和能力培养之中"以及"引导学生往何处发展"等重大价值问题的回答。基于此，课题组设计了这样一个问题："思政课教师在课程思政中能起到什么作用？"回答情况见前图4-13。

由图可知，思政课教师对于自己的定位还是比较准确的。作为价值方向的引领者和思政认知的澄清者，这些身份都要求他们的政治信仰必须正确，这是一切工作的基础，只有这样，才能培养出对国家、对党保持忠心，对社会、对百姓怀揣热心的优秀学生。

此外，专业课教师同样要有正确的政治信仰。由教育部《高等学校课程思政建设指导纲要》中提出的"一条主线"可知，课程思政蕴含着国家意

---

① 《邓小平文选》第2卷，人民出版社1994年版，第104页。

识形态的教育任务。正如习近平总书记所指出的："要让有信仰的人讲信仰。"①课程思政对专业课教师也要提出"信仰"的要求。

总之，课程思政对专业课教师的政治信仰的要求，本质上和思政课教师是一致的。基于我国的国情，二者必须要确立马克思主义政治信仰，做坚定的马克思主义信仰者。教师心中有信仰，才能使课程思政达到预期效果；教师心中有信仰，才能帮助学生"扣好人生的第一粒扣子"②；教师心中有信仰，才能成为实现"中国梦"的助力者。

（2）精神品格要正直

要培养学生的政治认同、家国情怀、宪法法治意识、道德修养和文化素养这"五大素养"，首先要求教师本身精神品格的正直。马克思曾说："如果你想感化别人，那你就必须是一个实际上能鼓舞和推动别人前进的人。"③教师在任何时候都要以身作则，自觉践行社会主义核心价值观，为学生创造积极健康、向上向善的环境。

正如前面许多思政课教师在"思政课程和课程思政应重点关注学生的哪项需求?"这一问题的回答中选择了"爱国情怀和理想信念教育"一样，如果想要实现这一目标，最重要的就是在潜移默化中将自己的精神品格渗透到对学生的教育中。

在课程思政的建设过程中，专业课教师与思政课教师应互相监督，始终保持正直的精神品格，从自身的不断完善开始，用自己的知、情、意、行去感化学生，塑造学生良好品行。

（3）价值理念要正向

教师不仅仅是蜡烛，燃烧自己照亮他人，还应当是光，所到之处皆为光亮，为他人照亮前行的道路。培养正向的价值理念需要教师自身增强学习能力，学党史、查国情，因此在回答"以下哪项对增强专业课教师思政意识和能力培养最有帮助?"这一问题时，思政课教师给出了以下的回答（图4-36）。

---

① 习近平：《论党的青年工作》，中央文献出版社2022年版，第187页。
② 习近平：《论党的青年工作》，中央文献出版社2022年版，第278页。
③ 《马克思恩格斯文集》第1卷，人民出版社2009年版，第247页。

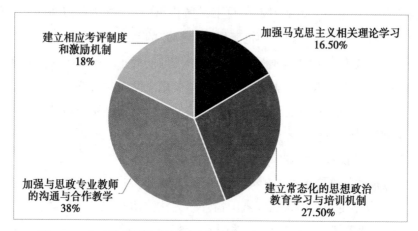

图 4-36 以下哪项对增强专业课教师思政意识和能力培养最有帮助?

16.5%的思政课教师选择了"加强马克思主义相关理论学习", 27.5%的思政课教师选择了"建立常态化的思想政治教育学习与培训机制", 这些都有利于专业课教师端正自己的价值理念。正如古人言: "善之本在教, 教之本在师。"专业课教师自身的价值理念端正, 那么学生的道德品格、价值观念也在无形之中得到了教育与感化。

思政课教师参与课程思政建设中, 应发挥自身作为"价值方向的引领者"的作用, 帮助专业课教师增强自身的思政意识和能力培养, 树立正向的价值理念, 传播正能量, 弘扬主旋律, 以"润物细无声"的方式去影响和培养学生, 从而更好地实现课程思政的教学效果。

3. 基于密切的合作形成实践共同体

(1)同心聚力是基础

2019 年 3 月 18 日, 习近平总书记在学校思想政治理论课教师座谈会上强调: "要完善课程体系, 解决好各类课程和思政课相互配合的问题。"[①]这给课程思政建设奠定了基础, 只有思政课教师与专业课教师同心

① 习近平: 《思政课是落实立德树人根本任务的关键课程》, 人民出版社 2020 年版, 第 27 页。

聚力，方能解决专业课与思政课之间的配合问题，为此，就要求二者能够正确认识到课程思政的必要性。因此，课题组就专业课融入思政元素是否有必要进行了调查，回答情况见图4-37。

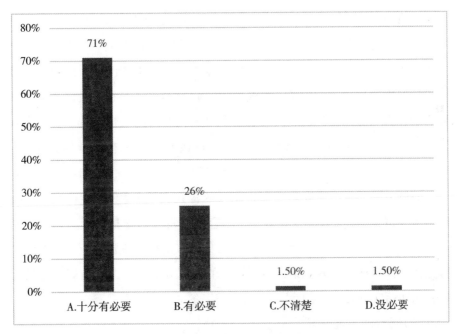

图 4-37　专业课融入思政元素是否有必要？

图中，71%的教师选择了"十分有必要"这一选项，26%的教师选择了"有必要"这一选项，可见他们多已从内心认同课程思政。只有在解决思想、认识、观念等问题的基础上，才能聚力发展。聚力，要求教师们凝聚内生动力，发自内心地去把握课程思政和思政课程的关系。以相同的心，去凝聚相同的力，这是课程思政建设的基础。

（2）同向发力是前提

"向"是指方向，"同向"是指同一个方向。课程思政的建设具有目标性、方向性，即思政课程和课程思政都要秉持社会主义办学特色，坚持立德和树人并重推进的目标。

同向发力首先要做到的就是顶层规划好课程思政与思政课程协同育人的建设目标。在问题"您所了解的本校构建课程思政育人机制的措施有哪些?"中,21%的教师选择了"加强统筹规划,将课程思政建设纳入人才培养方案和课程标准建设",多数学校已经在立德树人这一高度制定好课程思政建设规划。除此之外,12%的教师选择了"加强制度建设",相应的制度建设可以为课程思政与思政课程协同育人提供机制保障(图4-7)。

其次,同向发力需要不断推进思政课程建设。思政课教师作为课程思政建设中价值理念的引领者、实施过程的调控者,要不断加强自身思政课程建设,为专业课教师们提供经验和学习案例。因此思政课教师要讲出新时代中国特色社会主义的底气、志气,打造有温度、有深度的思政"金课"。

最后,同向发力需要落实课程思政的育人实效。《高等学校课程思政建设指导纲要》从七大类专业入手,结合专业特色详细指导了如何在不同专业中融入思政元素,开展课程思政建设。专业课教师要基于自身专业的特色,选择合适的思政元素,运用综合的教育方法,打造有情感共鸣的课程,从而落实课程思政的育人实效。

(3)同行助力是关键

同行助力是指将思政课程和课程思政建设成一个完整的课程体系,既要发挥思政课程对课程思政的积极引领作用,又要发挥课程思政对思政课程的创新助推作用。

在这一完整课程体系中,思想政治理论课需要在价值引领、政治引领、思想引领等多方面切实发挥思政课程的示范作用,在"思政课教师在课程思政中能起到什么作用?"一问中,94.5%的思政课教师已经明确了自己作为价值方向的引领者的身份,为课程思政提供帮助。而在"课程思政与思政课程协同育人机制的开展,给思政教育带来了什么变化呢?"这个问题中,有59%的教师选择了"推动了思政教育的进一步发展",这在一定程度上体现了课程思政对思政课程起到的创新助推的作用(图4-38)。二者之间的协同合作,使得课程思政建设为思政教学赋能,对传统的教育教学模式进行大胆创新和改革，有效拓展教育渠道和丰富教育内容。

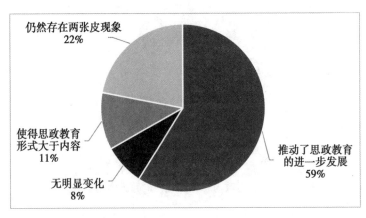

图 4-38　课程思政与思政课程协同育人机制的开展，给思政教育带来了什么变化呢?

(二) 课程思政视域下影响思政课教师发挥协同育人作用的现状分析

当前，全国高校都在响应教育部号召，在校内制定各种政策，组织相关活动推进课程思政建设，但在持续高涨的课程思政建设热潮中，也存在一些令人隐忧的问题，这些问题既涉及课程思政建设的顶层设计，也关乎"最后一公里"的落实，是制约课程思政建设高质量发展的重要原因。在"当前课程思政与思政课程协同育人实施的效果如何?"这个问题中，仅有8%的思政课教师选择了"效果很好"，70%的思政课教师选择了"效果一般"，甚至存在选择了"效果差"的情况(图 4-39)。这值得我们去思考，到底是什么影响了课程思政建设的效果?

1. 思政课教师与专业课教师在课程思政建设上存在理念协同的认识误区

课程思政建设需要专业课程与思政课程同向同行，形成协同效应来构建"三全育人"格局。然而，在回答课题组设置的问题"您对课程思政内涵的了解程度是?"时，仍有2%的思政课教师选择了"不太了解"(图 4-40)。

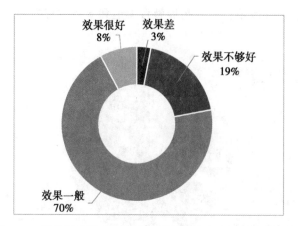

图 4-39　当前课程思政与思政课程协同育人实施的效果如何？

此外，课题组在调查教师们对于课程思政相关政策的了解程度时，也得到了相类似的回答，有 27% 的思政课教师选择了"了解较少"（图 4-41）。

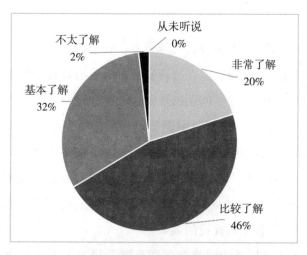

图 4-40　您对课程思政内涵的了解程度是？

可以看出，仍有一部分教师对"课程思政"概念及其相关政策存在认知误区。对"您认为思政课程和课程思政的关系是？"的回答中，有 7% 的人并不认为它们是同向同行、协同合作的关系（图 4-12）。这种观点完全背离了

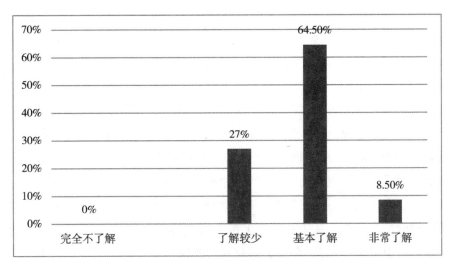

图 4-41 您了解课程思政的相关政策吗?

课程思政的"大思政"视野,有意无意地将两者关系拖入"包含""补充"等刻板机械的陷阱。此外,在"影响课程思政实施效果的主要原因?"中,有18%的思政课教师认为课程思政理念与思政课程强调的内容太相似,易混淆,凸显不出理念的独特性(图 4-15)。

在分析这些误区时,首先,对于课程思政和思政课程二者的相对独立性,我们是不能否定的,应当区分开二者的概念,不可以将课程思政"同质化",使得专业课程教学从学科专业教育领域转向了思想政治教育领域。思政课程与课程思政的协同育人并不意味着后者要向前者"趋同"。同时我们也要认识到思政课程和专业课程的交叉或相通之处,以及它们在德育、智育方向上的统一性。二者之间的关系是一种双螺旋结构,思政课程和课程思政这两条线之间相互交织,最终走向同一目标——"立德"和"树人"。

2. 思政课教师与专业课教师在课程思政建设上存在双向融合的脱节现象

思政课教师相比较整个教师队伍来说数量有限,仅仅依靠他们来进行思想政治教育是远远不够的,这就需要专业课教师的"隐性教育"来补充,在专业课教学过程中让学生自然而然地感受到政治素养的提高以及价值观

133

的升华。而这一切需要思政课教师与专业课教师共同努力，进行双向融合。因此，思政课教师与专业课教师进行双向融合，是符合课程思政建设的必然趋势。但从调查的结果来看，二者的双向融合存在着脱节的现象。

（1）教学理念融合未到位

虽然现在大部分思政课教师与专业课教师已经在教学理念上达成了一致，但仍有一部分教师并没有意识到课程思政的建设需要思政课教师与专业课教师的协同发力。"师者，所以传道授业解惑也"，思政课教师和专业课教师都要认识到教师的本职工作是"传道"，传给的是社会主义接班人，道是社会主义的道。无论是思政课教师还是专业课教师都要认识到这两类课程融合的重要性，从思想高度上接受二者的融合。在"专业课融入思政元素是否有必要？"以及"您认为思政课程和课程思政的关系是？"这两个问题中，仍有小部分教师选择了否定的答案，他们并没有在教学上形成相互融合的意识。

（2）教学内容融合未到位

在育人过程中，思政课程是显性教育，专业课程是隐性教育，二者在内容上可以相互配合，从而更好地完成教育目标。思政课教师不同于专业课教师，课堂内容不一定能很好地结合学生专业进行讲授，这在一定程度上阻碍了思政教育入耳、入脑、入心。而专业课教师并非思政课教师，在课程中很难将思政元素适当地融入其中。在"哪个因素最影响课程思政的教学效果？"这个问题中，调查情况见图4-42。

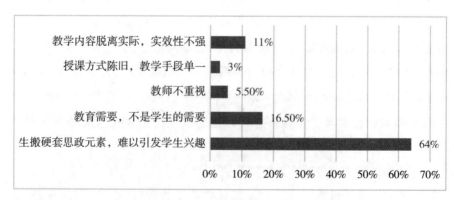

图 4-42　哪个因素最影响课程思政的教学效果？

64%的思政课教师选择了"生搬硬套思政元素，难以引发学生兴趣"，11%的思政课教师选择了"教学内容脱离实际，实效性不强"，这些都暴露出思政课教师和专业课教师在教学上很难形成合力，专业课教师缺乏思政课教师的指导，思政课教师需要专业课教师的配合，只有双向融合，才能实现育人效果。但在现阶段，二者在教育内容上并没有融合到位，仍存在"脱节"的现象。

3. 思政课教师与专业课教师在课程思政建设上缺少桥梁纽带

在课程思政建设中，搭建好思政课教师和专业课教师之间的桥梁纽带，是实现课程思政与思政课程协同育人的重要步骤。但是在调查过程中，我们却发现这一方面存在严重不足。

在"课程思政与思政课程协同育人的挑战主要是什么?"这一问题上，有25%的思政课教师选择了"思政课教师与专业课教师之间交流体制尚未完善"(图4-43)。

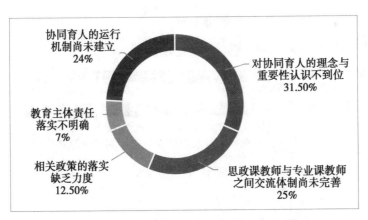

图4-43 课程思政与思政课程协同育人的挑战主要是什么?

可见，在学校课程思政建设过程中，思政课教师和专业课教师进行交流沟通的平台尚未搭建完善。思政课教师与专业课教师分属不同的院(系)，各自都有独立的管理机制和工作机制，无论是横向还是纵向联系都比较少，这就需要提供一个桥梁纽带方便他们之间的互动交流。学校层面应当出面构建平台，促进思政课教师与专业课教师充分交流和探讨，构筑教师协同投身思政教育的互通桥梁。但是在现实情况下，这样的平台并不是每个学校都会投入建设的。一是教师上课时间不同，很难坐下来一同交流，二是安排这样的平台需要耗费时间、人员。频繁开展思政课教师与专业课教师的交流座谈会、建设思政内容知识库，这并不是短时间内就可以实现的，需要多方面力量的统筹安排。因此，搭建思政课教师与专业课教师之间的桥梁纽带这一条课程思政建设之路任重道远。

4. 思政课教师与专业课教师在课程思政建设上缺少必要的机制保障

在"课程思政与思政课程协同育人的挑战主要是什么？"这一问题的回答中，12.5%的思政课教师选择了"相关政策的落实缺乏力度"，24%的思政课教师选择了"协同育人的运行机制尚未建立"（图4-44）。

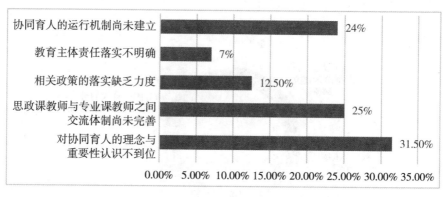

图4-44　课程思政与思政课程协同育人的挑战主要是什么？

这些数据无疑都在告诉我们，思政课教师与专业课教师他们在课程思政建设中缺乏必要的机制保障，而这些都需要学校去努力。高校虽然制定了课程思政的相关制度，但是机构设置是否合理、运作体系是否顺畅、职责划分是否清楚，机制是否完善，这些都会影响教师对课程思政的态度以及课程思政育人效果。在"影响课程思政实施效果的主要原因是？"中，有15%的思政课教师选择了"领导对课程思政不够重视，未能进行整体规划"，有11%的思政课教师选择了"学校缺乏完善的管理机制"（图4-15）。高校育人是一项由多重育人渠道构成的系统工程，需要各部门通力配合、各环节有机协同，① 但很显然，大部分高校还没有形成多方联动、齐抓共管的完善的课程思政育人机制去保障思政课教师与专业课教师参与到课程思政建设中。当然，要想在短时间内建立起一系列切实有效的制度体系也确有难度。这一点在"本校的课程思政建设开展得如何？"中体现得很清楚，仅有5.5%的思政课教师表示开展得很成熟（图4-45）。在未来，如何建立一个完善的机制去保障思政课教师与专业课教师协力推进课程思政，这是一个值得所有高校去思考的重点难题。

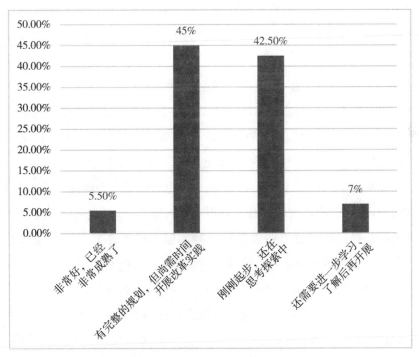

图4-45 本校的课程思政建设开展得如何？

① 叶方兴：《大思政课：推动思想政治理论课的社会延展》，《思想理论教育》2021年第10期，第68页。

（三）课程思政视域下实现思政课教师发挥协同育人作用的路径分析

1. 思政课教师协同专业课教师形成思想共识

课程思政与思政课程协同育人作用要想达到最佳效果，需要回归教师本身。高校的每门课程都具有育人育才功能，每位教师都应承担立德树人的职责，而"三全育人"中"全程育人、全方位育人"的前提就是全员参与、全员育人。

长期以来，专业课教师一直认为思政教育是思政课教师的任务，专业知识传授是专业课教师的事情，这种"分头行动"导致很多思政课教师和专业课教师没能够形成协同育人的共识，甚至有的专业课教师在没有进行详细了解的情况下便将思政教育与"洗脑"画上了等号，这一个个误解与偏见都在阻碍协同育人效果。

因此，在课程思政的建设中，专业课教师应当跳出这一误区，深入了解课程思政的内涵，在思想上达成共识。在回复"您对课程思政内涵的了解程度是"这一问题时，98%的思政课教师都选择了基本了解及以上的程度，这为思政课教师与专业课教师在思想上达成一致奠定了基础。

在此基础上，我们还设计了"实施课程思政的重点在哪里？"这一问题，在选项中设置了"提高教师的育人意识和育人能力"这一选项，有37%的思政课教师选择此项，这表明思政课教师能够意识到育人是课程思政的重点，是思政课教师与专业课教师都应该做到的（图4-46）。教师的本分即为育人，如果脱离开育人这一目标，又何必开展课程思政建设？

此外，思政课教师与专业课教师都需要有协同育人的紧迫意识。在当今新时代背景下，课程思政育人工作不仅受到来自世界多元文化的冲击，更受到时代发展变革下新事物的影响，学生们的思想和行为都发生了改变。无论是思政课教师还是专业课教师都应当抓紧参与到学生的世界观、人生观、价值观的塑造之中，使学生能够在理性的认知下抵御外界风险诱惑，从而实现育人目标。

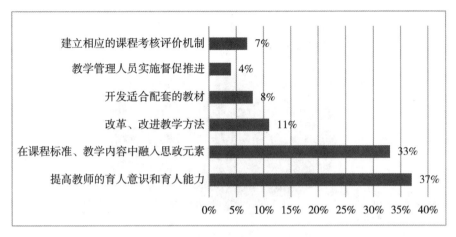

图 4-46　实施课程思政的重点在哪里？

2. 思政课教师协同专业课教师加强课程思政建设

思政课教师应协同专业课教师加强课程思政建设，首先，要坚持思政元素进课堂。现如今，思政教育多存在"课堂效果差、被动学习"等一系列问题，这就需要各大高校积极推动思政学习进课堂活动。因此，课题组设计了"如何更好地把思政教育融入课程体系？"这一问题，并设计了多个选项。

由图 4-47 可知，45%的思政课教师认为应当"深化思政元素与教学内容的有机结合"，如何在课堂中将思政元素巧妙地与专业内容相融合，是课程思政建设的一大难点，也需要多个维度的配合。思政课教师要时常与专业课教师交流，传授经验；作为课堂主讲人的专业课教师要不断去挖掘本专业的思政元素，将课堂讲得更具趣味性、灵活性；学校应按照专业特色，由点及面逐步推进课堂改革。除此之外，思政元素不仅要进"第一课堂"，还要进"第二课堂"，即除了课堂教学以外的育人实践活动。将"第一课堂"与"第二课堂"这两种教学模式打通，可以让课程思政建设"活起来"。

其次，要想加强课程建设，还需要让思政元素进教材。高校课程中，除思政课程采用"马工程"教材外，很少有专业课采用带有思政元素的教

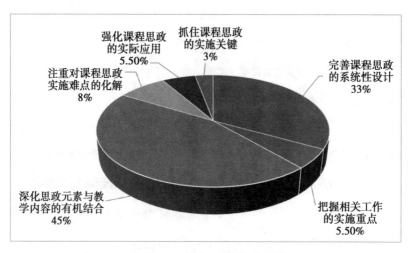

图 4-47 如何更好地把思政教育融入课程体系？

材。之所以会出现这一点，一是因为专业课教材多为传授专业知识，如何选择相适应的思政元素融入进来是一道难题。二是缺乏有能力可以编写出既包含思政元素，又富含学术知识的教材的相关专家。因此，需要探索新思政资源，开发出适合配套的新教材。在"实施课程思政的重点在哪里？"这一问题中，有 8% 的教师选择了"开发适合配套的教材"（图 4-46）。

而想要做好这一点，就需要思政课教师参与到专业课教材编写之中，可由高校牵头组织调研会、讨论会、专题会等，交流与学习最新的思政资料，相互成长、相互奋进，从而推动更有深度与广度的新思政内容进教材。

最后，课程思政建设的最重要的一步就是推动思政内容进头脑。理想信念是一个人排除万难的精神支柱，是一个国家繁荣昌盛的压舱石，是一个民族经久不衰的定海神针。[1] 要想让思政内容进头脑，需要思政课教师、专业课教师以及学校高层从思想意识、体系格局构建上实现高校思政教育的常态化，推动考核与反馈机制融入高校思政"大格局"中。在"思政课程

————————

① 陈姝彤：《坚定理想信念的三大"法宝"作用——通过党史学习教育补足精神之"钙"》，《中学政治教学参考》2022 年第 15 期，第 25 页。

与课程思政协同育人应从以下哪几个方面着手开展工作?"这个问题中，回复情况见图4-48。

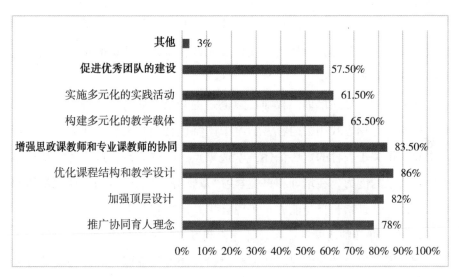

图 4-48　思政课程与课程思政协同育人应从以下哪几个方面着手开展工作?

82%的思政课教师选择"加强顶层设计"这一选项。从顶层设计出发，各高校应以课堂质量、学生思想政治状况、课前与课后对比反馈情况等多方面作为评价，建设立体化、多方面、高层次的考核机制，提高思政元素在学生中的吸引力。

3. 思政课教师协同专业课教师提升教学能力

在课程思政调研过程中，我们发现专业课教师在专业研究上较深入，但在关注社会发展上显得普遍不足，使得课程思政的实施效果并不是很好。这侧面反映了专业课教师在课程思政能力上的欠缺。能力是行动的基础，教育者要先受教育。学校应当加强对教师开展课程思政的相关培训，思政课教师也应在这个过程中给予专业课教师帮助。因此，课题组设计了"以下哪项对增强专业课教师思政意识和能力培养最有帮助?"这一问题(图4-36)。

思政课教师在课程思政中可起到"价值方向的引领者""思政认知的澄清者"这一系列作用，对专业课教师能力提升提供切实的帮助。学校应当积极组织相关培训，让更多思政课教师参与到专业课教师思政能力培养中，进行交流互动，传授思政教学经验。专业课教师不仅要学会如何挖掘思政元素，还要掌握教学技巧，让思政元素在融入专业课时不再生硬，这是做好课程思政的关键。

此外，除了加强培训，教师自学也是提升个人能力的一种途径。教师自主去学习课程思政相关内容，学习中国特色社会主义理论成果，学习习近平总书记关于教育的重要论述，学透重点、吃透难点，这样才能从根本上提升自己的能力。在培训和自主学习"双管齐下"后，教师们还要注重总结和反思，这是增长自身能力，实现自我提升的重要环节。

4. 思政课教师协同专业课教师完善制度保障和体制建设

完善课程思政的制度保障和体制建设，能够保证课程思政建设持续推进，激发教师课程思政建设的内在动力，从而提高思想政治教育的效果。

要建设完善的课程思政体制机制，首先学校党委要做好顶层设计，进行统一领导，以学校宣传部为协调部门，各个二级学院参与进来，作为课程思政建设的基础单位，而马克思主义学院则为牵头单位，形成各部门共同参与的合力格局。在此过程中，思政课教师可以发挥自己"实施过程的调控者""总结评估的把关者"的作用。

思政课教师主要从以下方面进行协同：

一是配合高校党委发挥对课程思政的指导作用。作为课程思政的责任主体，高校应当做好顶层设计的整合、相关保障制度的建立、专项建设资金的拨付、优秀教师团队的组建等一系列工作，从多方面多层次把关，推进课程思政建设力度。而思政课教师作为教师团队的一分子，应当积极配合学校的领导，参与各项工作。

二是发挥思政课教师作为"实施过程的调控者"的作用。为了使专业课教师上好新时代带有"思政味"的专业课，思政课教师要参与到校内外思政资源的整合中，帮助建立"课程思政"资源统筹机制，协助其他二级学院制定人才培养方案，指导专业课教师将思政元素融入教学大纲中，从而确保专业课教师在实施课程思政时能够将知识传授、价值引领同步推进。

三是发挥思政课教师作为"总结评估的把关者"的作用。高校课程思政体制机制建设中必不可少的一环就是建立科学有效的评估体系。在课程思政建设中，思政课教师相比专业课教师显得更为专业，能够更好地指导评价专业课教师的教学效果。因此，思政课教师要主动参与到制定课程考核体系中，提供相关经验，从而使课程思政的考核评价落到实处。此外，将课程思政的成效与专业课教师的教学质量考评、升职评优挂钩，能确保专业课教师全力投入到课程思政建设中。

五、高校大学生对课程思政建设认识的实证分析

（一）高校大学生对课程思政认识调查

1. 问卷设计

本次调查主要采取问卷调查的方式，并采用课题组编制的《高校课程思政与思政课程协同育人问卷调查表（学生版）》展开调研。本次问卷分为两大部分，第一部分为学生个人基本情况，设计 4 个简单问题，以此来了解受访者的性别、受教育程度、政治面貌以及专业。第二部分为具体的调研内容。该部分共设计了 30 个问题，包括五个方面的内容：一是高校思政课程育人取得的成效，二是高校课程思政育人取得的成效，三是高校课程思政育人存在的问题，四是高校课程思政育人存在问题的原因，五是高校课程思政与思政课程的关系。

2. 问卷调查

本次调查共发放问卷 700 份，并全部回收，有效率为 100%。学生的专业分布如表 4-1 所示：

表 4-1　调查样本学生专业分布情况

专 业 分 类	频数(人)	百分比(%)
文学、历史学、哲学类	100	14.3
经济学、管理学、法学类	100	14.3
教育学类	100	14.3
理学、工学类	100	14.3
农学类	100	14.3
医学类	100	14.3
艺术学类	100	14.3

本次问卷采取入班的形式，即调查员挑选各专业的班级进行问卷调查，调查员在班级选取时充分考虑该班的学生人数和课程情况。在整个调查过程中，我们对问卷填写过程作了相对严苛的把控和要求，调研员在受访者填答完毕后及时浏览，检查问卷的填答情况，尽量避免因为写漏题等引起的样本误差。同时，有意识地对各类调查对象分布作了配额要求，以确保调查样本的真实可靠性、全面详实性和典型代表性。问卷填写结束后现场回收。

(二)高校学生对课程思政认识实证分析

本部分分为三个方面的内容，分别为高校课程思政育人取得的成效、高校课程思政育人存在的问题以及高校课程思政育人存在问题的原因。

1. 高校课程思政育人取得的成效

(1)大学生对课程思政教育理念认知加深

在 2016 年全国高校思想政治工作会议上，"课程思政"的理念被明确提出。习近平总书记在会上指出，高校要坚持把立德树人作为育人的中心环节和根本任务，同时，把思想政治教育工作贯穿于教育教学过程中，以实现全程育人、全方位育人，进而开辟我国高等教育事业发展新局面。

近几年来，高校对"课程思政"的重视程度日益加深，不仅对各专业的任课教师在授课方面提出要求，在对大学生的宣传方面更是下了很大功夫，各专业课教师在授课过程中融入思政元素，要求学生在掌握专业课知识和技能的同时，进行相应的思政实践；四门思想政治理论课进一步解释和深化"课程思政"理念，使得大学生加深了对课程思政教育理念的理解。

在回答"你认为高校思想政治理论课的地位是?"这个问题时，学生认为"非常重要"的占61%，认为"比较重要"的占36%，认为"没有必要"的占3%(图4-49)。

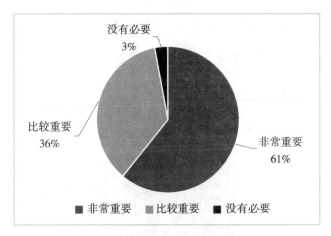

图4-49 你认为高校思想政治理论课的地位是?

由此可见，大学生对开设四门思想政治理论课的认可程度较高，普遍认同思政课的重要性。另外，"课程思政"教育理念的贯彻，体现在课程思政与思想政治教育课程协同育人上，因而大学生们对思政课的认可程度，也可以从侧面反映出其对"课程思政"理念的认知程度。

仅了解大学生群体对"课程思政"理念的态度还不足以衡量其认知的程度，还需要更明确的指标来量化。基于这一考虑，课题组设计了这样的问题："你了解'课程思政'这一概念吗?""你对'课程思政'相关政策的了解程度是?"调查结果见图4-50、图4-51。

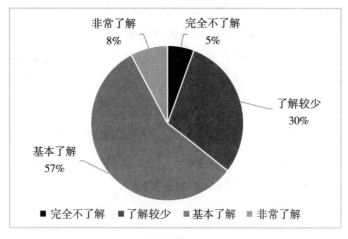

图 4-50　你了解"课程思政"这一概念吗？

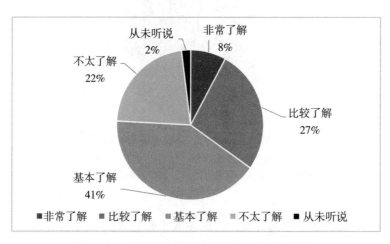

图 4-51　你对"课程思政"相关政策的了解程度是？

可以看出，绝大多数学生对"课程思政"理念有所了解，回到 2014 年，大学生对于"课程思政"这个新兴事物几乎没有概念，到现在几乎所有学生都有一定的了解，这表明大学生对课程思政的认知逐步加深。大学生了解"课程思政"的相关理念是学校乃至国家推行课程思政的必要前提，只有当受教育群体真正理解和认识到课程思政的重要性时，立德树人的根本性目标才能实现，所以课程思政的推广与学生群体对其的认同是分不开的，两者是相辅相成的关系。

（2）大学生的思想素质不断提升

社会的发展进步，对人才的要求越来越高，希望培养出"德智体美劳"全面发展的社会主义建设者和接班人。大众越来越重视思想素质的培养，而大学生作为经济建设、政治建设、文化建设、社会建设和生态文明建设的主力军之一，必然被要求具备更高的思想素质，所以各高校也格外注重思想素质的培育，其中课程思政就是促进大学生思想素质提升的重要法宝，四门思政大课是助推其思想素质提高的重要阵地。在问到"你在思政课课程修读后的收获情况"这个问题时，学生的回答见图4-52。

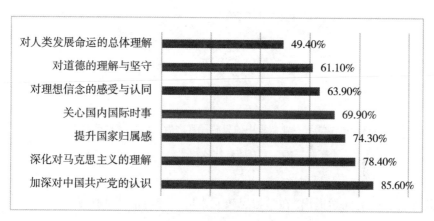

图4-52　你在思政课课程修读后的收获情况

从图中可以看出所有同学在学完思政课后都有一定的收获，其中最为显著的收获是加深了对中国共产党的认识，对中国共产党认识的深化，有助于同学们加强对马克思主义的理解，提升自身对国家的归属感。

在问到"通过学习专业课程中的思政元素之后，你觉得自己在思想认识方面有什么转变？"这个问题时，学生的回答见图4-53。

在统计图中，绝大部分同学觉得自己在学习专业课程中的思政元素后，自身思想认识有所提升，其中46.4%的同学认为自己深化了对本专业的认知，增强了对本专业的认同感，27.7%的同学对职业素养的理解加深，48.4%的同学更加坚定对党和国家的信念，增强了自我责任感和使命感。

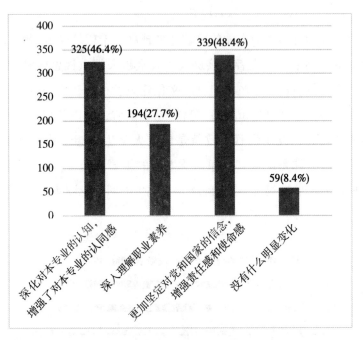

图 4-53 通过学习专业课程中的思政元素之后，你觉得自己在思想认识
方面有什么转变？

此外，还有的同学提出"在学习思政元素后，理想情怀油然而生"等。

（3）大学生的政治立场总体坚定

政治立场是指在观察和处理实际问题时，对待社会政治生活、社会政治制度以及社会意识形态的根本态度。在我国，政治立场坚定与否，一定程度上决定了是否具备一位合格的中华人民共和国公民的基本素养。大学生是民族的未来和希望，是国家的中流砥柱和中坚力量，因此，必须要求大学生的政治立场坚定，即做到热爱祖国，拥护四项基本原则及立志为社会主义事业服务等，基于此，课题组设置了"你认为自身的政治立场是否坚定？"这个问题进行调查，调查结果见图 4-54。

从图中可以看出，95% 的同学政治立场坚定，只有 5% 的同学认为自身政治立场有所偏移。当下社会，各种信息良莠不齐，充斥着各种诱惑和挑战，大学生们坚定政治定力、站稳政治立场显得格外重要，其一要培养学

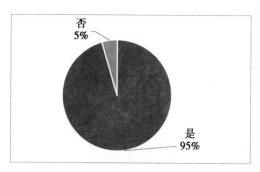

图 4-54 你认为自身的政治立场是否坚定?

生明辨是非对错的能力, 始终坚持以习近平新时代中国特色社会主义思想为指导思想和行动指南, 端正政治态度; 其二要怀有博大的人文胸怀和道德情操, 践行党和政府"为人民谋幸福, 为民族谋复兴"的初心使命。

(4) 大学生的行为倾向持续向好

马克思主义理论是我国的指导思想, 其坚持理论与实践相结合, 认为理论与实践相辅相成, 两者缺一不可, 是辩证统一的关系。大学生在学习过程中, 也应当遵循这一基本准则。课题组设计了"通过学习专业课程中的思政元素之后, 你觉得自己个人行为方面有什么改变?"这一问题, 回复情况见图 4-55。

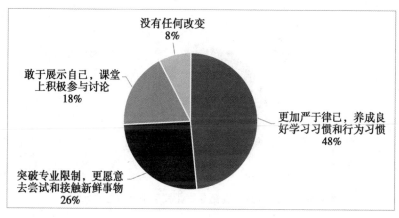

图 4-55 通过学习专业课程中的思政元素之后, 你觉得自己个人行为方面有什么改变?

在这一问题中，我们设置了四个基本选项，包括"更加严于律己，养成良好学习习惯和行为习惯""突破专业限制，更愿意去尝试和接触新鲜事物""敢于展示自己，课堂上积极参与讨论"以及"没有任何改变"。调查结果表明，超过90%的同学认为个人行为方面有所改变，改变最为明显的体现在学习习惯和行为习惯上。

2. 高校课程思政育人存在的问题

（1）部分学生对课程思政存在认知偏差

大学课程具有传授专业知识技能以及思想政治教育的双重功能，对于塑造大学生的世界观、人生观和价值观具有重要的作用，因此各专业课程是课程思政建设的基本载体。国内大学专业大致可以分为七类，在七大类专业中偏文的几类专业如文学、历史学、哲学等对课程思政的实践效果更显著，而理学、工学等偏理专业的实践效果一般，并且在实施过程中存在较大的难度，主要原因有两个方面，第一，理工类等专业课程基本建立在对事物的客观认知上，注重掌握事物的客观规律，忌加入自身主观意志和想法；第二，理工类等专业课程侧重于对专业知识和技能的掌握与实际运用，要求学生遵守特定的流程和规范，不涉及思想政治教育的知识。在这两大原因的影响下，理工科类学生对课程思政有一定的排斥。在问到"你是否愿意接受专业课教学中融入思政元素？"这一问题时，回答情况见图4-56。

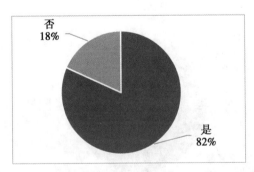

图 4-56　你是否愿意接受专业课教学中融入思政元素？

82%的同学认为自己能够接受在专业课教学中融入思政元素，但仍有18%的同学不希望专业课程中添加思政元素。可以看出，大部分学生对于课程思政必要性的认知是准确的，少部分同学对课程思政认知存有偏差。

（2）学生的主体性与参与感有待提升

基于社会快速发展的大背景，社会大众的思想意识在不断变化、发展，新时代学生对自由和权利的期望更高，更注重发表自己的观点和看法；同时，以教师为课堂主体、学生为课堂客体的传统教育思想被逐步抛弃，取而代之的现代教育理念坚持以学生为教学主体，教师为教学主导，明确学生在教育教学过程的主体性地位，主张让学生参与和主导课堂。教育部颁布的《高等学校课程思政建设指导纲要》指出，全面推进课程思政建设是落实立德树人根本任务的战略举措，所以我们应当在课程思政教学中发挥学生的主体性，增强学生的参与感。

在回答"在上专业课过程中，你的老师多使用哪些方式将思政元素融入专业课？"这个问题时，选择"以教师讲授为主（如讲故事、宣读政策文件等）"占57.9%，选择"开展互动讨论（如课堂讨论、分组汇报等）"占38.3%，选择"多媒体资源分享（纪录片、相关书籍等）"占33.6%，选择"其他"者占0.7%，见表4-2。

表4-2 在上专业课过程中，你的老师多使用哪些方式将思政元素融入专业课？

选 项	频数（人）	百分比（%）
以教师讲授为主（如讲故事、宣读政策文件等）	405	57.9
开展互动讨论（如课堂讨论、分组汇报等）	268	38.3
多媒体资源分享（纪录片、相关书籍等）	235	33.6
其他	5	0.7

调查结果表明，在教学过程中，超过半数的教师主要采取讲授法教学，引导学生从教材或资料中获得感悟，这导致教师的"教"与学生的"学"泾渭分明。同时，学生在教育中的主体地位无法显现，无法自主学习以掌

握知识，导致学生的课堂参与感不强，学习主动性和积极性较低。与之相反，国家要求在教育教学活动过程中，要充分认识到学生作为受教育者是教育的主体，而教师作为教育者在教学活动中起主导的作用，目的是引导学生对教学的主要内容加以理解和掌握，而且教师应当树立正确的教学观，即学生是自我发展的主体，学生是不断发展的个体，学生应当获得全面的发展，学生发展应当具有个性化。调查的实际结果与教学期望目标相悖，学生在课程思政教学中的主体性和参与感有待进一步提升，专业课教师也应当更加重视学生教学主体地位，采用以学生为中心的教学法，激起学生的学习兴趣。

（3）学生的成长与获得感有待提高

《高等学校课程思政建设指导纲要》指出："培养什么人、怎样培养人、为谁培养人是教育的根本问题，立德树人成效是检验高校一切工作的根本标准。"各高校在教学中应当树立以学生为中心的教育理念，将提升学生成长发展的获得感作为教育的出发点和落脚点，教育的目的就是让学生学会知识、掌握技能，最终成为"德智体美劳"五位一体的社会主义新青年。因此，学生的成长与获得感在教育教学中十分重要。在问到"你上完思政课程之后是否能够感受到思想、态度、价值观的提升？"时，学生回答情况见图4-57。

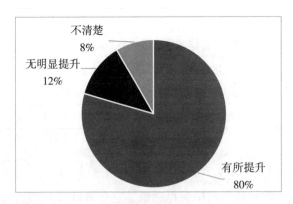

图 4-57　你上完思政课程之后是否能够感受到思想、态度、价值观的提升？

调查结果显示，认为思想、态度、价值观"有所提升"的占80%，认为"无明显提升"的占12%，认为"不清楚"的占8%。虽然大多数同学觉得自己在上完思想政治教育课程后明显感觉到自身思想、态度和价值观有所提升，但仍有部分学生未能明确感受到思想、态度和价值观的变化。

在问及"是否有将其他课程所学的理念或者概念融入思政课学习中?"时，学生回答情况见图4-58。

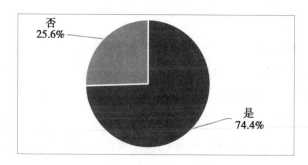

图4-58　是否有将其他课程所学的理念或者概念融入思政课学习中?

从图中我们可以看到，大概四分之一的同学未能将其他专业课所学的理念或概念应用于思政课的学习中，表面上看好像是学生不懂得灵活变通和实际运用，但从另一方面也表明，学生对于课程中的某些理念或概念并没有做到充分掌握和理解，换句话说，就是学生只了解到这部分知识的表层，对于其具体内涵和深层作用并没有完全弄明白，无法将其转化应用于思政课的学习中。

在问及"在教学内容方面，你觉得专业课教师开展课程思政应如何改进?"时，学生回答情况见表4-3。

表4-3　在教学内容方面，你觉得专业课教师开展课程思政应如何改进?

教学内容的改进	频数（人）	百分比（%）
紧随时事政治，增强时效性	316	45.1

续表

教学内容的改进	频数（人）	百分比（%）
紧扣专业内容，提高贴合性	197	28.1
理论联系实际，解答大家关心的重点、热点问题	290	41.4
结合本校特色，深入挖掘思政内涵	161	23
其他	6	0.9

调查中，超过40%的同学认为专业课教师在开展课程思政时应当注重理论联系实际，解答同学们关心的重点、热点问题，这一结果表明，在平时的教学活动中，专业课教师不太侧重于这方面的教学，但是学生成长发展的获得感恰恰就是来源于这方面的学习。一般来说，获得感包括客观层面的获得和主观层面的感受两个基本维度，首先，客观获得感包括物质获得和精神获得两方面；其次，主观感受与获得感、满足感和幸福感相联系；学生认为理论联系实际很有必要，就是期望从教师那里获得更多的社会经验和技巧，从而为之后能更好地学习和工作作好应对的准备。而专业课教师在教学时并没有注重于理论联系实际这方面的工作，导致学生成长发展中的获得感不足。

（4）教学效果与学生教育愿望存在差距

新时代的学生对教师抱有很高的期待，同时，由于社会的快速发展，人们获取资源变得更加方便和迅速，学生见识了网络信息的丰富和精彩，所以希冀教师们的授课同样精彩；若教师的教学能力没有达到学生内心的期待，可能会使学生的学习积极性下降。

因此，为了调查课程思政实际的教育教学效果，课题组编写了"你如何看待专业课教师融入思政元素的授课形式？"这一问题，并给予三个选项：授课形式呆板单一，生搬硬套；授课形式比较一般，不能有机衔接知识点；授课形式灵活多样，结合PPT、视频、讨论、实践等方式调动学生的参与性，调查结果见图4-59。

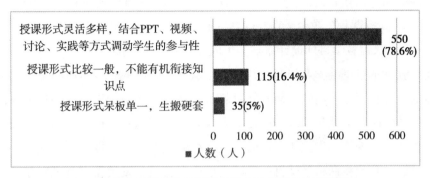

图 4-59 你如何看待专业课教师融入思政元素的授课形式？

可以看到，78.6%的同学认为专业课教师的授课形式是灵活多样的，但少部分同学认为教师的授课形式单一、普通，没有达到自己的期待值。

同时，为便于更好地了解学生对专业课教师的期待，调查问卷中设计了"在教师能力方面，你觉得专业课教师开展课程思政应增强哪些能力？"这一问题，调查情况见图4-60。

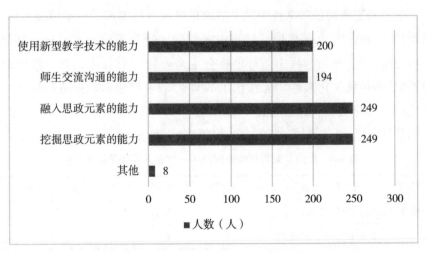

图 4-60 在教师能力方面，你觉得专业课教师开展课程思政应增强哪些能力？

数据表明，学生对于专业课教师在挖掘思政元素的能力、融入思政元素的能力、师生交流沟通的能力以及使用新型教学技术的能力等方面均有

155

更高的期待，换句话说，学生对于教师的教学水平有更高的要求和憧憬。

3. 高校课程思政育人存在问题的原因

(1)课程教学目标设计需与学生成长发展需求对接

教学本身围绕学习展开，教是为学服务的。因此，教学应当出于学的目的设计教育主体内容，而不能只停留于教师感兴趣的层面。课程思政的新型教学模式，就是围绕全面提高人才培养能力这一关键点，助推高校教育教学中心围绕学生主体，从而实现立德树人的本质目标。要实现这一本质目标，必须将课程教学目标设计同学生自身成长发展需求合理对接，以此提高课程思政育人实效。教育部制定的《高等学校课程思政建设指导纲要》指出，课程思政建设内容需要牢牢把握学生的理想信念，把热爱中国共产党、热爱祖国、热爱社会主义、热爱人民、热爱集体作为主线，并且侧重于政治认同、家国情怀、文化素养、道德修养以及宪法法治意识等重点，来优化课程思政的内容供给，进行系统的中国特色社会主义和"中国梦"教育、社会主义核心价值观教育、法治教育、劳动教育、心理健康教育、中华优秀传统文化教育。

为了调查各高校对文件中提出的课程思政目标要求的落实情况，课题组设计了"你的专业课在授课过程中一般融入哪些思政元素?"这一问题，选项包括"习近平新时代中国特色社会主义思想""社会主义核心价值观""中华优秀传统文化教育""宪法法治教育""职业理想和职业道德教育"以及"其他"六个方面，结果见表4-4。

表 4-4 你的专业课在授课过程中一般融入哪些思政元素?

思 政 元 素	频数(人)	百分比(%)
习近平新时代中国特色社会主义思想	548	78.3
社会主义核心价值观	567	81
中华优秀传统文化教育	522	74.6
宪法法治教育	383	54.7
职业理想和职业道德教育	391	55.9
其他(请说明)	10	1.4

表格中的数据表明，专业课教师在授课过程中融入习近平新时代中国特色社会主义思想、社会主义核心价值观以及中华优秀传统文化教育这三方面的思政元素较多，相比之下，对于宪法法治教育以及职业理想和职业道德教育的重视程度略低。当今是一个法治社会，学生们应该具备基本的法律素养，拥有法治意识，同时具有运用一定法律手段维护人身权利的能力，这是作为社会主义好公民的前提保障。而职业理想和职业道德教育，是养成学生职业道德基本素养的主要途径，良好的职业道德素质是职场的敲门砖。因此，宪法法治教育和职业理想和职业道德教育与学生的成长发展息息相关，课程思政的教育目标也应涵盖这两方面的内容。

（2）课程教学过程中思政元素挖掘需要与育人资源融合

在素质教育全面发展的当代社会，课程教学需要明确思维价值塑造、实际能力培养以及教学知识传授三个主要方面的教学目标。因此，专业课教师需要深入挖掘蕴藏在课程中的思想政治教育元素，一方面与课程本身知识点相结合，另一方面与时事热点相结合，以此实现专业教学目标和德育教学目标，将思想政治教育元素有机融入专业课程的授课过程中，做好全方位的课程思政教育教学，取得良好的育人实效。而课程思政育人实效的关键，在于挖掘的思政元素是否与育人资源相融合。

对于"你如何看待专业课教师在教学过程中所挖掘的思政元素？"这一问题，课题组设置了"思政元素陈旧老套""思政元素重复""思政元素新颖，紧跟时代热点""思政元素脱离课程"以及"思政元素贴合课程"五个选项，回答情况见表4-5。

表4-5　你如何看待专业课教师在教学过程中所挖掘的思政元素？

对专业课教师挖掘的思政元素的看法	频数（人）	百分比（%）
思政元素陈旧老套	28	4
思政元素重复	58	8.3
思政元素新颖，紧跟时代热点	475	67.9
思政元素脱离课程	15	2.1
思政元素贴合课程	167	23.9

从表 4-5 中可以看出选择"思政元素新颖，紧跟时代热点"这一选项的同学较多，超过一半人数；接下来有 23.9% 的同学认为专业课教师在教学过程中所挖掘和融入的思政元素贴近课程；从这两组数据我们可以得出结论，大部分专业课教师在具体实施课程思政包括挖掘和融合思政元素时，取得了良好的实效。但是仍旧存在少数教师挖掘的思政元素陈旧老套、重复以及脱离课程的情况，这影响了高校课程思政育人的实际效果。在挖掘课程思政元素的过程中，专业课教师应当按照课程所属的具体学科和专业进行挖掘，各类课程思政育人作用的发挥要以本专业的背景为依托，挖掘其中所蕴含的奋斗精神、爱国精神等思想政治教育元素，最终使其内化为学生的价值追求，同时外化为学生的具体行动。

除了贴合专业课程之外，结合国际国内时事政治进行挖掘，也是思政元素与育人资源有机结合的重要一环。当代大学生拥有高涨的政治参与热情，他们对于国际国内的时事和社会热点问题关注度较高，并且会对相关时事进行思考和判断，提出自己的想法。因此，教师在挖掘课程中的思想政治教育元素时，应将其放在全球大背景下，结合时事资源，培养学生明辨是非的能力，塑造学生的世界观、价值观和人生观，教导学生对具体问题应进行具体分析，同时尽量采用积极正向的时事资料，这有助于提升学生的社会责任感和民族自豪感。

（3）课程教学方法需要更有效的教学创新手段与方式

课程思政是指在各专业课程中融入恰当的思想政治教育元素，从而使学生在掌握专业知识的同时，提高思想道德素养，即从全面发展的角度培养学生。而要充分发挥课程思政的实效性，需要平衡好教育的基本要素，其中教育者、受教育者、教育内容和教育手段是实现教育功效不可或缺的四个要素，且教育结构不是这四个基本要素的简单相加，它们是有机运行发展的整体，相互影响、相互促进、相辅相成。四者中教育者与受教育者是教育的主体，而教育内容和教育手段是教育者与受教育者认识教育活动的客体。因此，课程思政作为一种创新型教育理念，同样需要把握好四大基本要素，仅有好的教育者、受教育者以及丰富的教育内容是不够的，还需要更有效的教学创新手段与方式，以优化和完善课程教学方法。

为此，课题组成员编写了"在教学方式方面，你觉得专业课教师开展课程思政应如何改进？"这一问题，来调研当下学生们期待的教学方式和方法，调查结果见图4-61。

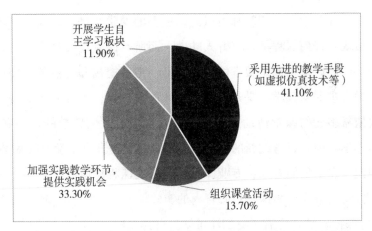

图4-61　在教学方式方面，你觉得专业课教师开展课程思政应如何改进？

图中，有超过40%的同学希望专业课教师在开展课程思政时可以采用更先进的教学手段，例如虚拟仿真技术等。当代社会是一个信息飞速发展的时代，人们已经无法离开信息大数据以及电子产品，同时为顺应时代潮流，越来越多的电子信息技术被实践于学校教学中，大量的电子学习产品也应运而生。然而教学观念的转变并非一朝一夕，更多教师会局限于使用简单的多媒体教具来辅助教学，对于更现代化的多媒体教学手段和工具存有畏惧心理。造成这一问题的原因，一方面源自教师自身的不自信，担忧自己无法有效使用新型教学产品，另一方面则认为过于多样的教学手段，会影响学生学习的稳定性。然而经过我们的调查，学生们期望可以接触更丰富的教育方式，且对于新式教学用具有较高的接受度，所以教师可以充分利用虚拟仿真、微课等现代化多媒体教学手段，开展线上线下相结合的混合式教学，合理发挥多媒体技术的优势作用。

此外，"加强实践教学环节，提供实践机会"仅次于"采用先进的教学手段"，有33.3%的学生进行了选择。事实上，加强实践教学，对于巩固理论知识，加深理论认识以及提升解决实际问题的实践能力和水平具有重要作用。开展课程思政时，适当设计实践教学环节，给予学生实践机会，可以增强其科学育人的实效。

还有一部分学生希望教师可以组织更多的课堂活动，以及开展学生自主学习板块。任何课程都具有育人功效，而所有课堂是实现育人功效的主要途径，因此课堂永远是教学的主要阵地。把所挖掘和打磨的思想政治教育元素融合进课堂教学，是开展课程思政的重难点，而要合理实现其功能则需要依靠多元的课堂活动。而指导学生自主学习是教学的延伸和补充，可以培养学生独立思考创新的能力和思维，以及提升自主学习的水平。

因此，在学生们看来，专业课教师在开展课程思政时应当运用更丰富的教学方式，进而提高课程思政育人的实效。

(4)课程教学评价需要更加注重学生自身发展

大部分学校会安排一学期一次的评教活动，评教主体是全体在校学生。学生评教是围绕任课教师的教学开展情况以及教学质量和效果展开，并以评价结果作为教学质量监测的重要方式和手段。评教活动的出发点是明确的，但实际操作中却忽略了学生的教学主体地位，课程的教学评价应当更为注重学生自身发展，不是让学生说教师"教了什么"，而应当是学生"学了什么"。对于"你认为影响学校课程思政实施效果的主要原因是什么？"这一问题，调查结果见前图4-10。

从图中可知，学生们认为影响课程思政实施效果的原因有很多，我们着重调查了"考核评价体系存在不足"这一选项。经过调研，得知学校现有的考核评价体系比较聚焦于教师自身，而学生作为评价主体，只是在固定的选项中选择，主导性弱，而且基本未涉及学生的自身发展方面，因而有学生认为考核评价体系存在一定的不足。作为一个师生互动平台，课程评价机制需要改善，要做到既促进学生的成长发展，又有助于教师的反思和提高。

高校课程思政育人在学生群体中已经获得了较为广泛的认同，同时大学生们认为通过开展课程思政，将专业课与思政元素融合，有助于提高自身的思想政治素质，坚定正确的政治立场，改善行为习惯。但课程思政作为一个新兴理念，在其实施的过程中仍有需要完善的环节和方面：第一，课程教学目标设计应充分满足学生的成长发展需求，进一步提高学生的成长和获得感；第二，课程教学过程中思政元素挖掘需要注重与育人资源融合，在贴合专业课程的基础上运用适当的时事政治资源；第三，要研究和创新课程教学方法，采用更有效的教学手段和方式，坚持以学生为主体，提升学生在课程中的主体性和参与感；第四，课程教学评价应当侧重于学生自身的发展，以逐步缩小教学效果与学生教育愿望之间的差距。

第三节　高校课程思政与思政课程协同育人脱节的现状

目前，高校课程思政与思政课程协同育人已取得一定成效，但是从总体上看仍面临着困境，主要表现在以下几个方面：一是高校教师对课程思政的认识没有完全到位，重视程度不够高；二是课程思政建设的实施措施缺乏力度；三是推进程度不平衡；四是育人合力尚未完全形成等。

一、课程思政协同思政课程的认识没有完全到位

课程思政与思政课程作为近几年出现的事物，尚处于发展的起步阶段，人们对其认识或多或少存在认识不充分的问题。

（一）对课程思政重要性认识不到位

在全国高校思想政治工作会议上，习近平总书记在讲话中强调，要坚持把立德树人作为中心环节，把思想政治工作贯穿教育教学全过程，实现全程育人、全方位育人，努力开创我国高等教育事业发展新局面。但是，从目前课程思政建设来看，部分高校对于课程思政建设的重要性认识不足，导致课程思政相关的制度建设不完善，没有成立相应的小组，让经验

丰富的老教师起到引导作用，带动更多的青年教师加入进来，更没有全面贯彻党的教育方针。教师和学生对思政课程与课程思政协同育人的重要性认识仍然没有完全到位，重视程度也不够。在本次调研过程中，教师的重视程度高于学生重视程度，但重视程度仍不够强。教师在教学过程中不够重视学生教学主体的地位，学生参与感不强。另外，部分教师更重视与科研相关的工作。部分专业课教师没有认识到开展课程思政的重要性，没有认识到课程思政教学在潜移默化中对学生的教育引导作用，没有认识到教师在教学中传达的理想信念与价值取向会极大地影响学生。

（二）协同育人理念尚未深入人心

"课程思政"是高校以习近平新时代中国特色社会主义思想为指导，以习近平总书记关于教育工作的重要论述为根本遵循，落实立德树人根本任务的重要举措，是构建德智体美劳全面培养的教育体系和高水平人才培养体系的有效切入点，也是完善全员全程全方位"三全育人"的重要抓手。高校思想政治理论课应该充分发挥思想政治教育导向作用，其他各类专业课程也要深入研究挖掘各类思想政治教育学习资源，在传播专业知识过程中加强大学生思想政治教育力度。但目前一些专业课教师在课程教学过程中只教书而不育人，把教书育人分离开来。部分专业课教师把教学重心放在理论教学和学术科研活动上面，忽视了育人方面工作，使课程教学与思想政治教育分离，成为"两张皮"。

（三）部分专业课教师思政意识薄弱

部分专业课教师对课程思政与思政课程协同育人的认识不够到位，与其本身的思政意识薄弱有关系。部分专业课教师对思想政治教育相关的内容、规律了解不足，缺乏对思想政治教育理论、中国特色社会主义理论体系的系统学习和深入思考，自身具备的思政意识弱，从而影响课程思政教学的水平和质量。部分专业课教师重"教学"轻"育人"，在需要用思政理论知识教育学生时，往往避重就轻，未能把课程中所蕴含的价值精神充分挖掘并传播给学生。如何从外到内地提升专业课教师政治素养，解决专业课教师思政意识薄弱问题，我们需要不断寻找提升办法，从而推动课程思政与思政课程协同育人的顺利开展。

二、课程思政与思政课程协同育人的实施措施缺乏力度

（一）教师能力有待提高

课程思政与思政课程协同育人建设的实施主体是各大高校的教师，教师是协同育人实践的主力军，教师能力成为课程思政能否顺利推进的关键因素之一。要充分寓主流价值观思想引导于知识传授之中并深刻融入，要进一步积极有效挖掘其他课程和教学方式中蕴含的各种思想政治教育有效资源，实现全员全程全方位育人。思政课教师要切实加强思政的实际教学能力，以彻底深入的思政理论说服学生，用当代马克思主义理论的真理的强大力量引导学生，用高尚的人格感染学生、赢得学生。同时要加大高校教师对学生的认知心理规律和社会行为接受特点的研究，发挥好学生主体性作用，让学生更容易主动去接受教师所传授的思政教育，帮助学生树立正确的世界观、人生观、价值观。教师不仅要能够在课程中发挥提升学生思想道德的能力，还应具备联动各方、调动各方进行育人实践的能力。专业课教师在挖掘、融入思政元素等方面的能力也需要提高。教师能力的提升既是个人的能力提升过程，也需要学校开展相关的理论学习、培训、实践等活动，提供相应的平台。

（二）考核评价体系不完善

《高等学校课程思政建设指导纲要》指出："人才培养效果是课程思政建设评价的首要标准。"完善的考核评价体系，在教学评价、绩效考核、科研奖励以及职称评定中起着非常重要的作用。但是由于课程思政与思政课程协同育人属于新事物，还处在发展的初级阶段，因此高校关于课程思政与思政课程协同育人方面的评价和考核未能形成完善的体系。原有的考核

评价方式注重于科学研究、论文发表、学生成绩等，教师往往为了晋升，也注意这几方面的内容，且评价方式趋于单一，现有的考核评价体系容易忽视教师之间的互相评价以及学生对教师的评价。教师都在为课程思政建设不断努力，彼此更能了解对方的备课过程和上课过程。因此，教师之间相互评价能指出对方的不足之处，在互评过程中也能了解到自身的不足之处。学生作为除教师外全程参与课堂教学的群体，作为课程思政建设的对象，是最有发言权的。通过学生的评价，我们可以了解到教师是否在认真开展课程思政与思政课程协同育人建设，其教学效果是否与教学目标相一致，教师是否传递主流意识形态，是否符合中国特色社会主义思想体系。教师互评和学生评价都应该纳入评价考核中去，以完善和丰富考核评价体系。部分高校在制定考核评价方案时只注重对教师教学内容、手段、方法的评价，忽视了教学效果的评价。教学效果并不仅仅是指课堂的教学效果，还指学生在课后的发展状况与行为。评价需要采用定性分析和定量分析相结合的方法，如此才能更加明确课程思政与思政课程协同育人开展的情况和效果，以及该如何调整教学方法、内容，实现立德树人的教育目标。

(三)机制构建不健全

目前，高校开展课程思政与思政课程协同育人的长效机制构建并不健全。部分高校在开展思想政治工作，特别是实施和推进课程思政与思政课程协同育人的工作中，存在着以工作会议贯彻上级会议精神、以文件贯彻上级文件精神的形式主义弊端，即使出台了相关文件，也缺乏可操作性。因此，在贯彻落实课程思政与思政课程协同育人建设时，效果就会随之大打折扣。部分高校未能把课程思政与思政课程协同育人纳入人才培养教学方案和改革规划中，也缺乏针对性的教育指导工作规范，相应的领导体系和激励机制不健全。部分高校虽然成立了课程思政与思政课程协同育人小组，但是其内部领导制度不够规范和具体明确，只做到了形式上的成立。激励机制不到位，教师在开展课程思政与思政课程协同育人建设时缺乏动力，积极性不高，投入的时间与精力也相对比较少。目前，教师的收入、职称评比与科研、论文等紧密联系，导致部分教师将精力投入科研工作中，对教书育人热情不高，这也不利于推进课程思政与思政课程协同育人建设。课程思政研究课题少，经费投入也少，导致教师对课程思政建设任务持敷衍态度，甚至是漠视，积极性不高。因此，要进一步制定和完善激励机制，既要有精神激励，也要有物质激励。如何建立一套灵活有效合理的教学激励机制，提高全体教师参与程度与积极性，需要深入研究。

三、课程思政协同思政课程推进程度不平衡

（一）各高校之间存在协同育人不平衡现象

不同高等学校，对课程思政与思政课程协同育人的推进程度各异。不同学校所处地区不同，师资力量不同，教学质量、学生质量也呈现出不同，关于党中央课程思政与思政课程建设的相关会议文件、精神的贯彻程度不一，这就导致学校与学校之间不断拉开差距。此外，政府资金拨款有所差异，学校的等级决定了政府拨款等级。好的学校往往经费充足，可以投入大量的经费到课程思政建设中去，可以相应开展有利于推进课程思政建设的活动，如课题申请、教学实践考察、邀请专家进行政策解读，分析指导学校如何开展课程思政建设等。而一般的学校经费有限，往往优先考虑校内发展较好的专业，课程思政建设不作优先考虑。课程思政作为一种育人观念，各学校接受程度不同，制定的政策也会有所不同，实施起来和推进程度自然也会不同。就目前而言，这种不平衡将长期存在。

（二）高校各学院存在协同育人不平衡现象

课程思政与思政课程协同育人在学院与学院之间推进程度不平衡主要表现在：一是重视程度不平衡。有的学院重视程度高，能积极贯彻党中央文件和学校文件精神，并制定相关的激励措施，逐步推进课程思政的开展；而有的学院不重视课程思政与思政课程协同育人建设，动作缓慢。二

是教师认识不平衡。有的学院在做出工作布置后，会对教师进行相应的培训，加强教师的主体意识和责任意识；而有的学院任务布置下去后，就无后续工作，教师也敷衍了事。三是经费投入不平衡。有的学院会第一时间对课程思政与思政课程协同育人建设项目给予经费投入，鼓励教师开展这方面的项目、课题或者科研活动。而有的学院经费投入少，现有经费无法维持项目的开展，教师也就不愿意开展有关课程思政建设的项目、课题。四是学院的发展历史不同。不同学院的发展历史不同，发展历程较长的学院往往愿意创新发展，对课程思政与思政课程协同育人建设感兴趣；而新型学院在起步阶段，首先要发展学院，打好基础，发展求稳，可以接受创新发展，但不会投入大量的人力、物力、财力进去。各学院之间的推进程度不平衡，主要表现在思想是否重视、措施是否到位、经费是否充足、行动是否积极等，与学院发展历史与现况也存在紧密联系。

（三）课程与课程之间的不平衡

专业课程是课程思政建设的基本载体，课程与课程之间的不平衡主要与学科发展有关。有的学科发展历史悠久，能够吸引人才，该课程的教师学历职称也比较高，因此，开展课程思政与思政课程建设的资源也就更为丰富。发展时间较长的学科，其学科基础建设基本完成，有时间和精力投入课程思政与思政课程协同育人建设这个新事物之中。而有的学科是近几年兴起的，属于新兴学科，其人员资源、教育资源等都比较少，且其精力和重点均投入学科建设之中，希望能够快速将本专业课程发展起来，对于课程思政的投入比较少。学科发展主要建设者是教师，但是部分专业课教师只强调自身的学科专业，把"教书"和"育人"割裂开来，忽视教师的育人责任和功能，从而不利于推动课程思政与思政课程协同育人建设。课程与课程之间的推进程度不平衡，是客观存在的现实，课程之间的平衡也是一种相对的平衡，教师只要在思想上重视课程思政与思政课程协同育人建设，在行动上为课程思政建设投入时间与精力，就会逐步缩小课程与课程之间推进程度的不平衡。

四、课程思政与思政课程协同育人的合力尚未完全形成

(一)理解不准确

习近平总书记指出，每门课程都要守好自己的一段渠，种好自己的责任田，各类课程都应该与思想政治理论课协同配合、同向同行，形成良好的育人效果。课程思政与思政课程协同育人合力的形成首先要准确理解课程思政与思政课程的关系。课程思政与思政课程的关系是协同配合、同向同行的关系。但从实践情况来看，仍有部分教师对课程思政与思政课程协同育人的理解不准确，忽略了课程思政与思政课程的本质区别。课程思政不是思政内容的讲述，也不是课程思政化，而是把思政元素融入专业课教学中，以达到润物细无声的效果。部分专业课教师错误理解课程思政与思政课程的关系，导致他们以一种错误的方式开展课程思政建设，不仅达不到课程思政与思政课程协同育人的合力，甚至有可能影响到专业知识技能的教学。因此，课程思政与思政课程协同育人的合力形成，必须准确理解课程思政与思政课程的关系，在理解的基础上，开展有效的实践。

(二)教师育人缺乏合作

在课程思政与思政课程协同育人的过程中，教师之间需要彼此联系合作，且是去中心化的合作，就是说教师之间地位平等，以立德树人为共同目标，共同开展课程思政建设。但是在分工合作的过程中，一定程度上影响了协同育人合力的形成。一方面，教师与教师之间往往会因为意见不同难以达成分工合作，任务无法落实到位，沟通无法持续开展。另一方面，在开展课程思政与思政课程协同育人时，一个组内的教师必然会有身份地位的差异，身份地位的差异就会出现服从不服从的问题，且小组需要较多的教师以保证工作的持续运行，但每个教师作为独立的个体很难保证一致性，从某种程度上来说，教师在合作的过程中既要去中心化，又需要一个权威的领导，维持秩序，尽量达成一致。因此如何让分工合理化及平衡教师之间的关系尤为重要。

（三）课程建设缺乏融会贯通

课程思政与思政课程协同育人合力形成的过程易受到课程之间的影响。课程共有七大类，分别是文学、历史学、哲学类，经济学、管理学、法学类，教育学类，理学、工学类，农学类，医学类，艺术学类。各类学科都遵循着各学科知识体系的逻辑，相对比较稳定，且拥有各自学科的课程价值观，对其他学科的价值观念接纳程度较低。这也就意味着，在开展课程思政与思政课程协同育人建设中，专业课程融入思政元素将变得困难。在部分专业课教师看来，完全没有融合的必要，专业课就应该搞好专业课的知识传授，融入思政元素让专业课变味儿了。而无法巧妙融入思政元素就会导致课程重点发生偏移，让专业课变成了另类的思政课，不仅没有发挥出育人的作用，而且还让专业课变得不伦不类。

总的来说，高校课程思政与思政课程协同育人的困境主要有对课程思政建设的认识不够彻底，实施措施需要加大力度，推进程度不平衡以及育人合力尚未完全形成等。以上问题是目前课程思政与思政课程协同育人建设面临的普遍困境，但困境远不止这些。解决这些困境要从上到下每一环节认真落实相关的政策文件，思政课教师要积极配合，及时为专业课教师提供相应的指导和帮助，共同推进课程思政建设向前发展。专业课教师要认识到课程思政的重要性，在进行专业教学时融入相关的育人理念，引导大学生正向发展。

第四节　高校课程思政与思政课程协同育人脱节的原因分析

新时代下，高校思想政治教育的布局已由"传统思想政治理论课程发展到以课程思政为新增点的'大思政'格局"[①]。实现课程思政与思政课程

[①]　高德胜、张耀灿：《整体性视角下思想政治教育构成要件研究》，《马克思主义与现实》2020 年第 2 期，第 181~186 页。

协同育人，构建"大思政格局"，促进高校思想政治教育进一步发展，仍存在诸多亟待解决的难题。全方位育人体系的不够完善，导致育人主体对课程思政与思政课程的认识没有完全到位。在实施课程思政与思政课程协同育人的过程中，各项措施的实施也缺乏力度。调查显示，课程教学的相关培训不够到位，使得课程思政的推进程度往往落后于思政课程，学校与学校之间课程思政推进程度不同，各个专业之间课程思政的推进程度也不相同。此外，尚未健全的育人考核评价体系也在影响课程思政与思政课程协同育人的合力形成。

一、全方位育人体系不够完善

"学校思想政治工作不是单纯一条线的工作，而应该是全方位的。"①课程思政与思政课程同向同行，落实思想政治工作，实现共同育人的目标，需要建立一个完善的全方位育人体系。"全方位育人"就其狭义而言，是与主体性全员育人、时间性全程育人相对来说的，单纯的空间意义上的育人模式。从广义来说，其是对育人主体、育人目标、育人过程以及育人空间的整体把握，要求高校不仅要将思想政治教育渗透、参与、影响立德树人的各个方面"育全人"，还要调动一切能够为思想政治教育工作发力的积极因素"全育人"。

（一）育人主体未形成全方位育人环境

思想政治教育不单单依靠思政课程实现，还需要专业课、通识课的参与。课程思政不单单依靠专业课教师的努力，全体教职工（包括其他教师、服务人员、管理人员等）都承担育才育人的重要职责。教育者的专业程度、师德水平、政治素质和道德修养都对大学生起着很强的表率示范作用，是全方位育人体系中的关键主体。就目前的情况而言，高校全方位育人体系

---

① 习近平：《思政课是落实立德树人根本任务的关键课程》，人民出版社 2020 年版，第 27 页。

的发力主体依旧是专业课教师与思政课教师，服务人员与管理人员等非教师岗位人员尚未形成对课程思政的完整认知，较少参与相关活动。此外，学生既是课程思政与思政课程的教育对象，也是全方位育人体系中的核心主体。在开展相应教学措施时，不仅要关注学生的实际情况，还要调动学生自觉学习的积极性。

（二）未形成全方位育人目标

全方位的育人目标是构建全方位育人体系的根本目的和最终方向。建成全方位的育人目标，理应遵循党中央、教育部的教育方针，以人为本，坚守"四个服务"原则，将大学生的现实需要，包括专业知识需要与思想品德需要作为出发点和落脚点，不仅要在头脑中、思想上武装科学的知识理论体系，更要引导大学生实现全方位发展。目前，高校中普遍存在重点关注学生专业知识学习，忽视思想品德养成的情况。教师看重学生的学习成绩，高校关注学生的竞赛获奖。许多专业课教师认为，在开展课程思政时不容易实现专业知识教育与思政教育同步推进，需要有所取舍。这一情况显示专业课教师未针对性地将思想政治、行为规范、文化修养等方面的教育渗入到学生的日常学习之中。专业课教师的学科特点决定了他们相较于思政课教师，思想政治意识和能力存在一定欠缺，从而造成育人目标偏向于专业知识教学。因此，如何引导专业课教师形成全方位的育人目标，仍是课程思政与思政课程协同育人建设在未来需要去关注的一个难点与痛点。

（三）未形成全方位育人过程

育人过程必须是全方位的。任何事物的发展都是量变与质变的统一，这就需要在育人过程中把握每一个细节，做到毫不遗漏，方能在关键时刻达到质变，使人效果更加显著。多数高校在建设课程思政与思政课程协同育人的过程中，忽视了与中小学阶段、社会阶段的有效对接。在中小学、高校、社会阶段，思想政治教育总会出现重复教育的情况，这种重复的教育输出会导致教育资源的无端浪费，也使得学生产生厌烦心理，甚至逆反心理。教育工作是渐进的，而不是重复的。减少重复性，将大大提高育人效率。此外，针对本科生，高校的思政课程多集中在大一、大二开展，大三、大四学生忙于考研、找工作，课程思政较难开展。育人过程的全方位要求课程思政与思政课程工作要覆盖学生的各个学习阶段，针对每个阶段学生的不同特点，有侧重性地设定教学目标、选择教学方法及学习内容以解决学生的现实需求。

（四）未形成全方位育人空间

课程思政要从不同学科的特点出发，打通课上和课下、校内与校外、现实与虚拟的空间脉络，融合理论教育和实践引导、线上和线下的多种载体形式，与思政课程相配合，营造无处不在的思政教育的氛围和气息，形成由上而下、由内而外的立体化育人空间。此外，像虚拟教学这种科技要求高的教学方式，对学校的教学设备要求较高，因此很多高校迟迟未开展虚拟仿真教学。总之，校内校外、课上课下、现实与虚拟相结合的全方位教学空间尚未得到充分拓展。

二、育人主体内外动力不足

专业课教师与思政课教师是课程思政与思政课程协同育人建设的育人主体，都应担起教书育人的重担，为实现立德树人的根本目标贡献自己的力量。在课程思政的推进过程中，专业课教师的课程思政建设能力至关重要，其不仅与自我意识有关，更与动力相关。当前高校的课程思政建设对教师要求过多，而较少考虑如何激发教师开展课程思政的内在动力，这是影响课程思政积极推进的一大问题。外在动力与内在动力是缺一不可的，外在动力需要内在动力的接受与认同，同时也为内在动力提供支持与认可。在育人主体内外动力不够充足的情况下，教师落实相关措施的热情不够高涨，使得课程思政与思政课程协同育人的效果大打折扣。

（一）教师育人内在动力不足

思政课教师与专业课教师育人的内在动力有相同之处，也有不同之处。专业课教师是否将在课程中融入思政元素作为专业课育人的方向、是否认为课程思政是践行师德的必要途径，都会影响专业课教师开展课程思政的内在动力。

高校教师应当"学高为师，身正为范"，在具备扎实的专业素养、文化素养的基础上，更应注重自身思想道德素养，用自己的德行操守教育出合格的学生，即德智体美劳全面发展的学生。但有部分教师只要求学生掌握专业知识与技能，认为只要提升学生的科学素养，丰富学生的知识技能即可，忽视了学生的思想品德需要，没有尽到引领学生健康成长的育人职责。甚至有些专业教师仅仅把教师作为一种谋生的职业，只是机械地完成学校的教学任务，这些机械式教学的专业课教师往往没有充足的内在动力去参与课程思政建设。这在很大程度上影响了课程思政与思政课程的同向同行、协同育人。

（二）教师育人外在动力不足

教师所面对的外界环境，主要由生活环境和工作环境两部分构成，其外在动力不足也主要体现在这两个方面。

首先，从生活环境层面分析。目前社会处在高速发展阶段，人们的生活水平不断提高，每个人都对高水平的生活质量有所追求，这意味着需要投入更多的时间、精力、金钱去实现自身的需要。对高校教师来说，教学不仅仅是工作，也是其追求美好生活的一种方式。当其过度追求并关注职业带来的经济效益时，就容易忽视这份职业所具有的育人功能，或意识到提高自己育人的能力并不能够给自身的生活水平带来改变时，其育人的积极性就大受影响。其次，从工作层面来说，高校教师除基本的教学任务以外，还承担着较重的科研压力，为更好地促进自身职业生涯的发展，更好地实现个人专业的发展，教师需要将重心放在论文的发表、课题的申报、职称的评选上，这就导致高校中"重科研、轻教学"现象的出现。面对这种情况，教师很难做到保持科研与教学相平衡的状态。在调查中，部分专业课教师认为开展课程思政过程中遇到的外部困难是教学任务重、没有时间与精力。由于自身科研压力与专业教学压力，专业课教师对课程思政教育方法技巧的学习较少，更难以做到花时间对马列原著以及相关理论进行研读、讨论并掌握。

三、课程教学相关培训不够到位

课程思政建设既是一门科学，也是一门艺术。[①] 让广大教师具备课程思政的意识和能力，是推进高校课程思政建设，促进协同育人高质量发展的关键。因此要秉承"教育者必先受教育"[②]的理念，开展课程教学相关培训。调查显示，部分专业课教师认为在开展课程思政时最需要得到的帮助是开展课程思政培训学习。在课程思政建设中，普遍存在专业课教师课程思政教学经验不足、教学形式落后，将思政元素融入专业知识中的能力不足等问题。究其深层次的原因，就是课程教学相关培训不到位，育人资源挖掘程度不够充分。

（一）教师参与培训的积极性不高

课程思政作为一种新生事物，专业课教师往往缺乏授课经验与技巧，这就需要专业课教师在了解相关知识的基础上，通过培训掌握相应的技能。然而，许多高校为了快速出效果，对专业课教师要求多、要求快，却疏于培训。此外，专业课教师对自身专业知识有着较高的造诣，但对于本专业以外的思想政治教育理论、规律以及方法论比较陌生。开展课程思政时必然要面对从何入手、怎样入手等问题，这就需要通过相关培训来解

---

① 毛静、李瑞琴：《"三全育人"背景下课程思政教学理念与实践方式探索》，《国家教育行政学院学报》2020 年第 7 期，第 78~84 页。
② 骆郁廷：《论教育者先受教育的规律》，《思想理论教育》2017 年第 12 期，第 85~90 页。

决。从专业课教师层面来看，培训不到位的主要原因是教师对课程思政培训不主动、不重视。专业课教师多忙于专业知识的教学以及学术研究，往往无法将注意力集中在课程思政的学习培训中，更别说将培训所学内容融会贯通，运用到日常专业课中。此外，教师的首要职责是教书育人，但很多专业课教师主要关注前面"教书"二字，只看到自己讲得对不对、好不好，不关注学生的思想品德修养情况，认为这是思政课教师的职责，因此对课程思政的相关培训不感兴趣。

（二）教材内容缺乏合理性

教材之于教师，相当于兵器之于将士，要想推进课程思政与思政课程协同育人实践，首先就应当为协同育人实践配备好工具。目前，教材内容的编写系统性较差，没有将专业知识和思政元素进行有效融合。理工类的教材多侧重于专业知识与专业实践的培养，教材内容较少有职业道德、科学精神等与价值判断相关的思政元素。文史类则与之相反，教材多侧重于人文精神的传递与理论知识的阐述，缺乏具体的实践指导。由此可见，要做到课程思政与思政课程同频发力，首先要落实的是教材的编写。除了教材内容编写的局限性导致课程思政与思政课程协同育人无法融通之外，各个高校、各个专业对教材的选择也是很重要的影响因素。各高校对教材选择的自主性，导致出现教材内容参差不齐、课程资源利用不足等问题。现如今，党中央、教育部门虽定期调查各大高校教材的优劣，但是对相关教材的编写、使用缺乏指导。如何让思政课教师参与专业课程教材的编写工作，在保留专业知识的基础上，巧妙地融入思政元素，坚持马克思主义方向，这是课程思政培训中需要关注的。

（三）思政教育教学方法手段缺乏创新

目前，高校中的教学方法和手段大部分还是按照传统的课堂教学模式进行。在调查中，大部分专业课教师选择用讲授式教学来开展课程思政。这种教学方式主要是教师进行知识灌输，学生被动吸收，整个课堂以教师为主导，教师掌握主动权。这就使得课程思政与思政课程协同育人的主体都按照自身理解进行育人，没有一个统一的认识标准，教学方法未整合到位。除此之外，在教学过程中，有些专业课教师有意愿融入思想政治教育元素，但往往无法引起学生共鸣，究其原因是没有与当前社会问题联系起来，生硬地挖掘思政元素，缺乏系统的培训和灵活变通的思维。多数高校教师在开展入职培训时很少经受过课程思政的专业培训，这就使他们很难巧妙地将思政元素融入课堂之中。

四、育人考核评价体系不够健全

要促进高校课程思政与思政课程协同育人效果达到"1+1＞2"的效果，建立一个完善的育人考核评价体系是必不可少的。考核评价是课程思政与思政课程协同育人机制构建的重要环节，也是衡量其实践效果的重要手段。其强大的激励作用，能不断引导协同主体各方对规划设计、组织实施和推进落实做出优化。考核评价的重要性是显而易见的，但在此过程中难免会产生问题，无论是考核评价体系的规划设计，还是组织落实都面临着较大的挑战。

（一）评价制度尚待完善

考核评价机制是教师教育教学活动的指挥棒，科学合理的考核评价机制能保证教学更有计划性、针对性和精准性。① 高校对于本校课程思政与思政课程协同育人落实情况的考核虽在持续开展，但从目前情况来看，评价制度尚不完善。

首先，考核内容的单一性。目前，高校的教师考核多以科研成果数、课时量等为主要依据，对教师的师德师风好坏、课堂教学水平高低、学生的思想品德素质是否提升等，存在因难以量化评价就相对占比较少的情

---

① 罗仲尤、段丽、陈辉：《高校专业课教师推进课程思政的实践逻辑》，《思想理论教育导刊》2019 年第 11 期，第 138～143 页。

况。甚至在某些高校的考核评价机制中，科研业绩的占比更大，科研成为考核评价的关键性指标。即使有对教师的课堂教学评价，也多倾向于课堂教学艺术手法以及对与专业有关的知识与技能传授的效果考量，而对教师们的育人投入效果关注不足。专业课教师与思政课教师自身的思想政治素质是否提升，自我教育、自我完善的成长自觉是否形成，仍然被人忽视。

其次，考核方式的单一性。在对课程思政与思政课程协同育人效果的考核上，高校多采取教师互评、学生评价的方式，但这些评价多流于形式，教师们碍于情分，学生们碍于对老师的尊重，往往在评价时较为保守。思政课教师作为"总结评估的把关者"，尚未深入参与课程思政与思政课程协同育人的考核评价中，使得考核机制缺少了关键的一环。此外，考核方式侧重工具理性，教育教学的发展性评价观尚未形成，不能很好地将质性评价与量性评价相结合，这些都是评价机制所需要去努力改变与完善的。

最后，考核对象的单一性。对课程思政与思政课程协同育人情况进行考核，应当按照满足师生共同成长的价值取向，遵循一定程序和方法，从教育者、受教育者和教育活动这三个维度去进行价值判断。① 但在实际工作中，课程思政考核对象为专业课教师，思政课程的考核对象为思政课教师。单一的考核主体显然不能适应建立科学合理的课程思政考核评价体系的需要。

（二）考核时效性有待加强

在各个高校，针对课程思政与思政课程协同育人的考核正在逐步开展，但不难发现，我国大部分高校在考核学校的思政队伍和思政工作时，多采取学期末评价考核，而没有做到阶段性考核和学期末评价考核相结合。此外，事先告知的评价考核方式，难以真正检测出课程思政与思政课

---

① 陈静、耿富云：《高校思政课教师考核评价的价值定位和实践路向》，《重庆科技学院学报（社会科学版）》2022 年第 3 期，第 100~105 页。

程协同育人建设过程中存在的问题，造成了人力、财力、物力的多重浪费，不利于思想政治教育工作的长远发展。

课程思政与思政课程育人效果的体现并不是短期的、突变的、显著的，而是长期的、渐进的、细微的，这就需要通过阶段性考核去衡量每一阶段的育人成果，在原有的教学评价基础上增加过程性评价权重，利用信息化手段实时采集学生在课前、课中和课后各环节的信息，对本阶段的育人成效加以评价，学生反响优异则在下一阶段加以保持，学生反响不足则及时改进教师的教学手段与方式，让教学活动和效果真正成为一种动态评价过程。

（三）以评促建考核机制的缺乏

在课程思政与思政课程协同育人教学评价中，"以评促改、以评促教"的理念仍然适用。考评机制应强调导向性原则、系统性原则、发展性原则与可操作性原则，通过边评边改、以评促建的方式推动其发展，将重点放在课程思政的实绩、切实推动课程思政的有效发展上。但是我国多数高校在实际考核中只能做到总结评价，尚无法做到边评边改、以评促建。此外，激励机制是考核评价体系中不可或缺的一环，建立一个合理的、有效的激励机制能够不断激发教师的教学热情，改进教学方式，提升自身的教学能力，实现育人效果。但不可否认，多数高校并没有建立一个相对合适的激励机制。

评价是手段，是形式，如何运用这一形式促进内容的提升，就在于评价结果的反馈以及改进力度上，实现"评价—反馈—改进"闭环的形成。针对专业课教师开展课程思政的考核，可以起到督促的作用，使其在专业课的教学中，不断融入思政元素，并不断改进自己的教学方式，更好地实现立德树人的教学目标。针对思政课教师开展思政课程的考核，能够激发思政课教师不断完善自己的思政课教学，使更多的优秀思政课教学案例出现。但是，如何通过评价这一手段使课程思政与思政课程更好地相互配合，实现协同育人的效果，仍存在不足。

科学的考核激励机制有助于营造良好的思政育人教学氛围，除了教师自我激励外，还"包括政策导向激励、制度规范激励、体制机制激励等"①。一是导向性激励。要充分发挥激励的导向作用，开展座谈会、研讨会，使课程思政理念深入专业课教师与思政课教师的脑中、心中，并进入一线课堂。在考核时选拔优秀课程思政与思政课程项目，包括示范专业、示范课堂等，推广课程思政与思政课程优秀案例，选拔教学名师、优秀团队，形成良好的教学竞争氛围。二是制度规范激励。建立考评制度，增强制度意识，以制度促建设，建立符合学校发展实际的课程思政与思政课程协同育人实施制度。三是考核性激励。将课程思政建设情况作为教师职称评聘、评优评奖、津贴分配等的评选指标，作为各级各类人才选拔的重要考核标准，使得专业课教师获得认可与尊重。但从目前情况来看，高校中的考核激励机制还不够完善，往往流于表面、追求形式，且主要针对对象为专业课教师。对思政课教师来说，课程思政的开展并不能带给他们很多荣誉。这就使得以评促建得不到很好的落实，且无法发挥其应有的效用。

课程思政与思政课程协同育人是高校教育体系中不可或缺的一环，其育人工作实效不仅关乎大学生人格的健全和全面发展，对社会主义高校的建设发展同样意义重大。在新时代，建成更为完善的课程思政与思政课程协同育人体系，也是对中国社会主义办学方向的不断坚持，通过分析其困境产生的原因，发现问题、提出问题、解决问题，推进高校思政工作一体化。面对全方位育人体系不够完善、育人主体内外动力不够充足、课程教学相关培训不够到位、育人考核评价体系不够健全等重要问题，高校应当积极探索相关解决方案，强化立德树人的价值导向，从原则遵循、理念协同、教学内容协同、机制协同以及体制协同等方面共同发力，实现对课程思政与思政课程的动态化调整和完善，最终形成符合时代、符合国家、符合育人要求的协同育人模式。

---

① 朱平：《高校课程思政的动力激励与质量评价》，《思想理论教育》2020 年第 10 期，第 23~27 页。

第五章　高校课程思政与思政课程协同育人的路径选择

第一节　理念协同：课程思政与思政课程协同育人的前提

课程思政与思政课程协同育人的前提是各主体之间形成理念协同，各主体主要包含专业课教师、思政课教师、学校党政管理人员、教辅人员等。所有的主体必须充分认识到协同育人的意义重大、时间紧迫，以理念的协同催生情感倾向的协同、心理认同感的协同，有目的性、有针对性地推动课程思政与思政课程协同育人。因此，面对协同育人过程中出现的内涵认知未到位、育人理念不协同等问题，高校所有教育工作者应牢固树立立德树人的根本思想，在把握社会主义办学方向的基础上，坚持全员、全程、全方位的教育理念，坚守协同育人的底线。

一、树立立德树人根本思想

（一）明确立德内涵

首先，要明确立什么德的问题。习近平总书记在 2014 年 5 月与北京大学师生座谈时就明确指出："我们的用人标准为什么是德才兼备、以德为先，因为德是首要、是方向，一个人只有明大德、守公德、严私德，其才方能用得其所。"①这为高校教师指明了培养学生的方向。新时代高校教师培养学生树立的"德"，应当是事关民族复兴、国家富强的"大德"，影响社会风气的"公德"以及有关个人身心发展的"私德"。首先是"明大德"。专业课教师与思政课教师应在教学过程中，通过思想政治教育培养学生树立社会主义理想信念之德。社会主义理想信念与我们的国家性质息息相关，教师在日常教学过程中应通过自己的一言一行给学生传递正确的思想。高校学生是国家人才的后备军，是祖国建设发展的高层次人才，应当志存高远，秉持实现中华民族伟大复兴的理想信念，并为之不懈奋斗。其次是"守公德"。课程思政与思政课程在日常教学中应当有意识地给学生传递文明守规之德。高校教师需意识到，一个民族、国家强大的标志，不仅是经济实力的提升，更是社会公德水准和公民素质的提高。青年学生是引领社会风气的中坚力量，他们秉持怎样的价值选择，展现的就是怎样的社会风气。最后是"严私德"。要严格要求学生慎思笃行、忠勇仁义。"私德"即个人品德，虽然不同的时代对个人品德要求不尽相同，但总有一些品质是不变的。无论是思政课教师还是专业课教师，都应当关注学生的言行举止、心理状态，教导学生知礼明仪。

(二)厘清树人概念

高校教师应明确课程思政与思政课程协同育人培育的是什么样的人。习近平总书记对新时代青年的要求，就是对"树什么人"问题的最好回答，即培育能够担当民族复兴大任的时代新人。首先，是树有国际视野、长远目标的人。随着全球一体化的到来，各国之间的联系更为密切，在专业交流、知识流通上更为频繁，专业课教师在开展课程思政时，应当意识到高校学生作为未来祖国的栋梁，必须要有国际意识和观念、具有创新能力和素质，成为中国的世界人和走向世界的中国人。其次，是树有民族担当、坚守文化自信的人。时代总是把历史责任赋予青年，习近平总书记曾讲

---

① 《习近平谈治国理政》，外文出版社 2014 年版，第 173 页。

过："奋斗是青春最亮丽的底色，行动是青年最有效的磨砺。有责任有担当，青春才会闪光。"①大学生未来走向社会，成为中国发展的主力军，就必须练就过硬本领，成为能推动社会进步，对中国有责任担当的人。除此之外，教师在开展课程思政的过程中，应当增强传承中国传统文化的自觉性，以增强学生的文化自信。最后，是树全面发展的时代新人。2018 年 9 月，在全国教育大会上，习近平总书记站在理论家和政治家的高度，凝练概括了时代新人就是德智体美劳全面发展的社会主义建设者和接班人。培育德智体美劳全面发展的时代新人，是马克思主义理论中人的全面发展理论与中国特色社会主义理论相结合的产物，是对马克思主义中国化教育理念的丰富和发展。教师在课内课外都应引导学生勤于学习思考、加强自身修养，使他们拥有健康的心态、健全的人格素养，促进其全面发展，这是实现国家有前途，民族有希望，中华民族有源源不断强大力量这一目标的重要方法。

(三)把握立德和树人的辩证统一关系

高校要落实立德树人根本思想，就需正确地认识立德和树人的辩证统一关系。完整的立德树人思想并不是立德和树人的简单合并，而是在长期历史发展过程中对立德和树人的超越，立德和树人之间的关系也不能简单地理解为并列或递进关系，而是一种彼此交融和相互嵌入的关系。思政课程与课程思政协同育人需要在"大思政"理念下，将立德与树人当作有机统一体，既"立育人之德"，又"树有德之人"。融通立德树人共识，是构建协同育人机制的思想先导。首先，要将立德作为树人所要采取的重要手段以及前提基础。课程思政与思政课程协同育人的目标所要达到的结果是树人，而树人的前提是要立德，这是为树人结果的实现所采取的一种途径和手段。德包括大德、公德、私德，立德能够在帮助学生养成良好道德品质的同时，还能教授其如何正确地对待人生的方方面面，最终培育出有着正

---

① 《习近平谈治国理政》第 4 卷，外文出版社 2022 年版，第 274 页。

确世界观、人生观、价值观的人才。其次，树人是立德的最终目标。教育的目的是培养人，作为一个有生命的个体，人必须以其思想、情感、独特的精神世界来构成一个主体。真正意义上的完整个体的人是集德智体美劳全面发展于一身的。而道德是人需具备的诸多要素之中最基本的要素，在历史变迁的过程中，发挥着不可替代的作用。教师应当坚守以德育为先的理念，促进学生对自身素质的发展，达成树人的最终目标。

二、把握社会主义办学方向

新时代背景下，我国融入世界的脚步逐渐加快，各国之间的交流与合作日趋紧密、竞争日趋激烈。在此过程中，国与国之间不同的价值观念都在向外界辐射。高校作为一个学术交流与文化集散地，不同思潮、观念相互激荡，特别是西方某些具有较强欺骗性、较强诱惑性的价值观念，不仅容易渗透进青年学生的头脑，甚至对一些教师也有着很强的诱导性。因此，我国高校在进行高等教育时必须与中国特色社会主义的方向保持一致，其自身办学理念以及培养的学生要为我国的改革开放和社会主义现代化建设服务，这是高校办学和人才培养的政治底线。

(一)坚持党对高校的领导，彰显马克思主义底色

高校要始终坚持社会主义办学方向，首先要坚持党对高校的领导。习近平总书记曾指出，强化党对教育事业的全面领导是办好教育的根本保障。一是要做到牢牢确立党对高校的领导权。高校应当被置于党的全面领导之下，由党委对高校进行整体规划安排，各部门分工明确履行职能，让高校始终坚定正确的立场、把握正确的方向。二是要强化高校党的建设。高校教师队伍之中不乏党员的存在，党员同志应起到带头作用，带领其他教师主动学习并正确解读党的相关理论知识，用其武装头脑，更好地建设党的教育事业，将其潜移默化地融入教学之中。此外，要彰显马克思主义的鲜明底色。习近平总书记指出："马克思主义是我们立党立国的根本指

导思想，也是我国大学最鲜亮的底色。"①坚持马克思主义在意识形态领域的指导地位是高校培养人才的前提和基础。作为国家青年人才培养的基地，高校应帮助学生树立正确价值观，坚定文化自信。一是要让思政课充分发挥思想政治教育主渠道的作用，帮助学生理解马克思主义的内涵，学会用马克思主义的观点去看待生活、学习乃至未来工作中出现的问题。二是要让专业课与思政课在思想政治教育中协同并进，充分发挥思想政治理论课的显性作用与专业核心素养课的隐性作用，促进不同学科之间的互动交流，使课程思政得到进一步发展，从而提高课程思政与思政课程协同育人的实效性。

(二)深刻认知制度优势，增强认同感

部分师生价值观多元化，社会主义理想信念淡薄甚至动摇，这一情况很大程度上影响了课程思政育人实效。面对这一问题，从课程思政角度来看，首先，要开展相关培训，让广大专业课教师充分认识到社会主义制度的优越性，增强其政治认同、制度认同和情感认同。历史证明，社会主义制度具有西方政治制度无法比拟的制度优势。无论是十九届四中全会总结出的"十三个显著优势"，还是正在发展中的"中国速度"，从理论乃至实践层面，都将中国特色社会主义制度的优势展现得淋漓尽致。因此在开展培训时，要注意从历史、现实特别是我们经历的鲜活实践中，引导专业课教师加深对社会主义制度优势的认识，坚持对社会主义办学方向的政治认同、制度认同和情感认同。其次，要培养学生辨别是非曲直的能力。学生对社会主义制度是否认同也会影响课程思政实效。课程中教师应当注重激发学生的爱国热情，促使学生自主学习有关历史、政治的书籍，坚定对国家、对社会主义、对党的牢固信念。最后，高校内部顶层设计要注重对社会主义制度的宣传学习，举办座谈会解读中国特色社会主义制度优势，并

---

① 习近平：《在北京大学师生座谈会上的讲话》，《人民日报》2018 年 5 月 3 日，第 2 版。

开展相应实践活动。

（三）改进教材体系，更新教学内容

在开展课程思政时，往往会出现思政元素难以融入学科知识的情况，这与部分学科教学体系、教材内容等"西化"现象严重脱不开干系。像高校的四门思想政治理论课，其教材都属于"马克思主义理论研究和建设工程"（简称"马工程"）教学用书。以《中国近现代史纲要》为例，其根植于中国近现代以来的历史，是符合中国国情、坚持社会主义办学方向的。但开展课程思政的学科部分是从国外传入的，属于"舶来品"，其教学体系多采取西方原有的模式，较难与社会主义方向相适应。此外，教材中陈旧的、西化的教学内容也使得课程思政寸步难行。因此，要想将课程思政落实到位，育人成效有所提升，就必须改进教学体系，更新教学内容。思政课教师应参与到各专业的教学体系改进之中，与专业课教师进行交流、合作，将自身深厚的理论知识与专业课教师的学科知识相结合，梳理体系脉络，使教学体系更贴近社会主义，更符合中国国情，能够让学生在潜移默化之中对国、对党有更为深刻的认知。而更新教学内容，离不开专业课教师课程思政意识、能力的增强，对时事政治敏锐度的提升。专业课教师应在熟悉和掌握适合中国学生教育规律以及人才成长规律的基础上，辅以社会主义相关知识的自主学习，在课堂中讲授本专业的知识时，对其中陈旧的、落后的、细化的教学内容予以摒弃，更新与社会主义契合度较高的专业知识，从而更好地坚持社会主义办学方向。

三、坚持"三全育人"的教育理念

"三全育人"主要指全员育人、全程育人和全方位育人三个方面，即多方共同参与学生的教育，充分发挥学校、家庭、社会、学生四者间的教育合力，其目的是促进教育对象的全面发展，成长成才。"三全育人"的提出不仅体现了党和国家对学生思想政治素养的高度重视，也是高校思想政治工作改革创新的新途径。

（一）明确全员育人理念，提升育人自觉

坚持全员育人不仅要发挥思政课教师与专业课教师言传身教的作用，还要发挥优秀学生、知名校友等的带头示范作用，高校管理干部的指引作用以及家长和其他人员潜移默化的育人作用。就目前情况而言，在课程思政的建设过程中，全员育人还没有成为学校的自觉，更没有成为教师的自觉。一提思想政治教育，似乎就是思政课教师的工作，而绝大多数专业课教师、高校管理人员等与大学生有着密切联系的人尚未意识到自身在育人中起到的作用。因此，为更好地让学生接受思想政治教育，落实育人工作，要明确全员育人理念。首先，要唤起教师的育人自觉。一名合格的教师，首先要具备以德育工作为核心的育人素养，然后才是术业有专攻的学科素养。[①]　各位教师都要认识到全员育人的重要性，自觉进行育人工作。其次，要让高校中非教育人员认识到自身的育人功能，改变对教师职业片面的、错误的认知，摒弃原有的将育人职责全部归于教师的观念，主动参与到育人实践之中，形成育人合力。最后，号召知名校友、社会人士、家长等群体参与到教育之中。知名校友以及家长所具有的示范作用在无形之中对学生产生影响，而社会中数不胜数的优秀人物及其优秀事迹所具有的影响力能够让学生在学习的过程中有所感悟。在中国进入一个新的百年历史进程中，全员育人具有现实意义，而明确全员育人理念无疑是点亮教育道路上的一盏指路明灯。

（二）总结育人客观规律，注重全程育人思想

全程育人要求思政教育贯穿于学生求学的始终，从入学到结业，从学期中到寒暑假，甚至毕业后的再就业阶段，思政教育都应如影随形。学生的成长是一个由简单到复杂，由量变到质变的发展过程。育人工作同样是

---

① 童文兴：《全员育人：落实立德树人根本任务》，《中国德育》2021 年第 18 期，第 11~14 页。

一项长期的工作,乃至终生的工作。在学生进入高校学习后,思政课教师以及专业课教师都应根据学生每个阶段不同的思想认识,总结客观规律,有针对性地进行引导。多数学校的思想政治理论课集中在大一、大二阶段,而这不足以对学生进行深刻的教育。在后续的阶段中,需要以专业课教师为主体,逐步开展课程思政,进而弥补这方面的不足。思政课教师需要意识到思想政治教育是一个长期性的工作,即使没有了思想政治理论课,也应参与课程思政之中,帮助专业课教师总结育人规律,在各个阶段把好关。专业课教师需认识到自身在学生成长阶段的重要性,在学生不同的身心发展阶段实施不同的教育。以毕业阶段为例,专业课教师应当引导学生将个人理想和社会理想相结合,将自身需要和社会需要相结合,用专业知识技能服务他人,奉献社会。

(三)落实全方位育人理念,聚焦关键场域

全方位育人要求善于运用各种载体,将思想政治教育与校园文化建设、学风建设相结合,将思想政治素质考核纳入奖助学金评比指标,将社会实践与思想政治教育相结合,从而丰富学生思想政治教育的途径与方法。其途径与方法主要包括线上线下、课内课外、校内校外等,可以说,全方位育人的场域很宽。教职人员首先要意识到全方位育人理念。调查显示,只有极少部分专业课教师将课程思政运用到实践实训之中,多数专业课教师只注重书本教学,忽视课外实践教育,这就使得书本知识很难转化成学生的自觉行动,而全方位育人理念很大程度上能够弥补这些缺陷。此外,在落实全方位育人理念时,可能会出现线上线下、课内课外无法兼顾的情况,这就需要聚焦关键领域,抓重点、破难点。教师在育人过程中,可以重点关注社会实践,这是大学生将所学知识与社会实际相接轨的一个重要方式,对大学生了解自身、了解社会,增强自身责任感、信念感起着重要作用。教师要在统筹兼顾落实全方位育人理念的基础上,聚焦关键场域,让思想政治教育落到实处。

四、坚守协同育人的底线

习近平总书记强调，要善于运用底线思维的方法，凡事从坏处准备，努力争取最好的结果，这样才能有备无患、遇事不慌，牢牢把握主动权。底线思维，就是要增强忧患意识，防范风险于未然。坚持底线意识、底线思维所强调的关键和基础是守住底线。找准底线很重要，但更加重要的是守住底线。在高校课程思政与思政课程协同育人的过程中，坚持底线思维，就是要守牢三条基本底线不动摇，即政治安全底线、身心健康底线与师德师风底线。

（一）守牢政治安全底线

高校思想政治工作，关注点是政治，本质上是意识形态工作。无论是思政课程还是课程思政都要首先保证学生的意识形态不掉队。当今时代，不同文化、思想之间的碰撞激烈，高校始终是各种意识形态斗争的主要战场。历史经验教训反复告诫我们，高校的政治安全工作意义重大。因此，面对如此复杂的意识形态斗争，高校必须守牢政治安全底线，确保从党委到基层，从教师到学生，始终上下一条心。首先，思政课教师与专业课教师要做到自身政治立场不偏离，主动学习党的理论知识，诚心拥护"两个确立"，衷心践行"两个维护"，加强自身意识形态建设；其次，教师应当在头脑中深刻认识到政治安全底线的必要性，时刻谨记政治安全的底线；最后，以实际行动践行这一理念，积极防范和抵御敌对势力对大学生的渗透，站稳守好党和国家意识形态的前沿阵地，打赢这场"没有硝烟的持久战"，教育和引导学生全面了解国情、正确认识世界、看清时代大势。

（二）守牢身心健康底线

习近平总书记指出："当代青年遇到了很多我们过去从未遇到过的困难。压力是青年成长的动力，而在青年成长的关键处、要紧时拉一把、帮一下，则可能是青年顶过压力、发展成才的重要支点。"①大学，是青年成长的重要节点，对未来的迷茫使得他们承受着巨大的压力，而高校教职人员需要守牢学生身心健康的底线，关注他们的所思、所盼、所忧，帮助他们解决学习生活、人际交往、职业规划等多方面的问题，为他们答疑解惑。这无法通过简单说教、疏导来轻松解决。专业课教师应在意识到这一底线的基础上，结合本专业特色，对学生的未来职业规划、学业生活给予一定的关注与指导。思政课教师相对专业课教师来说，与学生接触的时间少，但同样可以通过言传身教、课堂讲授、课外交流等方式守牢学生的身心健康底线，成为学生的良师益友与人生引路人。此外，与学生接触最紧密的班主任与辅导员应参与到课程思政之中，与专业课教师互动交流，提供相关信息，以便教师将学生们所关心的学习生活、职业规划、人际交往等难题巧妙地融入到教学之中，让课堂不再与学习和生活相分离。

(三)守牢师德师风底线

高校教师的师德师风是检测教师职业水平的关键指标，而教师的职业水平很大程度上影响着学生的思想素质与技能水平。为更好地担起学生生活的导师、学业的指引者和道德的引路人三重身份，教师应做到教书和育人、言传和身教、潜心钻研和关注社会、学术自由和学术规范的"四个统一"，将守牢师德师风底线镌刻在个人思想政治素质和职业道德水平丰碑中，加强职业道德，守好职业底线。专业课教师作为学生接触时间最长、联系最密切的教师，他们的师德师风极其重要。"学高为师，身正为范"，专业课教师必须守牢师德师风底线，在职业生涯中，不断提升自身道德素养。思政课教师更应如此，作为思想政治工作的主要执行者，对自身应有更高的道德要求。守住职业道德、个人品德，以自身的言行推动学生的德

①　习近平：《在纪念五四运动 100 周年大会上的讲话》，人民出版社 2019 年版，第 14 页。

智体美劳共同发展，培育能服务于社会主义现代化建设的合格人才，这是高校全体教职人员都需要守牢的底线。

新时代，课程思政与思政课程协同育人机制的构建迫在眉睫，高校理应对其相关领域做出相应的研究与系统性的延展。但其实现过程是充满曲折的，需要在实践中做到具体情况具体分析，根据实际情况不断调整对策。思想是行为的先导，协同育人各类主体在理念上达成一致，方能在实际行动中统一步伐前进。理念协同所解决的是课程思政与思政课程开展过程中出现的认知未到位等一系列概念性问题，通过树立立德树人根本思想、坚持社会主义办学方向、坚持"三全育人"教育理念以及坚持协同育人底线，分别从教育目标、教育理念等多个方向着手，提出具体的应对方略与根本对策，方能推动协同育人建设，使高校思想政治教育的建设与发展出现质的变化。

第二节　内容协同：课程思政与思政课程协同育人的关键

一、通用育人元素的协同

通用育人元素，即对学生具有普遍教育意义的思政因素，与课程、专业、学校等没有必然联系，如奋斗精神、奉献精神、团结精神、红色基因等。《高等学校课程思政建设指导纲要》将思政元素分为六大部分——"五爱教育"（爱党、爱国、爱社会主义、爱人民、爱集体）、政治认同、家国情怀、文化素养、宪法法治意识、道德修养。在具体课程思政建设过程中，六大思政元素将牢牢发挥其思政教育的功能，给予充足的"理论补给"。

（一）通用思政元素与理论课堂的深度融合

通用思政元素与理论课堂应当深度融合。"考虑到不同课程的'思政元素'蕴含量不同，为了实现事半功倍的效果，挖掘应有序推进。"①一是以经典故事为融合点。在专业课教学中，通用思政元素的融入应当以经典故事为重要载体，实现课程思政教学的生动性、独特性。专业课教师在教学过程中，要将专业知识与传统经典故事相融合，如爱国故事、美德故事、奉献故事等，并以此作为抓手，在经典故事中挖掘通用思政元素，赋予通用思政元素生动性、故事性、传承性。二是以时事热点为契合点。新时代大学生有时政参与的热情、时政判断的思考能力，尤其关注国际国内动态、社会热点新闻和重大事件等，能敏锐地捕捉热点信息。因此，专业课教师要善于利用时政热点作为思政素材，如中美关系、脱贫攻坚等热点新闻，深挖有效通用思政元素，利用时政热点的鲜活性提升通用思政元素的生动性、价值性，引导学生更加深刻地了解世界、认识中国，增强民族自信心和社会责任感。三是以生活现实为切入点。专业课教师可以将自身或学生的生活经历作为思政素材，将思政元素贯穿于日常生活中。身边的生活化素材更容易引起学生的情感共鸣，调动学生学习的积极性。专业课教师应当鼓励学生在课堂上分享生活体验，在生活经历中深挖通用思政元素，利用学生已有的生活经历或认知深化新概念、新价值，有效提升思政教育的效果。

(二)通用思政元素与实践教学的紧密联系

通用思政元素与实践教学应当紧密联系。一是立足课堂实践教学。把握好课堂实践教学，是通用思政元素渗透教育教学全过程的重要基石。专业课教师应当秉持"学生是主体、实践是基础、课堂是载体"的基本原则，通过学生自主讨论、课堂辩论、案例分析、学生课堂讲课等实践教学方式，将奋斗精神、奉献精神、团结精神等通用思政元素内容渗透到实践活动教学中，既让学生将课堂知识与生活实际、经验相联系，又让学生在多种多样的实践教学活动中受到思政元素的熏陶，提升思想素质，磨炼高尚

---

① 成桂英：《推动"课程思政"教学改革的三个着力点》，《思想理论教育导刊》2018 年第 9 期，第 67~70 页。

品格。二是把握校园实践教学。校园活动是教育教学的第二课堂，也是通用思政元素实现其育人功能的重要抓手。专业课教师开展校园专业实践教学，通过歌唱比赛、宣讲比赛、主题征文比赛、微电影比赛等方式实现专业课教学。在此过程中，专业课教师应当根据教学实际与学生学习程度，深入挖掘课程内的通用育人元素，并赋予其课程内容的独特性，实现通用思政元素育人的独特性、专业性。三是落实社会实践教学。社会实践实现了社会教育与学校教育的动态联袂，是实现通用育人元素育人的重要载体。学校应当借助暑期社会实践活动、社会调查等载体，搭建专业知识、技能教学平台，平台体系中渗透与专业知识、技能相呼应的通用育人元素，如爱国主义、奉献精神等内容，在实践教学中推动通用思政元素的科学化、实践化。

（三）通用思政元素与科研实验的深入结合

通用思政元素与科研实验应当深入结合。一是树立科研实验课程思政教育理念。思政教育理念包括政治认同和国家意识、马克思主义理想信念、社会主义核心价值观、公民健康人格和心理意识等。部分专业课教师在进行专业实验教学的过程中只注重实验技能的传授，认为思政教育只是思政理论课教师和学生辅导员的责任。因此，专业课教师应当充分树立在科研实验教学中进行课程思政教学的教育理念，将通用育人元素与实验与研究紧密联系，实现思政育人的根本目的。二是将思政元素融入具体科研实验过程中。具体科研实验是专业课理论教学的重要载体，也是思政元素育人的显著标志。专业课教师开展实验教学时，应当充分关注教学与通用思政元素的独特结合点，如在无机化学实验、物理化学实验、仪器分析实验等实验过程中，挖掘与该专业、实验相联系的通用育人元素，发挥思政元素的育人作用。三是梳理科研带教和科研服务的思政元素。基于实验平台的科研带教和科研服务本身具有极其丰富的通用思政元素，如学术道德、创新精神、团结协作等内容。专业课教师应当树立"久久为功、育心育人"的理念，在科研过程中围绕实验的教学目标、内容、方法，精准捕捉课程思政与专业技能传授的契合点，利用通用思政元素和育人资源，并结合学生的诉求与特点，有机融入科研带教和服务中，给予学生正确的道德引导和精神指引。

（四）通用思政元素与时政热点的同频共振

通用思政元素与时政热点应当同频共振。"课程思政中的思政元素的多样性、广泛性和个性无论在数量上还是在存在和表现形式上都比思政课中包含的思政元素更为丰富多彩。"①因此，我们要把握思政元素的多样性和时政热点的实时性有机统一。一是树立时政意识。时政热点是有效的理论土壤，也是通用课程思政元素挖掘的重要根脉。专业课教师应当树立时政意识，坚持定期、定时了解国家大政方针和最新新闻热点。众所周知，时政热点具有时代性、进步性、生活性，能够与通用思政元素紧密结合，推动思政育人的有效性、科学性。二是把握时政新闻。专业课教师应当不断积累时政热点，在结合国家大政方针和新闻热点的基础上，形成自己的思考。从时政新闻的起因、经过、结果、影响等内容着手，如绿色发展、环境保护、共同富裕等，深入挖掘时政热点中所蕴含的思政元素，推动通用思政元素所倡导的育人理念入眼、入脑、入心。三是深挖时代精神。在新时代，随着条件、现实的不断变化，一大批符合"真、善、美"的时代精神不断涌现，包括脱贫攻坚精神、抗疫精神、探月精神、北斗精神等。课程思政元素的挖掘可以以此作为鲜活的素材，挖掘时代新精神背后的案例故事、人物事迹，将团结、奋斗、创新等精神与课程思政紧密结合，营造良好的情感环境与育人环境，激励学生弘扬优秀文化，赓续红色血脉，推动学生思想境界和综合素质的提升。

（五）通用思政元素与文化宣传的同向同行

通用思政元素与文化宣传应当同向同行。一是厚植文化传统。文化具

---

①　龚一鸣：《课程思政的知与行》，《中国大学教学》2021年第5期，第77～84页。

有非常重要的教育力量，是与学生产生共鸣的重要途径。发挥好文化育人的功能，有助于找到历史与现实的契合点和连接点。在专业课程讲授的过程中，专业课教师应当充分把握文化教育的重要性，在专业知识点教学的过程中与中国传统文化相结合，如爱国精神、奉献精神等传统美德，让通用育人元素与传统文化紧密结合，实现思政元素的"文化育人"。二是营造文化环境。在课堂教学过程中，文化环境是通用思政元素能否真实、有效、生动地融入专业课程的"镜子"。教师应当结合课程的专业知识，深挖课程蕴含的思想价值和精神内涵，搭建课堂文化框架，将伟大建党精神、非遗文化、法治意识、家国情怀等通用思政元素润物细无声地融入教学之中。三是创新宣传方式。教师在教学宣传过程中，应当注重课堂的"动、活、新"，注重文化宣传方式的时代性与创新性。教师可以适当借助纪录片、历史图片等资料，通过情景剧、朗诵、歌舞表演等形式实现专业课教学文化传播的创造性转化、创新性发展，在此过程中融入通用育人元素，实现通用思政元素的独特育人。

二、特色教学元素的协同

特色教学元素，即与本校历史、学科建设、人才培养状况、课程内容风格有关的因素。教师应当扎根特色育人元素，把握课程思政"方向舵"，在具体课程教学中挖掘符合课程内容、体现课程特色的思政元素。

（一）挖掘专业特色元素

专业课教师应当结合专业特点，挖掘专业特色育人元素。要根据不同学科专业的特色和优势，深度挖掘提炼专业知识体系中所蕴含的思想价值和精神内涵。各高校学科种类繁多，学科专业跨度大，不同类型课程的思政元素含量差异大，因此思政元素的具体选择应根据不同类型专业课程的特点做出调整。一是挖深文史类专业课程元素的厚度。人文社科类课程是涉及意识形态核心的关键课程。文史类专业具有厚重的历史底蕴和人文底蕴，在历史的厚度与深度上具有较大的挖掘空间。教师在文史类专业授课时，应当深深把握丰富的历史和人文资源，在历史积淀中把握思政元素，在历史与现实的反复思考中把握、理解社会主义核心价值观的时代内涵，积极弘扬社会主义先进文化。二是挖准理工类专业课程元素的精度。理工类学科强调数理逻辑，强调精确、准确。因此，理工类专业课程的教师应当把握元素挖掘的精准度。理学类专业课程，要把科学伦理教育和思维方式的培养摆在首要位置，培养学生不断探索、创新发展的科学家精神。工学类专业课程，要把工程伦理教育作为第一要务，培养学生精益求精的大国工匠精神和为社会服务的社会责任感。三是挖活农、医、教育类专业课程元素的温度。农学、医学、教育学等学科具有较强的人文主义特色，因此教师在教学过程中应当挖掘其专业的人文温度。对于农学类专业，教师要树立"绿水青山就是金山银山"的环境教育理念，以此为基础挖掘思政元素理念，培养学生的"大国三农"情怀。对于医学类专业，教师在课程教学中要注重医德医风教育，不仅要培养精湛的医术技艺，更应引导学生把人民群众的生命健康放在首要位置，提升其综合素质和人文修养。对于教育学类专业，教师要加强师德师风教育，培养传道、授业、解惑的教师，将职业理想、规范从教等元素融入"四有"好老师的培养中去，实现思政育人的目的。

(二)挖掘区域特色元素

专业课教师应当结合区域特点，挖掘区域特色元素。一是扎根区域环境。一方水土养一方人，不同区域环境之间的差异对于人们的情感、态度、认知等都会产生深远的影响。专业课教师在挖掘思政元素时应当结合当地区域环境，以自然环境对人文环境起重要作用为切入点，将思政元素与区域环境紧密结合。二是考察区域文化。文化资源是挖掘思政元素的重要载体，专业课教师应当深入挖掘当地富有特色的文化资源，将该文化资源创造性转化、创新性发展，形成适合挖掘思政元素的"文化土壤"。以浙江温州为例，在课程思政建设中，可融入浙江"三地一窗口"的使命担当、创新创业的温州人精神等。三是利用区域特色。在不同文化、不同环境的影响下，不同区域具有其独特性。因此，专业课教师在教学中也应更多依托区域特色资源，让其提供更具亲和力与认同感的特色思政元素，使学生在当地人文环境的浸染中潜移默化地实现价值塑造。

（三）挖掘学校特色元素

专业课教师应当结合学校特点，挖掘学校特色元素。学校作为学生接触最多、接纳最深的育人环境，挖掘其蕴含的特色育人元素，对于课程思政的推进具有事半功倍的作用。一是挖掘学校文化特色。以温州大学为例，学校以"侨"为特色，拥有世界化、国际化的特点。因此，专业课教师在教学过程中应当充分挖掘"侨"文化、敢为人先、开放包容等思政元素，引导学生树立人类命运共同体理念，使校园成为最天然的课程思政育人基地，实现价值培养目标。二是依托校园文化活动。校园文化活动是展现学校文化特色的重要途径，是思政元素挖掘的重要抓手。专业课教师开展校园专业实践教学，通过歌唱比赛、宣讲比赛、主题征文比赛、微电影比赛等方式实现专业课教学。这一系列文化活动，既展现了学校的文化特色，又为专业课教师深入挖掘特色思政元素提供了实践载体。三是营造良好校园环境。良好的校风对优秀校园文化的形成发挥着重要作用，有利于提升校园文化的生动性和独特性。学校应当注重良好校园氛围的建设，将自身独特的办学优势和文化特色打造成专属名片，如书法学校、足球学校等。在此过程中，教师结合学校特色挖掘与之对应的思政元素，"在知识传播中强调价值引领，突出显性教育和隐性教育相融通，促进专业课与思政课同向同行"[①]，实现思政元素校园育人的教育价值。

（四）挖掘文化特色元素

专业课教师应当结合文化特点，挖掘文化特色元素。一是以优秀传统文化为立足点。中华优秀传统文化具有进步性、时代性，是思政元素挖掘

---

① 葛世伦、王念新、尹隽、李文昌：《行业特色型高校专业人才培养模式构建》，《中国高等教育》2022 年第 6 期，第 26~28 页。

的重要文化土壤。专业课教师在教育教学过程中，通过在课堂上开展"两学一做"学习教育、"品读经典·传承文化"主题活动等方式生动灵活地教授专业课知识，既向学生传递中华传统文化的精髓，又在此基础上深入挖掘符合课程、学生实际要求的思政元素，实现传统文化的思政育人。二是以地方特色文化为切入点。不同的地域产生不同类型、性质的文化，决定着文化的影响程度。思政元素的挖掘要深度结合地方特色文化，从地域特征、人文精神、特色内涵等方面入手，在尽可能挖掘当地文化资源的基础上实现与思政元素的结合，以文化的独特性赋予思政元素的生动性，使思政教育的温度和深度都得以体现。三是以创新时代文化为挖掘点。中国特色社会主义新时期，随着社会环境、价值观念的转变，一批符合时代特征的创新文化悄然出现，如抗疫精神、新时代北斗精神、丝路精神等正在潜移默化地影响着人们的思想。因此，专业课教师应当在新时代文化中充分汲取"理论营养"，在新时代文化背景下理解好、挖掘好、利用好与之相对应的思政元素，发挥课程思政在新时代下的育人优势。

（五）挖掘生活特色元素

专业课教师应当结合生活特点，挖掘生活特色元素。"课程思政属于'非思政课'，其所蕴含的育人资源是不显著的，是高校育人资源的隐性课程。"[1]因此，我们要找准生活与课程思政的结合点，实现育人效果的显著化。一是树立生活化教学理念。专业课教师要立足社会发展需要，了解思政教育的基本内涵，树立生活化教育理念，在结合学生发展实际的基础上，形成整体的教学模式。通过挖掘生活中的人物、案例，将学生的生活案例融入思政教育内容中，有效整合生活实践与课堂教学，提升学生对身边案例的讨论热情和参与积极性，用思政教育的感染力和渗透力，提高学生感知身边生活的温度和热度。二是关注学生日常"微"生活。微信、微

---

① 徐兴华、胡大平：《推进课程思政需要把握的几个重要问题》，《中国大学教学》2021年第5期，第60~64页。

博、短视频、微小说等微内容充斥学生生活，微型媒体让学生的意识形态和价值观念在多样化信息的影响下更加多元化。专业课教师应当充分发挥互联网时代优势，将微信、微博作为教学载体，让学生在关注身边时事热点的过程中自觉接受思政教育，让思政元素在潜移默化中帮助学生树立正确思想观念。三是挖掘身边生动素材。专业课教师可以积极主动分享自身的生活经历，或鼓励学生在课堂上积极发言，分享生活日常。在分享的内容中，专业课教师将其作为资源载体并挖掘其内在的思政元素，用身边的人、事体现思政元素的生活性，丰富课程思政教学的生动性。

三、教学元素协同经典案例分析

（一）通用育人元素的协同

案例一：华东政法大学"法治中国"一课开设了党的领导与依法治国的关系、法治信仰与依法治国的关系、如何培养中国法律人等 10 个专题内容。在坚持习近平法治思想的基础上，教师重点讲述新时代中国法治的现实问题和未来发展，对中国依法治国的治国总方略作了进一步的讲解与阐述。课程分别从法律内涵、法律历史、法律解释等方面，在讲授法律知识的同时传递习近平法治思想，把"五位一体""四个全面"等内容与通用思政元素（宪法法治意识）紧密结合，培养新时代大学生的历史使命感和时代责任，树立学生的"主人翁"意识。

案例二：浙江商业职业技术学院"通用管理技能开发"课是职业技术教育的关键性课程，具有实用性、现实性的特点，能够与通用思政元素深度结合。教师在教学过程中不断挖掘、深化教学内容，将社会主义核心价值观、职业道德等通用思政元素与专业课程内容紧密结合。在价值观教学中，教师通过学生回答、小组讨论等方式，让学生思考价值观在管理过程中的体现，随后介绍管理者自我认知、角色定位等专业知识点，同时引入社会主义核心价值观和良好的职业道德等思政元素，引导学生提升思想素质；在团队精神教学中，教师先将学生进行有序分组，通过完成对应组别的活动任务,让学生体验团队合作的乐趣并互相分享交流感受,而后对团队精神有了更进一步的理解和掌握,实现课程思政"溶盐于汤"、如沐春风的教学效果。

案例三:北京理工大学"军事理论"课是一门教授军事理论知识的专业课程,也是结合通用思政课程、实现课程思政教学的重要载体。教师通过情感共鸣法、启发教学法、情景教学法等方法融入通用思政元素。在中国国防模块中,教师以国防建设为主线,讲述中国国防发展史,把国防知识和社会主义核心价值观有机结合,激发学生的爱国热情;在军事思想模块中,教师以中外主要军事思想代表人物、典型事例为主线,讲述我国璀璨的军事历史和博大精深的民族文化,弘扬以爱国主义为核心的民族精神和时代价值,使学生树立科学的国防观、战争观和方法论,不断完善自身道德品质和健全人格。

案例四:河北工业大学"电路理论基础"课是电气工程专业的核心课程和基础课程,对学生专业兴趣的培养具有基础性作用。在电路和元件模型内容中,教师在教学过程中有针对性地引入工程案例或仿真案例,以元器件的应用为依托,案例为载体,如"人体电路模型与用电安全"案例,让学生通过仿真或实验,理解电路模型的概念,探索电路元件的特性。与此同时,介绍电容元件的单位,使学生了解科学家法拉第的成长发展历程,在学生获得专业知识的同时了解科学家成长历程,培养学生坚韧不拔、自强不息的精神,完成道德修养的提升与塑造,实现通用思政元素的育人功能。

(二)特色教学元素的协同

2022年3月以来,东华大学在"抗疫"大背景下确保线上教学工作保质保量地开展。在线上教学过程中挖掘疫情中的鲜活素材,深入剖析其中蕴含的特色思政元素,使课程思政与时代同频共振。

案例一:"非织造前沿技术与实践"课堂上,纺织学院黄晨老师将"口罩科技"与"抗疫"思政元素紧密结合,激发了学生的专业认同感和技术进步的自豪感。2003年"非典"爆发以来，普通百姓佩戴的都是棉纱布口罩。经过十几年纺织技术的提升，中国老百姓都用上了无纺布口罩。相比较棉纱布口罩，无纺布口罩具有多层的纤维结构，具有更好的过滤性、拦截性、防护性，对阻碍病毒传播具有更高效的作用。同时，中国平均每天出口1亿至2亿只口罩，是全世界出口纱布口罩最多的国家，为全世界的疫情防控贡献了中国科技、中国智慧、中国力量，让学生在课程思政的教学中感受民族自豪感，培养疫情之下的爱国情怀和科学精神。

案例二："环境仪器分析"课堂上，环境科学与工程学院环境科学系许贺老师根据课程特点，将分子荧光光谱技术原理与核酸检测、免疫分析技术原理与抗原检测紧密结合起来，通过理论讲授、案例分析、线上互动、微视频等方式引导学生科学、正确认识病毒检测与疫情防控，将理论教学内容与"抗疫"现实题材紧密结合，引导学生感恩医护人员和学校志愿者的辛苦付出，激发青年学生疫情背景下的责任与担当，实现教书与育人的有机结合。

案例三："建筑给水排水工程"一课中，环境科学与工程学院高品教授，紧密结合课程教学内容，深入浅出地讲授建筑排水系统在"病毒通过气溶胶传播"中的重要性，同时结合实际案例和学科前沿，深化学生对教学内容的理解，激发学生的学习兴趣。在此过程中，老师还向学生介绍了我国该项科技在过去取得的重大成就与突破，向同学们传递探索精神、科学家精神等时代精神内涵，对培养学生"发展技术、疫情防控"的理念具有重要的指导作用。

第三节　机制协同：课程思政与思政课程协同育人的保障

一、动力机制

动力机制是以高校内的激励、高校外的社会激励和政府激励为主要构成部分的机制，是协同育人的重要机制保障。动力机制要求在高校内外均采取激励政策，激励学生、教师等高校内人员和政府等高校外人员积极参与其中，通过高校内外的协同推进，实现教育资源在高校课程思政与思政课程协同育人机制中的合理分配，促使高校课程思政与思政课程协同育人机制不断得到完善和发展。

积极争取高校外的政府激励。政府是高校协同育人机制落实推进的重要支持保障力量，在协同育人的动力机制中起主导作用。政府需要为高校协同育人开辟出广阔的发展空间，提供各类政策支持和资金保障，以国家为后盾为高校协同育人机制提供良好的社会环境。首先是政策支持。2020年5月28日，教育部发布的《高等学校课程思政建设指导纲要》指出："各地教育部门要加强政策协调配套，统筹地方财政高等教育资金和中央支持地方高校改革发展资金，支持高校推进课程思政建设。"《高等学校课程思政建设指导纲要》指出中央、地方政府和教育部门等相关部门都应相互配合以创造各种发展条件，为高校课程思政建设提供重要的物质保障。其次是资金支持和其他各类资源支持等。高校协同育人机制的开展需要资金支持，除了政府给予外，高校自身具备一定条件的，也应做好本校课程思政建设的资金合理预算分配。政府鼓励高校在中央和地方政府的财政拨款保障下，促进高校自身的合理资源分配，避免出现物质资源和教学资源分配不合理的情况。

高校内的激励是促进教师积极参与协同育人的主要推手，也是高校协同育人机制得以顺利推进的内生动力。《高等学校课程思政建设指导纲要》明确指出："把教师参与课程思政建设情况和教学效果作为教师考核评价、岗位聘用、评优奖励、选拔培训的重要内容。在教学成果奖、教材奖等各类成果的表彰奖励工作中，突出课程思政要求，加大对课程思政建设优秀成果的支持力度。"高校教师的参与情况对课程思政与思政课程协同育人机制有直接影响。高校可以在教师的职称评价、评奖评优中加入对教师课程思政开展情况及取得的教学成果的相关评价内容，促使一批有能力有干劲的教师积极参与到高校课程思政的建设中来。对于思政课教师，应当促进其与专业课教师的相互合作与交流。高校应发挥思政课教师的思政理论优势，采取各类鼓励措施激励思政课教师积极参与专业课教师的课程交流和项目合作，促进课程思政与思政课程协同育人机制高效开展。

高校外的社会激励为高校开展课程思政与思政课程协同育人机制工作提供了社会动力。各级各类教学指导委员会等具有学科指导意义的专家组织应积极发挥作用，制定课程思政建设情况的评判标准。《高等学校课程思政建设指导纲要》指出："充分发挥各级各类教学指导委员会、学科评议组、专业学位教育指导委员会、行业职业教育教学指导委员会等专家组织作用，研究制订科学多元的课程思政评价标准。把课程思政建设成效作为'双一流'建设监测与成效评价、学科评估、本科教学评估、一流专业和一流课程建设、专业认证、'双高计划'评价、高校或院系教学绩效考核等的重要内容。"此外，还要重视组织领导制度的重要性。高校外的社会激励要求建立良好的社会环境和社会氛围，在党委等党组织的组织领导和各类专家组织的科学指导下，有力促进课程思政与思政课程协同育人机制的有效运行、发展。

二、监督机制

建设科学的课程思政与思政课程协同育人的监督机制，需要中央和地方党组织、高校党委和学院党组织和教师三方的共同努力。监督机制是协同育人机制运行获得成效的制度保障，中央在课程思政建设的指示中重点强调了监督机制的重要性。教育部 2020 年在印发的《高等学校课程思政建设指导纲要》中指出，人才培养效果是课程思政建设评价的首要标准。应建立健全多维度的课程思政建设成效考核评价体系和监督检查机制，在各类考核评估评价工作和深化高校教育教学改革中落细落实。国家要求各高校在确立协同育人机制的质量评价等标准基础上，加强各方各级的监督以保障协同育人机制的有效运行和发展。

（一）监督机制的有效建立，需要强化党的政治监督

中央和地方应发挥领导作用，对课程思政的实施与建设做出指示，做

好课程思政建设工作的顶层设计。教育部等中央政府部门应组织专家学者对当前课程思政的情况进行分析，强化顶层设计，做好课程思政建设工作的总体安排。教育部在 2020 年印发的《高等学校课程思政建设指导纲要》，为地方政府的课程思政建设工作制定了总方针。省教育厅等地方政府部门应以中央的部署文件为基础，根据本省情况采取不同的落实措施，并组织部分党委成员参与到高校课程思政与思政课程协同育人机制建设的日常监督中。在抓好顶层设计，坚定"主心骨"这一方面，浙江省系统部署课程思政工作，出台《浙江省高校课程思政建设实施方案》等一系列行动方案与意见。方案指出：省教育厅成立高校课程思政工作领导小组，统筹研究重大政策，指导督促各高校开展工作。各高校建立党委统一领导、党政齐抓共管、教务部门牵头抓总、相关部门联动、院系落实推进、自身特色鲜明的课程思政建设工作格局。

（二）积极发挥高校党委和学院党组织的监督作用

高校党委是课程思政建设的实施主体和责任主体，在推进课程思政建设过程中起着日常监督作用，是监督机制的重要参与部门。高校党委要主动学习中央和地方政府的文件指示，在中央和地方党组织的领导下加强对课程思政建设的指导，进行系统谋划、统筹推进。学院党组织作为课程思政建设的重要组织者和推动者之一，要做好学院内课程思政工作的日常监督，起到基础保障作用。要在校党委的统一领导下，与各学院、各部门之间通力合作，促进协同育人效应不断扩大。课程思政与思政课程协同育人机制能否进一步推进和建设，重点在于校党委和学院党组织是否起到监督作用，是否将监督工作作为重点工作部署实施。

（三）监督机制要求各高校关注人才培养的过程和效果，推动教师参与到监督工作中来

教师是教学的主导者，也是课程思政与思政课程协同育人机制的直接参与者和主要工作者。组织教师参与到协同育人机制的监督工作中，更易

发现协同育人机制中应改进的部分。教师之间的相互监督也能为教师的课程思政建设工作提供动力，帮助教师得到更多相互学习的机会。尤其是教师党支部在教师中要起到带头作用，积极组织教师参与到监督工作中来。教师党支部是课程思政建设的"战斗堡垒"，担负着直接教育、组织和管理教师的职责。党员教师是课程思政建设的实践者，在教师中起着带头作用。教师党支部要积极组织党员教师，发挥党员教师的带头作用，以点带面，带领全体教师参与到课程思政与思政课程协同育人机制的监督工作中来。

三、评价反馈保障机制

由于教师在进行思政课程和专业课程的教学过程中，很难直接收到学生的学习反馈，因此需要建立高效的反馈机制保证协同育人的效果，即评价反馈保障机制。但评价反馈保障机制并不只包含学生的学习反馈，高校应从多个维度架构评价反馈的体系机制，涵盖学生、教师、课程这三个方面。

(一)评价反馈保障机制应及时反馈学生对思政课程和课程思政协同育人的效果评价

学生是整个评价反馈机制的中心，学生对课程的评价应被列为课程评价的重点。学生在学习的过程中，会对课程的设置、课程整体的思想性和方向性等有自己的思考，并且能够自查自身学习情况。在不同的专业课程中，学生所学的知识体系各自不同，因此需要借助评价反馈保障机制在学生和教师之间搭建沟通的桥梁。在思政课程中，学生直接接触到思政相关知识，对自身的思想品质和政治素养是否得到提升有更明显的感受，因此评价反馈保障机制应集中针对这两块进行调查；在专业课程中，学生在学习其他专业知识的过程中潜移默化地受到思政元素的影响，因此评价反馈保障机制在设置问题时可以采用间接的方式，将思政元素与专业知识结合的效果问题隐藏在一般问题中。学生在自查学习情况之后，将结果反馈到评价反馈保障机制中，由此帮助教师更好地了解学生的学习状况。教师将学生反馈的学习成果作为判断课程设置是否有效的重要依据，并在评价反馈保障机制的帮助下，及时调整自己的课程设置和授课方式。除学生和教师外，高校内部部门也应成为评价反馈保障机制的重要参与者。包括教务处在内的高校各部门应在学校的教务系统中设立单独的思政元素评价系统，让学生对思政课程和专业课程中的思政元素进行客观评价，给出课程意见和自己的思考。教务处应为评价反馈保障机制的建立和运行提供主要平台，其他各部门都应为评价反馈保障机制提供力所能及的帮助。评价反馈保障机制的建立需要高校各部门齐心协力，后续的建设和发展也需要高校各部门的长久维护。

（二）评价反馈保障机制应注重对学生的过程性评价

评价反馈保障机制应以学生在学习过程中的表现为关注焦点，着重关注学生的思想品德、政治素养等方面的表现。学生的课堂表现和课后表现，是获得可靠评价信息的主要来源。学生通过思政课程和专业课程的学习，能够影响自身的思想和行为。由此可知，通过收集和分析学生的思想状况、"三观"的形成状态以及行为方式等信息，并将以上信息作为评价反馈保障机制运行的重要依据，这也是获得高质量反馈的有效方式。评价反馈保障机制遵循的从来不是唯结果论，而是将重点放在学生在学习过程的心得体会，强调思政课程和课程思政给学生带来的价值观念、行为习惯等方面的影响。在不同的课程中，学生的过程性表现会有不同的表现方式。在思政课程中，学生在学习过程中可能会在思想政治素养方面表现得更为突出，比如价值观念的完善和发展、思想更加成熟等。学生在学习其他专业课程的过程中，由于其他课程采用的是潜移默化的间接方法，所以思想层面的表现不能直接在课堂上体现出来，反而这些课程对学生的行为方式、习惯养成等有更突出的影响。评价反馈保障机制强调对学生学习过程的评价，并始终坚持以学习者为中心的教育理念，是保障学生思想政治素养稳步提升的重要方式，其建立和发展都需要将学生作为服务的主体。

(三)评价反馈保障机制应对教师的师德师风和育人成效进行评估

评价反馈保障机制需要对教师进行多维度评价。第一，对教师的师德师风进行评估。教师要起到立德树人、以身作则的示范作用。教师的师德师风，不仅会影响到自身的教育水平，更重要的是会影响到学生世界观、人生观和价值观的形成与发展。一位良师能在很大程度上帮助学生找到正确的人生道路，树立正确的思想道德观念。因此，学校的评价反馈保障机制应将教师的师德师风作为重点评估对象，采用多种方式对师德师风进行评价。其中包括但不限于学生对教师的评价，教师与教师之间的评价，学院内行政部门对教师的评价等。第二，教师的育人成效是评价的重中之重。课程思政与思政课程协同育人的成效需要在教师教育学生的过程中得以展现，教师的育人成效很大程度上影响整个课程思政和思政课程协同育人的发展进程。因此评价反馈保障机制对教师育人成效的评估是教师评价中最主要的部分。评价反馈保障机制需要对教师的育人成效制定严格的多元评估标准：既要评估教师的课程设置等育人措施是否符合社会主义核心价值观、是否符合当今时代潮流等，也要评估教师的育人成效是否达到社会要求，学生是否达到了思想品德和政治素养等多方面的个人提升等。在评价反馈保障机制中，教师在教学中的教育者地位决定了其在评估反馈保障体系中的重要地位。

四、常态化师资互动机制

《高等学校课程思政建设指导纲要》指出："全面推进课程思政建设，教师是关键。要推动广大教师进一步强化育人意识，找准育人角度，提升育人能力，确保课程思政建设落地落实、见功见效。"由此可见，教师在课程思政建设中处于教育者的重要地位。而发挥教师重要作用的有效举措之一，就是建立常态化师资互动机制。建立常态化师资互动机制，要求教师与教师在长时间内保持沟通交流，通过教师与教师之间的互动形成育人合力，推动课程思政与思政课程协同育人效应的逐步实现。

《高等学校课程思政建设指导纲要》明确指出："要加强教师课程思政能力建设，建立健全优质资源共享机制，支持各地各高校搭建课程思政建设交流平台，分区域、分学科专业领域开展经常性的典型经验交流、现场教学观摩、教师教学培训等活动，充分利用现代信息技术手段，促进优质资源在各区域、层次、类型的高校间共享共用。"由此，常态化师资互动机制主要有以下三种运行方式。

（一）线下开展经常性的经验交流分享会、教学观摩会、教师教学培训、学术沙龙等活动

这类活动是教师之间最直接的交流和学习方式，更普遍见于同专业教师之间的知识性交流。思政课教师在线下学术性活动中，可以学习到新颖、优秀的思政课教学方式，让自己的思政课教学更加充满活力、创造力，可以发现自身的知识薄弱区并拓展学术知识等。除了上述所讲的提升自身学术水平外，专业课教师还能够学习到更多优秀的课程思政教育方法，更好地将思政元素融入专业课程的课堂教学中。一方面，线下的经验交流活动为教师提供了面对面交流的机会，教学疑问能得到更加及时的反馈。教师的教学水平得到提高，高校的课程思政与思政课程协同育人的效果也会得到一定提升。另一方面，线下交流会存在一定的缺陷。例如，教师之间异地距离过远，路程花费时间较长，耗费精力；线下交流会时间过长时，教师的食宿等需要安排等。总而言之，线下交流会仍是教师间交流的主要形式之一，对课程思政与思政课程协同育人机制的不断推进有重要意义，但随着"互联网+"时代的来临，线下交流会逐步向线上转变。

（二）鼓励并支持思政课教师和专业课教师之间的交流和合作

思政课教师和专业课教师之间的交流主要是指二者之间的各类专题培训，如马克思主义政治经济学、马克思主义新闻观、中国特色社会主义法治理论、法律职业伦理、工程伦理、医学人文教育等专题培训。在教学中，思政课教师可以发挥自身的专业优势，通过运用马克思主义思想、中

国特色社会主义法治理论等思想政治知识为专业课教师的课程思政教学提供专业指导，促进思政元素更好地融入专业课程。在研究上，思政课教师和专业课教师可以一起合作开展课题、项目等，运用双方的专业特长进行优势互补。思政课教师为研究指明正确的价值方向，并运用马克思主义理论和中国特色社会主义理论等理论优势，判断该研究在思政角度上的可行性。专业课教师为研究提供专业知识和实验成果，用实践的方法使研究更具科学性。

（三）建立高校间学术交流的线上互动平台

线上互动平台的建立，使教师交流的范围扩大，交流的对象也随之增多。因此此类平台的设立不仅需要建立科学严谨的审核标准，如教师在注册时需要实名注册并与任职学校进行绑定，而且需要开展丰富的交流形式，如视频直播、文字交流、素材共享、课程展示等。目前已经出现了钉钉、腾讯会议等以视频直播为主要形式的交流软件，高校间学术交流的线上互动平台既可以依托此类软件进行跨校跨区域交流，也可以建立起独立的线上网站，两者各有利弊。使用钉钉等软件省去了开发、调试网站所需的时间和精力，教师也更加习惯此类软件的使用模式，使高校间的学术交流更加方便快捷。开发专业性网站则好处多多，它为教师提供了分门别类的相关资源，供教师自行下载学习，同时也帮助教师更自由地和各地的教师进行交流。例如，专业课教师可以在网站上在线观看其他示范课教师的课程视频，学习优秀教师如何将思政元素融合到专业课程中。同时，网站也为教师提供自由的交流平台，教师可以与优秀示范教师进行一对一交流，也可建立专业的交流群，交流更加简单自由。

教师是教育者、教学者，这一重要地位决定了其在高校课程思政与思政课程协同育人机制中的作用。教育者这一特殊角色使教师的地位在协同育人机制中成为不可或缺的一部分。因此，建立常态化师资互动机制，从而提升教师的育人效果，需要全体教师的共同参与并形成育人合力，使教师成为课程思政与思政课程协同育人机制发展、完善的中坚力量。

五、思想政治教育资源共享机制

建立思想政治教育资源共享机制，是实现高校课程思政与思政课程协同育人的重要理论支撑。思想政治教育资源共享机制的建立，离不开口传媒介、文字媒介、图像媒介这些大众媒介的推动作用。在信息化时代高速发展的今天，思想政治教育资源呈现多元化、立体化的发展态势，需要教师们好好把握。

(一)建立思想政治教育线上课程展示平台

线上课程展示平台是集课程开发、制作与学生学习、交流等于一体的课程共享平台，这类课程平台的服务对象相对较广，面向所有教师和学生，每一位教师和学生都可参与其中。国内以慕课为主要代表，受众广泛。这一类课程平台为教师提供了课程开发和交流学习的平台，以线上发布的形式获取更多的学生样本资料，以此帮助教师及时发现自身课程的优势并弥补暴露的缺点。课程思政与思政课程协同育人效应也可以在课程展示平台上得到良好的发展。思政课教师可将自身高质量的思政课程上传到网络平台，形成更广的育人效应。专业课教师能够学习本专业教师发布的融入思政元素的优秀课程，并运用到自己的线下课程中。思政课教师和专业课教师都可以相互交流教育心得，提升自身对课程思政与思政课程协同育人的认识并丰富和发展自己课程的内容。这类课程展示平台也为学生提供了更多可选择的学习课程，学生可以选择感兴趣的课程以激发学习积极性，并且相对于传统线下课程，线上课程没有地点和时间的固定约束，学生能更好地安排学习计划。学生在线下学习思政课程和专业课程的过程中，可能对某些课程不抱有学习热情，这可能导致协同育人效应达不到预期效果，但是线上课程展示平台的课程完全由学生自主选择，并且这类平台会及时推送优秀课程，学生足不出户也能得到高质量的学习资源，可更好地受到潜移默化的思政元素影响。高校和教师都应抓住网络课程展示平台蓬勃发展的契机，积极开发和打造具有深刻影响力和发展潜力的高品质在线课程。

(二)打造高校间素材资源共享平台

素材资源共享平台现如今主要的服务对象仍是致力于课程思政与思政课程协同育人效应的高校教师，还未在高校学生中普及。包括光明网推出的"高校课程思政资源数据库"在内，当前已经有许多课程思政与思政课程的素材资源网站。这些网站既提供许多思政素材，包括时政热点、思政书籍等，也提供一些成功的教学案例，为教师将思政元素融入课堂提供可借鉴的课堂模式。素材资源共享平台也可以逐渐延伸到高校学生中去，学生既可以学习这些素材资源的设计思路，拓展自身的思维，也可以将自身的思考和创新想法做成课程思政与思政课程的素材资源，上传到平台接受教师的指导并和其他学生进行思想交流。素材资源共享平台是思想政治教育线上资源的网络共享平台的重要组成部分之一，并可以通过运用网络媒介使高校课程思政与思政课程协同育人作用得到更好的发挥。

(三)打造网络互动讨论资源交流平台

教师在"怎样实现课程思政与思政课程协同育人"的学习交流中，会发现每个人拥有的课程资源都不一样。打造网络互动讨论的资源交流平台可以拓宽教师的资源获取渠道。如何建立良好的资源交流平台，其方法仍在探索当中，但是高校思政课教师和专业课教师之间的线上交流社区已经在有序发展当中，例如微信等社交平台，知乎等问答平台等。打造网络互动讨论的资源交流平台，是对思想政治教育资源共享机制的创新思考，也是促使思想政治教育资源丰富化的有力推手。

课程思政与思政课程协同育人需要以各种机制作为保证。动力机制为协同育人发展提供源源不断的原生动力，监督机制保障协同育人发展的有效性，评价反馈保障机制反馈协同育人的育人效果，常态化师资互动机制促进教师与教师之间的良性沟通，思想政治教育资源共享机制结合"互联网+"为协同育人提供资源基础。

第四节　体制协同：课程思政与思政课程协同
育人的保证

课程思政与思政课程协同育人是一个全方位的实践过程，构建课程思政与思政课程协同育人机制要充分发挥所有课程的育人功能。要实现高等教育课程思政与思政课程协同育人，不仅需要坚持科学的原则和理念引导，构建与之相适应的制度保障，更需要行之有效的体制提供保证，才能形成协同育人合力，推进高校课程思政与思政课程协同育人机制的有效运行。

一、通过制度引导促进协同育人

（一）构建高校党委集中领导的组织机制，强化高校协同育人体系顶层设计

党是教育事业发展的定海神针。2018 年 5 月，习近平总书记在北京大学师生座谈会上强调："人才培养体系涉及学科体系、教学体系、教材体系、管理体系等，而贯通其中的是思想政治工作体系。加强党的领导和党的建设，加强思想政治工作体系建设，是形成高水平人才培养体系的重要内容。要坚持党对高校的领导，坚持社会主义办学方向，把我们的特色和优势有效转化为培养社会主义建设者和接班人的能力。"①这次讲话再一次提高了高校思想政治工作在高校工作中的地位。思想政治工作是高校各项工作的生命线，必须紧紧地抓在党手上。

高等教育课程思政与思政课程协同育人机制有效运行涉及高校的方方面面，各主体各要素间关系错综复杂。如果缺乏一个高效的领导体制，各

---

① 习近平：《习近平在北京大学师生座谈会上的讲话》，《人民日报》2018 年 5 月 3 日，第 2 版。

主体各要素间将无法密切合作，相互配合，难以形成协同育人合力。因此，必须构建一个统一领导、统一设计、统一规划的育人体制。

构建高校课程思政与思政课程协同育人体制的关键在于统筹规划。实际上，统筹规划就是要求在高校育人体系构建工作中，立足新时代党和国家关于高等教育的历史定位，结合高校立德树人工作的时代要求，建立起党委统一领导、统一设计、统一规划的组织机制。"各高校要建立党委统一领导、党政齐抓共管、教务部门牵头抓总、相关部门联动、院系落实推进、自身特色鲜明的课程思政建设工作格局。"①要建立好这一工作格局，就要强化高等教育"大思政"体系顶层设计，将整体规划做好。一是要落实高校党委责任制，紧紧抓住高校育人方向，明确高校所有课程均承担思政教育职责。二是要构建党委统一领导下的效果反馈机制。关系到课程思政与思政课程协同育人能否取得成效的又一关键症结就是教学考核、评价办法是否有效。这两个关键问题关系到高等教育"大思政"体系构建成效，需要高校党委牢牢掌握在手中，通过高校党委—各部门党委—教职工党支部三层推进，激发高校全体教职工"为党育人，为国育才"的活力，形成教育合力。

(二)构建多方联动的协同工作机制，形成高校多层级教育合力

协同育人机制是一个庞大的系统工程，从学校大脑中枢传输到教职工神经末梢，需要建立多方联动的协同工作机制，以确保协同育人机制高效运行，即通过优化配置高校内各育人主体间关系，从而获得高校立德树人根本任务的最优效果。

首先，作为高校内部顶层设计的一部分，行政部门肩负重要的管理职能，必须强化其协同育人职责。通过对行政管理人员进行协同育人机制构建工作分工，让各管理部门及人员肩负不同的构建内容，将构建工作细化

---

① 教育部：《关于印发〈高等学校课程思政建设指导纲要〉的通知(教高〔2020〕3号)》，2020年5月28日。

落实到对应部门及人员，加快高校协同育人机制构建。其次，高校教务部门抓总，统筹规划。作为高校内各学科课程的总指挥，必须进一步强化其在协同育人机制构建中的育人职责。通过不断深化"三全育人"改革在人才培养方案的制定和实施，提高思政教育融入课堂教学、专业实训的实效性。同时，融入对大学生的价值引领这一指标，通过教材选用、课程大纲设计、平台搭建，构建系统的多方协同课程体系，稳定提供教学支持。再次，高校院系部门落实，扎实推进。高校院系部门作为高校教学系统的神经末梢，是高校人才培养的基本单元，是组织教学的实施单位，必须深化各院系在协同育人机制构建中的主体地位，形成协同育人合力。通过专业培养计划编写，教学内容设计，教学方法创新，将协同育人理念融入专业发展整体规划中，服务于立德树人根本任务。最后，必须深化各部门在协同育人机制构建中的内在联系，明确各主体的职责分工，完善协同育人机制的构建。

（三）健全多元化的评价体系，确保高校协同育人机制平稳发展

高校课程思政与思政课程协同育人机制的构建必须加强高校顶层设计，构建多方联动协同工作机制，明确责任主体，动员多方参与，增强育人合力。同时，为保证协同育人机制构建的有效性，还要构建多元化的评价体系，确保高校协同育人机制平稳发展。

为确保高校协同育人机制平稳发展，需要从两个方面构建多元评价体系。一方面，高校要通过多元评价教师，提高育人实效。高校教师在高校教育体系中起着立德树人、以身作则的示范作用，师德师风如何，不仅事关教师个人的职业素养，还会对学生的"三观"乃至未来发展都会带来巨大影响。因此，必须健全高校教育体系评价反馈体系，通过多元评价确保教师育人质量，激发教师育人动力。把师德师风作为教师考核的重要指标，从学校视角、学院视角、其他教师视角、学生视角多角度融合评价，将学生思想政治素质培养和协同育人职责承担纳入考核体系中，作为教师岗位聘用和绩效考核的重要内容。同时，还需要对育人成果突出的教师给予一

定的奖励，起到典型示范效应，以激发教师改革创新的动力，扎实推进协同育人机制发展。另一方面，高校教师要通过多元评价学生，体现育人效果。牢固树立以学生为主体的教育理念，尊重学生个体差异，将"三观"塑造、思想发展，情感引导等融入教学过程中，不断提高学生的体验感和获得感。通过这一方式，教师可以在育人过程中逐步加深对育人目标的体悟，落实立德树人根本任务，实现自我价值，同时又使协同育人的效果得到保证。

二、通过政策倾斜促进协同育人

纵观我国高校协同育人机制发展现状，虽然国家和政府给予了一定的支持和保障，但尚未形成健全的保障机制。同时，各地区间各高校间教育建设状况参差不齐，各高校教师队伍水平不一，这都对高校协同育人机制构建构成重要影响。实行统一的政策规划全国协同育人大格局，好比用一把尺子丈量山川和洼地，势必带来构建的低效性和对弱势群体积极性的挫伤，因此，为了在新时期高效推动高校协同育人机制的构建，更好地贯彻落实高校立德树人根本任务，通过政策倾斜解决高校间、教师间、课程间不平衡问题，应当是一种切实可行的措施。

（一）加大政策倾斜力度，保证各高校均衡发展

纵观当下国内协同育人机制构建状况，部分高校负责课程思政与思政课程协同育人机制构建工作的领导群体、实施协同育人具体教学工作的教师队伍以及各高校内负责协同育人机制设计的专家群体等人员的水平参差不齐，从而导致全国协同育人的质量难以真正得到保证。为了保证各高校均衡发展，需要国家和政府高度重视各高校人才缺位现状，加大对高校人才引进的政策倾斜力度。

实现高校均衡发展，不仅需要国家和政府从宏观上制定具有普遍意义的协同育人机制构建政策，确保高校协同育人机制的构建在大方向上保持正确性，还需国家和政府从微观上针对不同地区高校的具体情况制定相应

的政策，确保各地区高校协同育人机制构建均衡发展，缩小发展差距。具体措施包括完善人才福利制度和相匹配的人才流动机制，以相对完善的人才流动保障机制和丰厚的优惠政策吸引人才，增强其工作主动性和积极性，以政策弥补高校现存发展条件不足的缺陷，实现高校间均衡发展。

（二）加大政策倾斜力度，保障教师队伍共同发展

构建高校课程思政与思政课程协同育人机制，还需要缩小教师间发展差异。高校协同育人机制的构建工作必须通过作为主体的人来制定、规划以及具体落实，因此，对参与高校协同育人机制全体教职工的培训力度不能减。这就要求国家和政府必须通过政策的倾斜，对协同育人机制构建质量较低的高校的教职工队伍进行行之有效的培训。

对高校教职工队伍的培训和建设，一方面，需要统一的目标驱动，即全力推动高校协同育人机制构建，实现高校立德树人根本任务。另一方面，还需要针对高校内不同参与主体制定与之相匹配的培训内容。具体包括，从国家协同育人大格局角度出台相关政策，规定不同层次的高校教师之间针对协同育人机制构建实践中存在的问题进行定期集会交流，以及为增强高校教师育人能力提供政策上的支持和保障。同时，还需要出台强制性规定，要求高校内协同育人主体即所有教职工均参与严格的育人培训，将具体的培训工作落实到制度层面，将培训的质量评价贯穿整个培训过程。

三、通过项目示范促进协同育人

课程思政与思政课程协同育人机制构建强调的是以思政课程为主阵地，以其他各学科课程为助力，形成育人合力，落实立德树人根本任务。因此，国家应针对不同学科课程教学内容、教学方法的特点，坚持扎实推进和创新发展相结合，打造协同育人机制示范项目，积极探索共性高、可复制、可推广的模式和经验。

教育部在《关于深化本科教育教学改革全面提高人才培养质量的意见》

中提出：推出一批课程思政示范课程，选出一批课程思政优秀教师，建设一批课程思政教学研究示范中心，引领带动全员、全程、全方位育人。其中项目示范的形式和种类多种多样，从层级角度包括国家级、省级、校级、院级等垂直联系的示范项目体系；从示范形式角度包括协同育人机制经验研讨会、协同育人机制项目竞赛、优秀项目评比等多种形式。总之，协同育人机制项目示范的形式多种多样，只要组织得当、针对性强，就能切实推进国家协同育人大格局体系的建设。这就要求国家、高校在打造协同育人机制示范项目过程中应遵循以下三个要求：

（一）强化理念引导，构建党政领导机制

教育部在《高等学校课程思政建设指导纲要》中明确指出，要紧紧抓住教师队伍"主力军"、课程建设"主战场"、课堂教学"主渠道"，强调课程思政和思政课程是实现人才培养目标的重要保障。课程思政与思政课程协同育人机制构建是实现高校立德树人根本任务的有效保证，是坚持育人为本、德育为先理念的重要路径。

构建高校协同育人机制示范项目需要加强理念引导，确保示范项目在大方向上的正确性。首先，必须要落实示范项目主体责任，明确各高校党委统一领导，其他各级党委积极配合的原则。同时，强化全体教职工育人意识，落实立德树人根本任务，激发各主体参与协同育人机制构建的主动性和积极性。其次，针对各高校在硬件设施、师资队伍等方面的特点，考虑各专业教学内容、教学方法的差异，应建立适合高校人才培养目标的协同育人机制构建方案。最后，为保障协同育人机制示范项目发挥试点先行、示范带动效用，加强地区与地区间、高校与高校间、学院与学院间的经验共享和互助，应多多组织项目经验研讨会、建立项目示范分享案例库等活动，鼓励全体教授、专家牵头参与，一线教师广泛参与，形成协同育人合力

（二）深化内涵建设，助力协同育人机制构建

纵观当下高校协同育人机制构建现状，不同地区间高校协同育人机制

构建呈现出统一的目标取向和不同的建设背景，因此建设具有地方特色、行之有效的协同育人机制示范项目根本上是对项目内涵的建设。同时，深化课程思政和思政课程内涵建设，需要精准把握教师队伍、教材编写、课程设计、课堂教学四个关键要素。

首先，全面推进协同育人机制示范项目建设，教师队伍是关键。为扎实推进高校协同育人机制构建，高校教师应提升课程教学思政意识和自身思政教学能力。不仅思政课教师要牢牢把握思想政治教育核心，以德育人，其他学科教师也应挖掘和提炼课程内蕴的思政元素，扎实推进协同育人机制构建。其次，全面推进协同育人机制示范项目建设，教材的编写、选择和课程的设计是重要载体。要牢牢把握思政教育要求，并将其落实到教材的编写、选择和课程的设计以及课件制作、课程评价等多方面，确保构建的协同育人机制行之有效。最后，全面推进协同育人机制示范项目建设，课堂教学是手段。应借助现代信息技术工具推进课堂教学模式创新，打造线上与线下双向并行模式，推动高校教师完成角色和学习方式的转变，提高协同育人机制实效。

（三）完善评价体系，提升协同育人机制成效

构建高校课程思政与思政课程协同育人机制的初衷和使命是培养知识扎实、信念坚定和品德优良的时代新人，不仅需要行之有效的领导制度、丰富的内涵建设，还需要有与之相匹配的评价体系，以验证协同育人机制构建的实效性。评价体系作为高校育人成效的正向反馈机制，对思政课程建设发展、其他学科课程思政元素的挖掘具有积极的推动作用。完善评价体系需要从以下三个方面着手：

首先，加入以学生为主体的评价要素。高校教师作为课程讲授的主体，除了评估学生对学科知识把握程度外，还应关注学生思想素质、道德品质的发展。其次，对于协同育人机制的评价还需要学校、学院两个层级的通力合作，针对项目构建方法创新、协同育人成效等方面设计切实有效的评价指标和评价体系。最后，协同育人机制建成后，应建立长效跟踪评

价机制，适时调整方案，确保评价科学公正。

高校课程思政与思政课程协同育人机制的构建是我国思想政治教育工作发展的现实要求，充分发挥所有课程的育人功能，对实现高校"三全育人"有重要现实意义。但在具体实践中，课程思政与思政课程协同育人机制的构建存在制度引导不足、政策倾斜不高、项目示范缺失等问题。只有构建并不断完善制度引导、政策倾斜和项目示范体制，才能实现课程思政与思政课程协同育人机制的良性循环，促进高等教育"大思政"体系建设，落实立德树人的根本任务。

参 考 文 献

经典著作

1. 马克思恩格斯文集(1—10 卷)[M]. 人民出版社，2009.

2. 列宁专题文集(1—5 卷)[M]. 人民出版社，2009.

3. 习近平谈治国理政(第 1 卷)[M]. 外文出版社，2018.

4. 习近平谈治国理政(第 2 卷)[M]. 外文出版社，2017.

5. 习近平谈治国理政(第 3 卷)[M]. 外文出版社，2020.

6. 习近平谈治国理政(第 4 卷)[M]. 外文出版社，2022.

7. 毛泽东选集(1—4 卷)[M]. 人民出版社，1991.

8. 毛泽东文集(1—2 卷)[M]. 人民出版社，1993.

9. 毛泽东文集(3—5 卷)[M]. 人民出版社，1996.

10. 毛泽东文集(6—8 卷)[M]. 人民出版社，1999.

11. 邓小平文选(1—2 卷)[M]. 人民出版社，1994.

12. 邓小平文选(第 3 卷)[M]. 人民出版社，1993.

13. 江泽民文选(1—3 卷)[M]. 人民出版社，2006.

14. 胡锦涛文选(1—3 卷)[M]. 人民出版社，2016.

中文专著

1. 习近平. 在北京大学师生座谈会上的讲话[M]. 人民出版社，2018.

2. 习近平. 在庆祝中国共产党成立 95 周年大会上的讲话[M]. 人民出版社，2016.

3. 习近平. 在省部级主要领导干部学习贯彻党的十八届五中全会精神专题研讨班上的讲话[M]. 人民出版社, 2016.

4. 习近平. 在哲学社会科学工作座谈会上的讲话[M]. 人民出版社, 2016.

5. 白显良. 隐性思想政治教育基本理论研究[M]. 人民出版社, 2013.

6. 陈丽鸿, 孙大勇. 中国生态文明教育理论与实践[M]. 中央编译出版社, 2009.

7. 陈万柏, 张耀灿. 思想政治教育学原理[M]. 华中师范大学出版社, 2009.

8. 陈先达. 理论自信：做坚定的马克思主义信仰者[M]. 吉林人民出版社, 2016.

9. 陈晓江. 高校思想政治理论课导学(第2版)[M]. 江西人民出版社, 2018.

10. 大卫·杰弗里·史密斯. 全球化与后现代教育学[M]. 教育科学出版社, 2000.

11. 代黎明. 高校思想政治教育实效性研究[M]. 北京理工大学出版社, 2018.

12. 丁念金. 人性的力量[M]. 福建教育出版社, 2011.

13. 杜灵来. 当代中国道德建设实效性研究[M]. 中国社会科学出版社, 2008.

14. 杜时忠. 科学教育与人文教育[M]. 华中师范大学出版社, 1998.

15. 冯刚. 改革开放以来高校思想政治教育发展史[M]. 人民出版社, 2018.

16. 冯刚. 思想政治教育学科30年发展研究报告[M]. 光明日报出版社, 2015.

17. 冯增俊. 当代西方学校道德教育[M]. 广东教育出版社, 1993.

18. 符惠明. 当代大学生民族精神教育研究[M]. 江苏人民出版社, 2006.

19. 盖庆武，贺星岳. 新时代高职课程思政理论与实践［M］. 浙江工商大学出版社，2019.

20. 高海涛. 学会自我管理：梦想、选择和自我实现［M］. 中国青年出版社，2015.

21. 高焕祥. 人文教育：理念与实践［M］. 社会科学文献出版社，2006.

22. 高慎英，刘良华. 有效教学论［M］. 广东教育出版社，2004.

23. 高文兵. 跨学科协同教育研究［M］. 高等教育出版社，2015.

24. 顾海良，佘双好. 高校思想政治理论课课程教学改革研究［M］. 武汉大学出版社，2006.

25. 顾建民. 高等教育学［M］. 浙江大学出版社，2014.

26. 顾明远. 教育大辞典［M］. 上海教育出版社，1998.

27. 关霞. 教学论教程［M］. 陕西师范大学出版社，1987.

28. 何祥林. 大学生群体思想政治教育新论［M］. 社会科学出版社，2009.

29. 赫鹏飞. 新媒体时代高校思政课教学实效性探究［M］. 吉林人民出版社，2017.

30. 呼勤，黄少平. 高校思想政治教育学原理［M］. 电子科技大学出版社，2016.

31. 胡建华. 现代中国大学制度的原点：50 年代初期的大学改革［M］. 南京师范大学出版社，2001.

32. 胡显章，曹莉. 大学理念与人文精神［M］. 清华大学出版社，2006.

33. 姜英敏. 博学与慎思：当代教育思想与理论［M］. 山东教育出版社，2015.

34. 教育部课题组. 深入学习习近平关于教育的重要论述［M］. 人民出版社，2019.

35. 教育部社会科学司. 普通高校思想政治理论课文献选编（1949—

2008）［M］. 中国人民大学出版社，2008.

36. 教育部师范司. 教师专业化的理论与实践［M］. 人民教育出版社，2003.

37. 教育部思想政治工作司. 加强和改进大学生思想政治教育重要文献选编（1978—2014）［M］. 知识产权出版社，2015.

38. 康丽滢，王勇. 课程思政视野下的大学生创新创业教育［M］. 延边大学出版社，2018.

39. 黎翔. 教育学［M］. 航空工业出版社，2014.

40. 李东清. 高校思想政治理论课分类实践教程［M］. 江西人民出版社，2017.

41. 李建华. 社会主义核心价值观构建与践行研究［M］. 人民出版社，2017.

42. 李前进. 我国大学生社会主义核心价值体系教育研究［M］. 上海三联书店，2014.

43. 李世平. "课程思政"教学案例集［M］. 立信会计出版社，2019.

44. 李松林. 思想政治理论课教学模式研究［M］. 首都师范大学出版社，2006.

45. 李忠军，孟宪生. 全国高校思想政治理论课教学方法改革年度报告（2013）［M］. 高等教育出版社，2014.

46. 刘川生. 大学生日常思想政治教育实效性研究［M］. 北京师范大学出版社，2009.

47. 刘建军. 新时期思想政治工作创新研究［M］. 中国人民大学出版社，2015.

48. 刘建军. 寻找思想政治教育的独特视角［M］. 中国人民大学出版社，2017.

49. 刘强. 思想政治学科教学新论［M］. 高等教育出版社，2009.

50. 刘社欣. 思想政治教育合力研究［M］. 人民出版社，2013.

51. 罗洪铁，董娅. 思想政治教育原理与方法基础理论研究［M］. 人民出版社，2005.

52. 骆郁廷. 高校思想政治理论课程论[M]. 武汉大学出版社，2006.

53. 骆郁廷. 思想政治教育原理与方法[M]. 北京师范大学出版社，2019.

54. 马绍孟. 马克思主义中国化与思想政治教育专题研究[M]. 中国人民大学出版社，2017.

55. 缪克成，俞世恩. 民族精神[M]. 上海科学技术出版社，2010.

56. 戚万学. 冲突与整合：20 世纪西方道德教育理论[M]. 山东教育出版社，1995.

57. 齐立石. 大学生思想政治教育[M]. 电子科技大学出版社，2017.

58. 邱伟光，张耀灿. 思想政治教育学原理[M]. 高等教育出版社，1999.

59. 沈大光. 高校思想政治理论课课程体系研究[M]. 哈尔滨地图出版社，2015.

60. 沈壮海，王培刚，等. 中国大学生思想政治教育发展报告(2016)[M]. 北京师范大学出版社，2017.

61. 沈壮海. 思想政治教育有效性研究(第 3 版)[M]. 武汉大学出版社，2016.

62. 沈壮海. 思想政治教育有效性研究[M]. 武汉大学出版社，2002.

63. 施良方. 课程理论：课程的基础、原理与问题[M]. 教育科学出版社，1996.

64. 十谈编写组. 加强和改进新形势下高校思想政治工作十谈[M]. 人民出版社，2017.

65. 石云霞. 高校思想政治理论课程建设史研究[M]. 武汉大学出版社，2006.

66. 舒新城. 中国近代教育史资料[M]. 人民教育出版社，1962.

67. 帅陆军，周倩兰. 毛泽东思想和中国特色社会主义理论体系概论案例与实践手册[M]. 江西人民出版社，2016.

68. 宋敏娟. 当代大学生马克思主义信仰教育研究[M]. 复旦大学出版社, 2018.

69. 孙杰. 当代中国社会主义核心价值观研究[M]. 人民出版社, 2016.

70. 孙友余, 等. 论思想政治工作科学化[M]. 山西人民出版社, 1981.

71. 檀传宝. 当代东西方德育发展要览[M]. 人民教育出版社, 2013.

72. 檀传宝. 德育与班级管理[M]. 高等教育出版社, 2007.

73. 檀传宝. 学校道德教育原理[M]. 教育科学出版社, 2004.

74. 万美容. 思想政治教育方法发展研究[M]. 中国社会科学出版社, 2007.

75. 汪子嵩, 范明生, 陈村富, 等. 希腊哲学史: 第一卷[M]. 人民出版社, 1993.

76. 汪宗田, 张洁, 王佩. 大学生思想政治教育研究[M]. 社会科学文献出版社, 2017.

77. 王道俊, 王汉澜. 教育学[M]. 人民教育出版社, 1989.

78. 王金伟, 李梁. 高校"形势与政策"教育话语体系创新研究[M]. 上海大学出版社, 2017.

79. 王明建, 江涛. 学校课程体系建设的理论与实践研究[M]. 中国社会科学出版社, 2017.

80. 王瑞荪, 等. 比较思想政治教育学[M]. 高等教育出版社, 2001.

81. 王昕晔, 谢铮, 宿哲骞. 高校课程思政建设与人文精神的培养[M]. 北京工业大学出版社, 2018.

82. 王新华. 高校思想政治理论课实践教程[M]. 江西人民出版社, 2015.

83. 王学俭. 立德树人: 思想政治教育基本问题研究[M]. 中国社会科学出版社, 2013.

84. 王永贵. 马克思主义意识形态理论与当代中国实践研究[M]. 人民

出版社，2013.

85. 翁铁慧. 大中小学课程思政一体化建设[M]. 人民出版社，2020.

86. 肖峰. 论科学与人文的当代融通[M]. 江苏人民出版社，2001.

87. 谢树平. 思想政治课程及其资源开发研究[M]. 黑龙江人民出版社，2011.

88. 谢晓娟，王东. 多学科视角下的思想政治教育研究[M]. 中国书籍出版社，2015.

89. 徐斌. 制度建设与人的自由全面发展[M]. 人民出版社，2012.

90. 薛娟. 高校德育资源的现实样态与实践重构[M]. 科学出版社，2016.

91. 杨吉棣. 当代大学生思想政治教育理论与实践研究[M]. 中国文史出版社，2016.

92. 易桂姣. 新形势下高校宣传思想工作研究[M]. 光明日报出版社，2016.

93. 余文森. 核心素养导向的课堂教学[M]. 上海教育出版社，2017.

94. 宇文利. 现代思想政治教育课程论[M]. 北京大学出版社，2012.

95. 袁贵仁. 马克思主义人学理论研究[M]. 北京师范大学出版社，2012.

96. 袁桂林. 当代西方道德教育理论[M]. 福建教育出版社，1995.

97. 张东良，周彦良. 教育学原理[M]. 北京理工大学出版社，2017.

98. 张丽芳. 高等院校思想政治课程教学模式创新研究[M]. 华中科技大学出版社，2019.

99. 张世明. 高校思政工作研究与教学思维创新[M]. 吉林文史出版社，2018.

100. 张炜. 学术组织再造：大学跨学科学术组织的成长机制[M]. 浙江大学出版社，2012.

101. 张耀灿，陈万柏，等. 思想政治教育学原理[M]. 高等教育出版社，2001.

102. 张耀灿，郑永廷，等. 现代思想政治教育学[M]. 人民出版社，2006.

103. 张耀灿. 思想政治教育学前沿[M]. 人民出版社，2006.

104. 赵冰梅，曲洪波. 思政课落实创新计划背景下的"概论"课教学改革探索[M]. 东北大学出版社，2016.

105. 赵新峰. 协同育人论[M]. 人民出版社，2013.

106. 赵玉英，张典兵. 德育原理[M]. 山东人民出版社，2008.

107. 郑永廷. 思想政治教育方法论(修订版)[M]. 高等教育出版社，2010.

108. 郑永廷. 现代思想道德教育理论与方法[M]. 广东高等教育出版社，2000.

109. 郑永廷，刘书林，沈壮海. 思想政治教育学原理[M]. 高等教育出版社，2016.

中文译著

1. D. R. 克拉斯沃尔，B. S. 布鲁姆，等. 教育目标分类学(第二分册)——情感领域[M]. 施良方，张高云，译. 华东师范大学出版社，1989.

2. 安迪·哈格里大斯. 知识社会中的教育[M]. 华东师范大学出版社，2007.

3. 巴兹尔·伯恩斯坦. 教育、符号控制与认同[M]. 王小凤，等，译. 中国人民大学出版社，2016.

4. 杜威. 经验与自然[M]. 傅统先，译. 中国人民大学出版社，2012.

5. 菲利普·杰克森. 什么是教育[M]. 吴春雷，马林梅，译. 安徽人民出版社，2012.

6. 斐迪南·滕尼斯. 共同体与社会[M]. 林荣远，译. 北京大学出版社，2010.

7. 弗·兹纳涅茨基. 知识人的社会角色[M]. 郏斌祥，译. 译林出版社，2000.

8. 哈肯. 协同学：大自然构成的奥秘[M]. 凌复华，译. 上海译文出版社，2013.

9. 赫尔巴特. 普通教育学[M]. 李其龙，译. 人民教育出版社，2015.

10. 杰弗里·亚历山大. 迪尔凯姆社会学[M]. 戴聪腾，等，译. 辽宁教育出版社，2001.

11. 卡尔·曼海姆. 意识形态和乌托邦[M]. 李步楼，等，译. 商务印书馆，2013.

12. 夸美纽斯. 大教学论[M]. 傅任敢，译. 教育科学出版社，1999.

13. 拉尔夫·泰勒. 课程与教学的基本原理[M]. 施良方，译. 人民教育出版社，1994.

14. 马克斯·韦伯. 经济与社会（上卷）[M]. 商务印书馆，1997.

15. 麦克·F. D. 扬. 知识与控制[M]. 谢维和，等，译. 华东师范大学出版社，2002.

16. 丘晓. 政治学辞典[M]. 四川人民出版社，1986.

17. 塞德兹. 全能教育法[M]. 长江少年儿童出版社，2014.

18. 斯宾塞. 斯宾塞教育论著选[M]. 胡毅，等，译. 人民教育出版社，1997.

19. 苏霍姆林斯基. 给教师的一百条建议[M]. 杜殿坤，译. 教育科学出版社，1980.

20. 苏霍姆林斯基. 公民的诞生[M]. 黄之瑞，译. 教育科学出版社，2002.

21. 休谟. 道德原则研究[M]. 曾晓平，译. 商务印书馆，2017.

22. 伊曼努埃尔·康德. 论教育学·系科之争[M]. 杨云飞，邓晓芒，译. 中国轻工业出版社，2019.

23. 约翰·比格斯，凯瑟琳·唐. 卓越的大学教学——建构教与学的一致性[M]. 王颖，等，译. 复旦大学出版社，2015.

中文期刊

1. 陈春声. 新文科背景下的史学研究与人才培养[J]. 中国高等教育，

2021(1).

2. 陈磊，沈扬，黄波. 课程思政建设的价值方向、现实困境及其实践超越[J]. 学校党建与思想教育，2020(14).

3. 陈锡喜. 高校哲学社会科学类课程与思想政治理论课"同向同行"的必要性和可行路径[J]. 马克思主义理论学科研究，2017(1).

4. 成桂英，王继平. 教师"课程思政"绩效考核的原则和关注点[J]. 思想理论教育，2019(1).

5. 成桂英，王继平. 课程思政是提高高校教师思想政治工作实效性的有力抓手[J]. 思想理论教育导刊，2019(8).

6. 成桂英. 推动"课程思政"教学改革的三个着力点[J]. 思想理论教育导刊，2018(9).

7. 储德峰. 高校"大思政"教育模式的特征及理念[J]. 中国高等教育，2012(20).

8. 崔涛. "课程思政"视域下高校社会主义核心价值观教育路径新探[J]. 教育评论，2018(11).

9. 董博. 大学通识教育改革的"课程思政"进路研究[J]. 江苏高教，2020(12).

10. 冯宝晶. 高职院校"课程思政"面临的困境与提升策略[J]. 职业技术教育，2020(20).

11. 高德毅，宗爱东. 从思政课程到课程思政：从战略高度构建高校思想政治教育课程体系[J]. 中国高等教育，2017(1).

12. 高德毅，宗爱东. 课程思政：有效发挥课堂育人主渠道作用的必然选择[J]. 思想理论教育导刊，2017(1).

13. 高德毅. 实施大中小德育课程一体化建设的现实需求[J]. 社会主义核心价值观研究，2017(2).

14. 高国希. 构建课程思政体系的教育哲学审视[J]. 思想理论教育，2020(10).

15. 高锡文. 基于协同育人的高校课程思政工作模式研究——以上海

高校改革实践为例[J]. 学校党建与思想教育，2017(24).

16. 高燕. 课程思政：课程思政建设的关键问题与解决路径[J]. 中国高等教育，2017(15).

17. 高远，李明建. 论专业课教师与思政教育工作者的协同育人[J]. 江苏高教，2016(3).

18. 韩丽颖. 美国高校价值观教育的课程路径研究[J]. 社会主义核心价值观研究，2018(2).

19. 何红娟. "思政课程"到"课程思政"发展的内在逻辑及建构策略[J]. 思想政治教育研究，2017(5).

20. 何玉海. 关于"课程思政"的本质内涵与实现路径的探索[J]. 思想理论教育导刊，2019(10).

21. 何源. 高校专业课教师的课程思政能力表现及其培育路径[J]. 江苏高教，2019(11).

22. 胡洪彬. 课程思政：从理论基础到制度构建[J]. 重庆高教研究，2019(1).

23. 黄爱宝，高明. 高校"大思政"教育教学模式建构的背景分析[J]. 中国矿业大学学报，2015(1).

24. 靳诺. 新时代高校思想政治理论课改革创新的逻辑、方向和体系[J]. 教学与研究，2020(1).

25. 李国娟. 课程思政建设必须牢牢把握五个关键环节[J]. 中国高等教育，2017(21).

26. 李曼丽，汪永铨. 关于通识教育概念内涵的讨论[J]. 清华大学教育研究，1999(1).

27. 李勇，邱静文. 推进专业课教师开展课程思政建设的思考[J]. 学校党建与思想教育，2021(8).

28. 练强. 试论协同育人视角下高校课程思政的开展[J]. 黑河学院学报，2019(9).

29. 刘承功. 高校深入推进"课程思政"的若干思考[J]. 思想理论教

育，2018(6).

30. 刘鹤，石瑛，金祥雷. 课程思政建设的理性内涵与实施路径[J]. 中国大学教学，2019(3).

31. 刘建军. 课程思政：内涵、特点与路径[J]. 教育研究，2020(9).

32. 刘隽，范国睿. 高校课程思政改革背景下师生互动对于学生自我收获感与满意度的影响机理[J]. 现代教育管理，2019(5).

33. 卢黎歌，吴凯丽. 课程思政中思想政治教育资源挖掘的三重逻辑[J]. 思想教育研究，2020(5).

34. 陆道坤. 课程思政推行中若干核心问题及解决思路——基于专业课程思政的探讨[J]. 思想理论教育，2018(3).

35. 梅强. 以点引线 以线带面——高校两类全覆盖课程思政探索与实践[J]. 中国大学教学，2018(9).

36. 闵辉. 课程思政与高校哲学社会科学育人功能[J]. 思想理论教育，2017(7).

37. 聂迎娉，傅安州. 课程思政：大学通识教育改革新视角[J]. 大学教育科学，2018(5).

38. 邱仁富. "课程思政"与"思政课程"同向同行的理论阐释[J]. 思想教育研究，2018(4).

39. 邱仁富. 基于问题逻辑的思想政治教育话语体系建构[J]. 思想政治教育研究，2012(4).

40. 邱伟光. 课程思政的价值意蕴与生成路径[J]. 思想理论教育，2017(7).

41. 邱伟光. 论课程思政的内在规定与实施重点[J]. 思想理论教育，2018(8).

42. 任兆妮. 意识形态视域下的高校："课程思政"建设[J]. 德育研究，2019(11).

43. 沙军. 课程思政的版本升级与系统化思考[J]. 毛泽东邓小平理论研究，2018(10).

44. 石定芳，廖婧茜. 新时代高校课程思政建设的本真、阻碍与进路[J]. 现代教育管理，2021(4).

45. 石丽艳. 关于构建高校课程思政协同育人机制的思考[J]. 学校党建与思想教育，2018(10).

46. 石书臣. 高校思政理论课与通识教育课程的关系探讨[J]. 中国高等教育，2011(5).

47. 石书臣. 正确把握"课程思政"与思政课程的关系[J]. 思想理论教育，2018(11).

48. 石长起. 高校思政课程教学的改革途径[J]. 黑河学刊，2014(1).

49. 史巍. 论以"课程思政"实现协同育人的关键点位及有效落实[J]. 学术论坛，2018(4).

50. 唐景莉，李石纯. 怎样加强新时代思政课建设？——对话高校六位思政课教师[J]. 中国高等教育，2019(9).

51. 童潇. 非思政课专业教师应特别增强授课中的思想政治教育意识[J]. 红旗文稿，2017(14).

52. 万林艳，姚音竹. "思政课程"与课程思政教学内容的同向同行[J]. 中国大学教学，2018(12).

53. 王景云. 论"思政课程"与"课程思政"的逻辑互构[J]. 马克思主义与现实，2019(6).

54. 王妙志. 高校立德树人的路径探析[J]. 思想政治教育，2013(3).

55. 王仕民，汤玉华. 新时代高校思想政治理论课创新发展探析[J]. 思想教育研究，2018(5).

56. 王学俭，刘珂. 融入日常生活：思想政治教育的微观建构[J]. 思想教育研究，2015(2).

57. 王莹，孙其昂. 高校课程思政教师的政治底蕴：学理阐释与厚植路径[J]. 高校教育管理，2021(2).

58. 王振雷. 论高校课程思政改革的三维进路[J]. 思想理论教育，2019(10).

59. 温潘亚. 思政课程与课程思政同向同行的前提、反思和路径[J]. 中国高等教育, 2020(8).

60. 吴月齐. 试论高校推进"课程思政"的三个着力点[J]. 学校党建与思想教育, 2018(1).

61. 伍醒, 顾建民. "课程思政"理念的历史逻辑、制度诉求与行动路向[J]. 大学教育科学, 2019(3).

62. 肖香龙. "大思政"格局下课程思政的探索与实践[J]. 思想政治教育研究, 2018(10).

63. 徐蕾. 培养道德自觉：立德树人的现实路径[J]. 当代教育科学, 2016(15).

64. 徐蓉. 深刻认识全面推进高校课程思政建设的价值目标[J]. 马克思主义与现实, 2020(5).

65. 严玥. 课程思政建设的优化路径[J]. 中学政治教学参考, 2019(24).

66. 杨涵. 从"思政课程"到"课程思政"——论上海高校思想政治理论课改革的切入点[J]. 扬州大学学报(高教研究版), 2018(4).

67. 叶方兴. 观念·原则·活动：正确理解课程思政的三重维度[J]. 思想理论教育导刊, 2020(10).

68. 余江涛, 王文起, 徐晏清. 专业教师实践"课程思政"的逻辑及其要领：以理工科课程为例[J]. 学校党建与思想教育, 2018(1).

69. 张宏. 高校课程思政协同育人效应的困境、要素与路径[J]. 国家教育行政学院学报, 2020(10).

70. 张名扬, 王恒愉, 潘星霖. 专业课程协同思想政治理论课进行思想政治教育研究[J]. 思想教育研究, 2020(8).

71. 张青, 张波. 高校思想政治教育协同育人机制研究[J]. 学校党建与思想教育, 2017(23).

72. 张正光, 张晓花, 王淑梅. "课程思政"的理念辨误、原则要求与实践探究[J]. 大学教育科学, 2020(6).

73. 张正光."思政课程"与"课程思政"同向同行的逻辑思路[J]. 高校思政理论课教学研究，2018(6).

74. 赵继伟.关于"思政课程"与"课程思政"辩证关系的思考[J]. 思想政治课研究，2018(5).

75. 郑佳然.新时代高校"课程思政"与"思政课程"同向同行探析[J]. 思想教育研究，2019(3).

76. 朱培丽.主流意识形态话语权面临的挑战及其建构[J]. 中国特色社会主义研究，2015(6).

77. 朱小芳.当前高校思想政治教育工作协同机制研究[J]. 学校党建与思想教育，2018(2).

报纸

1. 习近平在北大考察：青年要自觉践行社会主义核心价值观[N]. 人民日报，2014-05-05(2).

2. 习近平：在北京大学师生座谈会上的讲话[N]. 人民日报，2018-05-03(2).

3. 习近平：在纪念马克思诞辰200周年大会上的讲话[N]. 人民日报，2018-05-05(2).

4. 习近平在清华大学考察时强调：坚持中国特色世界一流大学建设目标方向 为服务国家富强民族复兴人民幸福贡献力量[N]. 人民日报，2021-04-20(1).

5. 习近平在全国高校思想政治工作会议上强调：把思想政治工作贯穿教育教学全过程 开创我国高等教育事业发展新局面[N]. 人民日报，2016-12-09(1).

6. 习近平：在全国哲学社会科学工作座谈会上的讲话[N]. 人民日报，2016-5-19(2).

7. 习近平：在同各界优秀青年代表座谈时的讲话[N]. 人民日报，2013-5-5(2).

8. 习近平主持召开学校思想政治理论课教师座谈会强调：用新时代中国特色社会主义思想铸魂育人 贯彻党的教育方针落实立德树人根本任务[N]. 人民日报，2019-03-19(1).

9. 关于加强和改进新形势下高校思想政治工作的意见[N]. 人民日报，2017-2-8(1).

10. 新时代爱国主义教育实施指导纲要[N]. 人民日报，2019-11-13(6).

外文资料

1. Cyril Smith. Marx at the Millennium[M]. London：Pluto Press，1996.

2. Dewey J. How We Think：Experience and Education [M]. Beijing：People's Education Press，2005.

3. Elgqvist-Saltsman R. Teacher Decision-Making in the Classroom[J]. European Journal of Education，1979(3).

4. Frost D，Harris A. Teacher Leadership：Towards a Research Agenda[J]. Cambridge Journal of Education，2003，33 (3).

5. Harris A，Muijs D. Improving Schools through Teacher Leadership. Professional Learning[M]. Open University Press，2004.

6. Hart A W. Creating Teacher Leadership Roles[J]. Educational Administration Quarterly，1994(11).

7. Mark Halstead，Monica Taylor. Value Sineducation and Education Invalues[M]. London Washington，D. C：Falmer Press，1996.

8. John Macionis. Sociology[M]. New Jersey：Prentice Hall，2003.

9. Preacher K J，Hayes A F. Asymptotic and Resampling Strategies for Assessing and Comparing Indirect Effects in Multiple Mediator Models[J]. Behavior Research Methods，2008，40(3).

10. Sander M G. Missteps in Team Leadership：the Experiences of Six Novice Teachers in Three Urban Middle Schools[J]. Urban Educetion，2006，41(3).

11. Smylie M A, Brownleeconyers J. Teacher Leaders and Their Principals: Exploring the Development of New Working Relationships[J]. Educational Administration Quarterly, 1992, 28 (2)

12. Tyler R W. Basic Principles of Curriculum and Instruction[M]. Chicago: University of Chicago Press, 1949.

附　录

附录一：高校课程思政与思政课程协同育人问卷调查表(专业课教师版)

尊敬的各位老师：

您好，这是一份有关高校推进"课程思政"课堂实施的调查问卷。如非特别说明，每道题均为单选题，请您在符合自己选项的方框中打"√"。本次调查问卷均以匿名的形式呈现，调查的结果只用于学术论文的撰写，请您放心填写，感谢您的支持和配合。祝老师们生活愉快、工作顺利。

一、基本情况

1. 您的性别是：

A. 男　　　　　　　B. 女

2. 您的政治面貌是：

A. 中共党员　　　　B. 民主党派　　　　C. 群众

3. 您的教龄是：

A. 5 年以下　　　　B. 5～10 年　　　　C. 11～20 年

D. 21～30 年　　　　E. 30 年以上

4. 您的职称是：

A. 助教　　　　　　B. 讲师　　　　　　C. 副教授

D. 教授

5. 您的专业领域是：

A. 文学、历史学、哲学类

B. 经济学、管理学、法学类

C. 教育学类

D. 理学、工学类

E. 农学类

F. 医学类

G. 艺术学类

二、问卷内容

1. 您对高校课程思政内涵的了解程度是？

A. 非常了解　　　B. 比较了解　　　C. 基本了解

D. 不太了解　　　E. 从未听说

2. 您了解课程思政的相关政策吗？

A. 完全不了解　　B. 了解较少　　　C. 基本了解

D. 非常了解

3. [多选]您所了解的本校构建课程思政育人机制的措施有哪些？

A. 加强统筹规划，将课程思政建设纳入人才培养方案和课程标准建设

B. 提升专业课教师政治素养

C. 与思政专业老师开展交流学习

D. 加强制度建设

E. 以会议、通知或文件形式传达课程思政要求

F. 设立课程思政专项教研项目

G. 优化考核评价体系

H. 其他，请说明(填空)_____

4. 您认为挖掘专业课中的思政元素重要吗？

A 非常重要，必须挖掘

B 比较重要，应该挖掘

C. 没有必要挖掘，没有任何帮助

5. 您对开展课程思政是否有很强的认同感？

A. 是　　　　　　B. 否　　　　　　C. 不好说

6. 您是否在身体力行地助推高校课程思政育人机制的建设？

A. 是　　　　　　　B. 否

7. 您认为思政元素融入高校专业课教学中是否存在冲突？

A. 有冲突　　　　　B. 没冲突　　　　C. 不清楚

8. [多选]如果您认为其存在冲突，那么可能会有哪些冲突呢？

A. 对思政元素认识不到位，难以挖掘

B. 缺乏挖掘思政元素的积极性

C. 教学过程难以找到切入点

D. 自身思想政治理论有待加强

E. 课程思政教育效果不佳

F. 其他，请说明（填空）＿＿＿＿＿＿＿＿＿＿＿

9. [多选]您认为您所讲授的课程中，适合体现的思政元素有哪些？

A. 习近平新时代中国特色社会主义思想

B. 社会主义核心价值观

C. 中华优秀传统文化教育

D. 宪法法治教育

E. 职业理想和职业道德教育

F. 其他，请说明（填空）＿＿＿＿＿＿＿＿＿＿＿

10. 您认为专业课教学中融入思政元素的难度有多大？

A. 非常大　　　　B. 比较大

C. 有一定的难度　　　　　　D. 不大

11. 您认为在专业课中融入思政元素的效果如何？

A. 效果显著　　　B. 效果一般　　　C. 没有效果

12. 与之前相比，您觉得专业课融入思政元素后的课堂教学氛围怎样？

A. 气氛活跃，同学上课积极、认真　　B. 气氛偶尔较活跃

C. 没什么变化

D. 上课人数少，同学缺课较严重

13. 您在融入思政元素、开展课程思政教学时遇到的内部困难有？

A. 缺乏挖掘课程中思政元素的能力

B. 缺乏相关的授课经验和技巧

C. 自身思政教育知识不足

D. 其他，请说明（填空）＿＿＿＿＿＿＿＿＿＿

14. 您在融入思政元素、开展课程思政教学时遇到的外部困难有？

A. 缺乏整体的学校氛围

B. 缺乏完善的实施细则和相关文件指导

C. 教育者之间缺乏交流合作的平台

D. 教学任务重，没有时间与精力

E. 学生不重视、不关心

F. 其他，请说明（填空）＿＿＿＿＿＿＿＿＿＿

15. 您的教学计划中专业课课程内容和思政元素的占比如何？

A. 两者占比相似

B. 专业教育为主，思政教育为辅

C. 两者各成体系

D. 说不清楚

16. 您在教学过程中，以哪些方式进行课程思政？

A. 讲授式教学

B. 讨论式教学

C. 专题式教学

D. 典型案例式教学

E. 实践教学

F. 其他，请说明（填空）＿＿＿＿＿＿＿＿＿＿

17. 您认为课程思政的"立德树人"这一核心目标应以何种方式进行考核比较合适？

A. 学生互评

B. 思政课教师听课评课

C. 督导听课评课

D. 学生互评与教师同行评教相结合

E. 学生、教师、督导以及社会评价相结合

F. 其他，请说明（填空）＿＿＿＿＿＿＿＿

18. ［多选］您认为对课程思政教学进行评价的内容应包括

A. 任课教师是否准确理解课程思政的科学内涵

B. 任课教师是否有自觉的德育意识

C. 教学过程中思政元素与专业知识能否有机融合

D. 任课教师在课堂教学中是否自觉践行师德规范

E. 人才培养效果是否实现

F. 其他，请说明（填空）＿＿＿＿＿＿＿＿

19. 您对学生开展课程思政教学的出发点是

A. 为了学生的健康成长与发展

B. 学校要求

C. 引领社会良好风气

D. 受身边的同事影响

E. 个人觉得很有意义

F. 课程本身蕴含较多的思想政治教育元素

G. 其他，请说明（填空）＿＿＿＿＿＿＿＿

20. ［多选］您通过什么渠道获得课程思政的建设经验和方法？

A. 学校和学院网站

B. 各类网络平台

C. 相关主题报告和研讨会

D. 观摩学习示范课程

E. 学校发的课程思政建设参考材料

F. 自行寻找论文等相关资料

G. 其他，请说明(填空)_____

21. 在课程思政教学中，您最需要获得什么帮助？

A. 课程思政培训学习

B. 融入课程的思政元素挖掘研讨或指导

C. 教学方式、方法及手段的学习

D. 学校制度激励

E. 获得专项经费支持

F. 思政课教师协助

G. 现场观摩优秀示范课的教学过程

H. 其他，请说明(填空)_____

22. [多选]您将课程思政融入了教学的哪些环节？

A. 教学目标设计

B. 教学大纲修订

C. 教材编选审用

D. 教案课件编写

E. 课堂授课

F. 实验实训

G. 作业论文

H. 教学研讨

23. 您觉得导致高校课程思政育人机制构建工作出现问题的主要原因有？

A. 缺乏强有力的组织领导

B. 各部门之间没有形成协同合力

C. 没有形成观念上的认同

D. 政策、物质基础等支持力度不足

E. 其他，请说明(填空)_____

24. 您认为您所在高校推进课程思政与思政课程协同育人的重视程度是？

A. 不重视　　　　B. 比较重视　　　　C. 高度重视

25. 您觉得课程思政能够同时实现专业教育和思政教育的目的吗？

A. 肯定可以　　　B. 不容易实现　　　C. 很难实现

D. 不确定

26. 您认为思政课程和课程思政的关系是？

A. 同向同行、协同合作

B. 两种教学体系，交叉不大

C. 有了思政课程，就不需要额外开展课程思政

27. 您认为在高校课程思政育人机制构建中实现了哪些方面的协同？

A. 高校相关部门之间

B. 高校行政管理部门与教师之间

C. 思政课教师与专业课教师之间

D. 高校管理部门、教师与学生之间

E. 其他，请说明（填空）＿＿＿＿＿＿＿＿＿＿＿＿

28. 通过实施课程思政教学后，您感受到学生在哪方面有明显变化？

A. 专业素养得到提升，学生课堂参与度高

B. 专业认同得到增强，学习质量得到提高

C. 政治思想更加坚定，责任感和使命感增强

D. 思维更加开阔，思辨能力提高

E. 其他，请说明（填空）＿＿＿＿＿＿＿＿＿＿＿＿

29. 在实施课程思政教学过程中，您自身哪方面得到了提升与发展？

A. 思想政治素养得到提升

B. 教学能力得到发展

C. 职业认同感得到增强

D. 其他，请说明（填空）＿＿＿＿＿＿＿＿＿＿＿＿

30. 对于学校的课程思政建设工作，您还有哪些建议？

（填空）＿＿＿＿＿＿＿＿＿＿＿＿

附录二：高校课程思政与思政课程协同育人
问卷调查表(思政课教师版)

尊敬的各位老师：

您好，这是一份有关高校课程思政与思政课程协同育人的调查问卷。如非特别说明，每道题均为单选题，请您在符合自己选项的方框中打"√"。本次调查问卷均以匿名的形式呈现，调查的结果只用于学术调研报告的撰写，请您放心填写，感谢您的支持和配合。祝老师们生活愉快、工作顺利。

一、基本情况

1. 您的性别是：

A. 男　　　　　　　B. 女

2. 您的政治面貌是：

A. 中共党员　　　　B. 民主党派　　　　C. 群众

3. 您的教龄是：

A. 5 年以下　　　　B. 5~10 年　　　　C. 11~20 年

D. 21~30 年　　　　E. 30 年以上

4. 您的职称是：

A. 助教　　　　　　B. 讲师　　　　　　C. 副教授

D. 教授

二、问卷内容

1. 您对课程思政内涵的了解程度是？

A. 非常了解　　　　B. 比较了解　　　　C. 基本了解

D. 不太了解　　　　E. 从未听说

2. 您了解课程思政的相关政策吗？

A. 完全不了解　　B. 了解较少　　C. 基本了解

D. 非常了解

3. 专业课融入思政元素是否有必要？

A. 十分有必要

B. 有必要

C. 不清楚

D. 没必要

4. 您认为思政课程和课程思政的关系是？

A. 两种教学体系，交叉不大

B. 交叉重复，二选一就好

C. 背道而驰，不是一回事

D. 同向同行、协同合作

5. (多选题)思政课教师在课程思政中能起到什么作用？

A. 价值方向的引领者

B. 思政认知的澄清者

C. 实施过程的调控者

D. 总结评估的把关者

6. 当前课程思政与思政课程协同育人实施的效果如何？

A. 效果差　　　　B. 效果不够好　　C. 效果一般

D. 效果很好

7. 以下哪项对增强专业课教师思政意识和能力培养最有帮助？

A. 加强马克思主义相关理论学习

B. 建立常态化的思想政治教育学习与培训机制

C. 加强与思政专业教师的沟通与合作教学

D. 建立相应考评制度和激励机制

8. [多选]影响专业课教师融入思政元素的因素有哪些？

A. 马克思主义相关理论素养有待提升

B. 思想政治教育意识薄弱

C. 缺乏挖掘课程中思政元素的能力

D. 教学任务重，没有时间与精力

E. 缺乏相关的授课经验和技巧

9. 思政课程和课程思政应重点关注学生的哪项需求？

A. 专业知识与职业素养的融合

B. 对社会热点问题的关注与解读

C. 指导个人定位和未来职业规划

D. 爱国情怀和理想信念教育

10. ［多选］您所了解的本校构建课程思政育人机制的措施有哪些？

A. 加强统筹规划，将课程思政建设纳入人才培养方案和课程标准建设

B. 提升专业课教师政治素养

C. 与思政专业老师开展交流学习

D. 加强制度建设

E. 以会议、通知或文件形式传达课程思政要求

F. 设立课程思政专项教研项目

G. 优化考核评价体系

11. 实施课程思政的重点在哪里？

A. 提高教师的育人意识和育人能力

B. 在课程标准、教学内容中融入思政元素

C. 改革、改进教学方法

D. 开发适合配套的教材

E. 教学管理人员实施督促推进

F. 建立相应的课程考核评价机制

12. 本校的课程思政建设开展得如何？

A. 非常好，已经非常成熟了

B. 有完整的规划，但尚需时间开展改革实践

C. 刚刚起步，还在思考探索中

D. 还需要进一步学习、了解后再开展

13. 影响课程思政实施效果的主要原因是？

A. 领导对课程思政不够重视，未能进行整体规划

B. 学校缺乏完善的管理机制

C. 教师对课程思政的态度不够明确，德育能力和德育意识不够

D. 教师对马克思主义相关理论不够了解，自身的思想政治教育素养不高

E. 课程思政理念与思政课程强调的内容太相似，易混淆，凸显不出理念的独特性

F. 其他，请说明（填空）_____

14. 哪个因素最影响课程思政的教学效果？

A. 生搬硬套思政元素，难以引发学生兴趣

B. 教育需要，不是学生的需要

C. 教师不重视

D. 授课方式陈旧，教学手段单一

E. 教学内容脱离实际，实效性不强

15. ［多选］课程思政与思政课程同向同行的机遇有哪些？

A. 社会主义现代化建设实际需要

B. 党和国家高度重视

C. 学校重视

D. 学生个人成长的实际需求

16. 课程思政与思政课程协同育人的挑战主要是什么？

A. 对协同育人的理念与重要性认识不到位

B. 思政课教师与专业课教师之间交流体制尚未完善

C. 相关政策的落实缺乏力度

D. 教育主体责任落实不明确

E. 协同育人的运行机制尚未建立

17. 课程思政与思政课程协同育人机制的开展，给思政教育带来了什么变化呢？

A. 推动了思政教育的进一步发展

B. 无明显变化

C. 使得思政教育形式大于内容

D. 仍然存在两张皮现象

18. ［多选］实现课程思政与思政课程协同育人需要哪些主体参与？

A. 专业课教师

B. 思政课教师

C. 学生

D. 学校

E. 社会

19. 如何更好地把思政教育融入课程体系？

A. 完善课程思政的系统性设计

B. 把握相关工作的实施重点

C. 深化思政元素与教学内容的有机结合

D. 注重对课程思政实施难点的化解

E. 强化课程思政的实际应用

F. 抓住课程思政的实施关键

20. ［多选］思政课程与课程思政协同育人应从以下哪几个方面着手开展工作？

A. 推广协同育人理念

B. 加强顶层设计

C. 优化课程结构和教学设计

D. 增强思政课教师和专业课教师的协同

E. 构建多元化的教学载体

F. 实施多元化的实践活动

G. 促进优秀团队的建设

H. 其他

附录三：高校课程思政与思政课程协同育人
问卷调查表(学生版)

亲爱的同学们：

你们好，这是一份有关高校推进"课程思政"课堂实施的调查问卷。如非特别说明，每道题均为单选题，请您在符合自己选项的方框中打"√"。本次调查问卷均以匿名的形式呈现，调查的结果只用于学术论文的撰写，请你们放心填写，感谢你们的支持和配合。祝同学们生活愉快、学习进步。

一、基本情况

1. 你的性别是：

A. 女　　　　　　　B. 男

2. 你的年级是：

A. 大一　　　　　B. 大二　　　　　C. 大三

D. 大四

3. 你的政治面貌是：

A. 中共党员或预备党员　　　　　B. 共青团员

C. 群众

4. 你的专业是：

A. 文学、历史学、哲学类

B. 经济学、管理学、法学类

C. 教育学类

D. 理学、工学类

E. 农学类

F. 医学类

G. 艺术学类

二、问卷内容

1. 你在思政课中的学习参与情况？

A. 参加课堂讨论，并提出疑问

B. 本门课程中和其他同学开展小组学习，进行课堂汇报

C. 在课堂上或课后，与教师进行互动交流

D. 基本不参与

2. 你觉得，开设思政课程对你而言是否必要和重要？

A. 不重要　　　　　B. 一般　　　　　C. 较重要

D. 很重要

3. 你上完思政课程之后是否能够感受到思想、态度、价值观的提升？

A. 有所提升

B. 无明显提升

C. 不清楚

4. ［多选］你在思政课课程修读后的收获情况

A. 加深对中国共产党的认识

B. 深化对马克思主义的理解

C. 提升国家归属感

D. 关心国内国际时事

E. 对理想信念的感受与认同

F. 对道德的理解与坚守

G. 对人类发展命运的总体理解

H. 其他，请说明（填空）_____

5. 你认为高校思想政治理论课的地位是？

A. 非常重要

B. 比较重要

C. 没有必要

6. 你了解"课程思政"这一概念吗？

A. 完全不了解　　B. 了解较少　　C. 基本了解

D. 非常了解

7. 你对"课程思政"相关政策的了解程度是？

A. 非常了解　　　B. 比较了解　　C. 基本了解

D. 不太了解　　E. 从未听说

8. 你认为自身的政治立场是否坚定？

A. 是　　　　　B. 否

9. 你在上专业课时，老师是否会就社会热点问题谈自己的观点？

A 经常　　　　B. 偶尔　　　　C. 从未

10. 你是否愿意接受专业课教学中融入思政元素？

A. 是　　　　　B. 否

11. 你的专业课在授课过程中一般融入哪些思政元素？［多选］

A. 习近平新时代中国特色社会主义思想

B. 社会主义核心价值观

C. 中华优秀传统文化教育

D. 宪法法治教育

E. 职业理想和职业道德教育

F. 其他，请说明(填空)＿＿＿＿＿＿＿＿＿＿＿

12. 在上不同专业课时，你认为老师们融入课程的思政元素是否相似或相同？

A. 基本相似　　B. 部分相似　　C. 基本不相似

13. 你如何看待专业课教师在教学过程中所挖掘的思政元素？

A. 思政元素陈旧老套　　　　　B. 思政元素重复

C. 思政元素新颖，紧跟时代热点　　D. 思政元素脱离课程

E. 思政元素贴合课程

14. 你如何看待专业课教师融入思政元素的授课形式？

A. 授课形式呆板单一，生搬硬套

B. 授课形式比较一般，不能有机衔接知识点

C. 授课形式灵活多样，结合 PPT、视频、讨论、实践等方式调动学生的参与性

15. 通过学习专业课程中的思政元素之后，你觉得自己在思想认识方面有什么转变？

A. 深化对本专业的认知，增强了对本专业的认同感

B. 深入理解职业素养

C. 更加坚定对党和国家的信念，增强责任感和使命感

D. 没有什么明显变化

E. 其他，请说明（填空）＿＿＿＿＿＿＿＿＿＿＿＿

16. 通过学习专业课程中的思政元素之后，你觉得自己个人行为方面有什么改变？

A. 更加严于律己，养成良好学习习惯和行为习惯

B. 突破专业限制，更愿意去尝试和接触新鲜事物

C. 敢于展示自己，课堂上积极参与讨论

D. 没有任何改变

E. 其他，请说明（填空）＿＿＿＿＿＿＿＿＿＿＿＿

17. 你认为通过专业课老师开展课程思政有哪些优势？

A. 易于专业课与思想政治教育相结合

B. 在教学科研中传授，学生易于接受

C. 与学生接触时间久，易形成共鸣

D. 阅历丰富，感召力强

E. 其他，请说明（填空）＿＿＿＿＿＿＿＿＿＿＿＿

18. 在上专业课过程中，你的老师多使用哪些方式将思政元素融入专业课？

A. 以教师讲授为主（如讲故事、宣读政策文件等）

B. 开展互动讨论（如课堂讨论、分组汇报等）

C. 多媒体资源分享（纪录片、相关书籍等）

D. 其他，请说明（填空）＿＿＿＿＿＿＿＿＿＿＿＿

19. 在思政元素融入专业课程学习中，你觉得哪些方面还有待改进？

A. 思政教学内容

B. 思政教学方式

C. 教师能力

D. 其他，请说明（填空）＿＿＿＿＿＿＿＿＿＿＿

20. 在教学内容方面，你觉得专业课教师开展课程思政应如何改进？

A. 紧随时事政治，增强时效性

B. 紧扣专业内容，提高贴合性

C. 理论联系实际，解答大家关心的重点、热点问题

D. 结合本校特色，深入挖掘思政内涵

E. 其他，请说明（填空）＿＿＿＿＿＿＿＿＿＿＿

21. 在教学方式方面，你觉得专业课教师开展课程思政应如何改进？

A. 采用先进的教学手段（如虚拟仿真技术等）

B. 组织课堂活动

C. 加强实践教学环节，提供实践机会

D. 开展学生自主学习板块

E. 其他，请说明（填空）＿＿＿＿＿＿＿＿＿＿＿

22. 在教师能力方面，你觉得专业课教师开展课程思政应增强哪些能力？

A. 挖掘思政元素的能力

B. 融入思政元素的能力

C. 师生交流沟通的能力

D. 使用新型教学技术的能力

E. 其他，请说明（填空）＿＿＿＿＿＿＿＿＿＿＿

23. 你的专业课教师如何设计专业课课程内容和思政元素？

A. 两者占比相似

B. 专业教育为主，思政教育为辅

C. 两者各成体系

D. 说不清楚

24. 你认为影响学校课程思政实施效果的主要原因是什么？

A. 教师对课程思政重视程度不足，意识还未转变

B. 授课方式陈旧，教学手段单一

C. 只是对思政元素的生搬硬套，不能激发学生兴趣

D. 学校领导对课程思政不够重视，未能进行整体规划

E. 考核评价体系存在不足

F. 其他，请说明(填空)＿＿＿＿＿＿＿＿＿＿＿＿＿＿＿

25. 你是否能感觉到专业课中融入了思政元素？

A. 是　　　　　　B. 否

26. 你是否觉得专业课老师融入课程的思政元素与思政课老师讲授的内容是否产生理念冲突？

A. 经常　　　　　B. 较常　　　　　C. 一般

D. 较少　　　　　E. 很少

27. 是否有将其他课程所学的理念或者概念融入思政课学习中？

A. 是　　　　　　B. 否

28. 你觉得在专业课程中涉及思政元素与其他专业课的思政元素相符合吗？

A. 完全符合　　　B. 有些符合　　　C. 说不清

D. 有些不符合　　E. 完全不符合

29. 你专业课的思政元素是否能令你联想到马列、毛概等思政课的内容？

A. 是　　　　　　B. 否

30. 你认为思政课程和课程思政的关系是？

A. 同向同行、协同合作

B. 两种教学体系，交叉不大

C. 有了思政课程，就不需要额外开展课程思政

后　记

　　本书是我主持的 2023 年教育部高校思想政治理论课教师研究专项一般项目"教学共同体视域下思政课教师在课程思政协同育人中的担当研究"（23JDSZK041）的阶段性成果。在研究课程思政与思政课程协同育人的近 8 年时间里，我脚踏实地、坚持不懈地围绕这一主题开展研究，成立课程思政与思政课程协同育人虚拟教研室，牵头开展校级课程思政与思政课程协同育人教学沙龙 5 场，在核心期刊、国家主流媒体上发表关于课程思政与思政课程协同育人的论文及理论文章近 20 篇。

　　本书运用大量的数据说理，与前人的理论研究形成互补。我在长期从事课程思政研究的过程中，站在创建高校专业课教师与思政课教师教学共同体的全新角度，注重实证研究，采用定量与定性相结合的实证研究方法，设计三份切实可行的调查问卷，抽样有代表性，调查结果分析严谨，为推进课程思政与思政课程协同育人建设提供了一定的参考价值。

　　本书以具体的教学实践为落脚点，将课程思政与思政课程协同育人落到实处，以专业课教师与思政课教师形成教学共同体为抓手，以教学过程为载体，以案例设计为策略，有效提升专业课教师的教学技能，改善教育方法。在前人研究的基础上，提出在教学共同体的视域下，思政课教师与专业课教师的关系是理念共同体、责任共同体和行动共同体关系，开拓了全新的视野。当然，由于本人的研究能力有限，本书还存在许多不足和缺陷，在此敬请各位读者同仁、专家学者批评指正，非常感谢。

　　一路走来，我得到了太多同事、朋友、学生的帮助。首先要感谢的是前期项目组研究团队人员，分别是温州大学马克思主义学院的吴志敏、左雪松、宫凌海、石磊、孙武安、陈志勇、刘爱武、何玲等老师。他们的睿智、博学以及严谨的治学态度，给本书的写作提供了良好的思路。特别要感谢左雪松老师、石磊老师和王习明老师，他们对本书的章节提出了宝贵的意见和建议。团队的群策群力和建言献策，为本书的顺利完成奠定了基础。

其次要感谢教育部提供的项目经费支持和温州大学的经费支持。本书的出版也要特别感谢责任编辑聂勇军老师的大力支持和精心指导，他认真负责、严谨踏实的工作态度，深深感染了我。

"海内存知己，天涯若比邻。"我要感谢学院领导卓高生、孙邦金、王柏民等对本书出版的支持和帮助，感谢我的同事郑旭敏、项淳芳、周莹、魏春艳、吴琼等，谢谢你们的帮助，无时无刻不温暖着我的心。同时，我要感谢我的学生周炫博、陈甬坚、陈鑫雨、黄子怡、曾欣、翁露琪等的帮助，让调研进行得很顺利，也承担了部分文字工作，谢谢你们的辛勤付出。

"父兮生我，母兮鞠我。"谢谢我的爸爸妈妈，你们是我坚强的后盾。感谢我的公公婆婆，你们默默的支持，我倍感温暖。谢谢我的老公和两个可爱的儿子，你们是我前行的巨大动力。

要感谢的老师、朋友还有许许多多，在此虽未提及，但他们对我的帮助，我将铭记在心！

一切过往，皆为序章。希望自己在教学、在科学研究上，能一如既往地认真；对待学生，能一如既往地爱惜；对待家庭，能一如既往地付出。我会一直热爱着我的教育事业，并为之奋斗终生。

孙秀丽

2024 年 2 月 20 日